广告策划与创意
ADVERTISING PLANNING AND CREATION

- ◉ 主　编　潘　君　冯　娟
- ◉ 副主编　徐　曼　梅蔚琪　陆垂莲　阎　娟

图书在版编目(CIP)数据

广告策划与创意/潘君,冯娟主编. —武汉:中国地质大学出版社,2018.7(2020.8 重印)
ISBN 978-7-5625-4350-3

Ⅰ.①广…
Ⅱ.①潘… ②冯…
Ⅲ.①广告学
Ⅳ.①F713.81

中国版本图书馆 CIP 数据核字(2018)第 156543 号

广告策划与创意	潘　君　冯　娟　主　编
	徐　曼　梅蔚琪　陆垂莲　阎　娟　副主编

责任编辑:阎　娟	责任校对:张咏梅
出版发行:中国地质大学出版社(武汉市洪山区鲁磨路388号)	邮政编码:430074
电　　话:(027)67883511　　传　　真:67883580	E-mail:cbb@cug.edu.cn
经　　销:全国新华书店	http://cugp.cug.edu.cn
开本:787毫米×1092毫米 1/16	字数:390千字　印张:15.25
版次:2018年7月第1版	印次:2020年8月第3次印刷
印刷:荆州鸿盛印务有限公司	印数:2 001—4 000 册
ISBN 978-7-5625-4350-3	定价:45.00元

如有印装质量问题请与印刷厂联系调换

序

广告策划与创意是广告学科体系中重要的组成部分,是广告专业教学中综合技能要求最高的核心课程,也是广告学专业学生最难学习、又必须掌握的重要技能。

广告是科学与艺术的结合,有谜一般的魔力。其中,广告的前端是策划,侧重于科学,立足于宏观,从市场分析、消费者分析到广告战略定位,都需要严谨和理性的科学分析;广告的后端是创意,偏重于艺术,着眼于微观,无论是广告创意的发想,广告表现形式的确立,还是广告文案的撰写,无不充满着灵感的火花。广告策划创意学在矛盾中统一,在对立中协调,在看似随意中演绎着产品信息的系统逻辑。

本书在前人的基础上,结合最新的广告行业发展趋势,通过对编者多年的教学经验和案例进行归纳和梳理编写而成,引用均标明出处。全书包含广告策划概论、广告调查、广告战略策划、广告媒介策划、广告策划的执行与效果测评、广告创意概论、广告文案创意、平面广告创意、电视广告创意、新媒体广告创意十章内容。

本书有三大亮点:一是时效性强,书中数据信息和案例大多出自 2017 年及之后,网络广告创意的章节根据行业最新态势直接升级为新媒体广告创意,且多位编者将其在聚美优品、花椒直播、《新周报》等行业工作的最新经验引入到教材之中;二是实战性强,书中不仅有课程教学中的优秀作品,更有来自顶尖互联网公司、国际 4A 和行业竞赛的一手资料;三是拥有电子资源库,书中重要的视频广告及 H5 广告均通过二维码等方式让阅读者可以边阅读边欣赏作品。希望本书能对喜欢广告策划与创意的在校学生甚至职场新人提供有益的帮助,帮助其培养策略思考能力及创造性解决问题的能力。

本书第一章、第二章、第三章和第五章由武汉华夏理工学院潘君编写,第四章由武汉信息传播职业技术学院陆垂莲编写,第六章、第七章由武汉华夏理工学院徐曼编写,第八章由武汉华夏理工学院梅蔚琪编写,第九章、第十章由武汉华夏理工学院冯娟编写,全书由潘君、阎娟统稿。附录 1 由今日头条提供,附录 2 由武汉华夏理工学院广告学专业学生提供。在此由衷感谢各位编者的鼎力协助,他们多年的高校教学经验和行业实战经验为本书增光添彩。由于编者水平有限,书中难免有疏漏或错误之处,恳请广大读者批评指正,以便对本书进行不断的修订和完善。

真诚地希望通过本书的学习,所有热爱广告的人们能打破传统广告服务思维模式,从服务变成合作,将创意深入到最新的商业模式中,深入到人们日常生活中,增强广告行业的科技属性与社会属性,与 AI、大数据、云计算等热门科技找到结合点,开发自己的 IP 产品、时尚产品、科技产品……希望未来的广告公司能网聚世界各地的精英,让创意改变世界。

仅以此书献给平凡而伟大的广告人。

潘　君

2018 年 2 月于武汉

目 录

上篇 广告策划篇

第一章 广告策划概论 (1)
案例导入:2017年支付宝年度账单 (1)
第一节 广告策划的概念 (2)
第二节 广告策划的特征与原则 (5)
第三节 广告策划的内容与程序 (11)
第四节 广告策划与其他学科的关系 (14)
第五节 广告策划书的撰写 (17)

第二章 广告调查 (20)
案例导入:2017年微信数据报告 (20)
第一节 广告调查的概念 (21)
第二节 广告调查的内容 (23)
第三节 广告调查的实施 (28)
第四节 广告调查中的重要问题 (35)

第三章 广告战略策划 (39)
案例导入:网易云音乐地铁广告"看见音乐的力量" (39)
第一节 广告战略策划概述 (40)
第二节 广告战略策划的实施 (45)
第三节 广告战略与广告策略 (52)

第四章 广告媒介策划 (60)
案例导入:2018年狗年春节天猫的媒介策略——新年,让我们猫在一起 (60)
第一节 广告媒介概述 (62)
第二节 广告媒介策划的程序 (72)
第三节 广告媒介策划的内容 (77)
第四节 广告媒介组合 (79)

第五章 广告策划的执行与效果测评 (85)
案例导入:三分钟 (85)
第一节 广告策划的执行要素 (86)

第二节　广告策划的执行预算 …………………………………………………… (91)
　　第三节　广告策划的效果测评 …………………………………………………… (95)

下篇　广告创意篇

第六章　广告创意概论 ………………………………………………………………… (104)
　　案例导入：Block Out The Chaos(拒绝烦躁) …………………………………… (104)
　　第一节　广告创意的再认识 ……………………………………………………… (105)
　　第二节　广告创意的生成原则与过程 …………………………………………… (119)
　　第三节　广告创意的思维方法 …………………………………………………… (122)
　　第四节　广告创意的创造技法 …………………………………………………… (125)

第七章　广告文案创意 ………………………………………………………………… (133)
　　案例导入：薯条必修课 …………………………………………………………… (133)
　　第一节　广告文案创意概述 ……………………………………………………… (135)
　　第二节　广告文案的主题创意 …………………………………………………… (142)
　　第三节　广告文案的结构创意 …………………………………………………… (146)
　　第四节　广告文案的文字创意 …………………………………………………… (153)

第八章　平面广告创意 ………………………………………………………………… (159)
　　案例导入：天猫"618"理想生活节 ……………………………………………… (159)
　　第一节　平面广告概述 …………………………………………………………… (160)
　　第二节　平面广告创意的原则和方法 …………………………………………… (166)
　　第三节　不同媒介平面广告的创意要领 ………………………………………… (173)

第九章　电视广告创意 ………………………………………………………………… (186)
　　案例导入：方太"假广告" ………………………………………………………… (186)
　　第一节　电视广告概述 …………………………………………………………… (188)
　　第二节　电视广告创意的原则 …………………………………………………… (193)
　　第三节　电视广告创意的方法 …………………………………………………… (197)
　　第四节　电视广告的制作 ………………………………………………………… (202)

第十章　新媒体广告创意 ……………………………………………………………… (205)
　　案例导入：不想学习,只想玩手机？先过我这一关！ ………………………… (205)
　　第一节　新媒体广告概述 ………………………………………………………… (206)
　　第二节　网络新媒体广告创意 …………………………………………………… (212)
　　第三节　移动新媒体广告创意 …………………………………………………… (217)
　　第四节　户外新媒体广告创意 …………………………………………………… (225)

主要参考文献 …………………………………………………………………………… (229)

附录1：优秀广告策划案例赏析 ……………………………………………………… (230)

附录2：优秀广告创意作品赏析 ……………………………………………………… (233)

上篇 广告策划篇

第一章 广告策划概论

【内容提要】

1. 策划思想自古有之,策划的用途更深根于大小事之中。广告策划的概念发端于策划,它包含宏观和微观之分。一个完整的策划包含策划者、策划对象、策划依据、策划方案和策划效果五大要素。

2. 广告策划是一项复杂的系统工程,它具有目标性、系统性、思维性、智谋性、操作性、灵活性、超前性七个特征,同时需要遵循真实、有效、针对、心理及合规五大原则。

3. "广告人是杂家中的专家",广告策划需要综合市场营销学、传播学、消费心理学、社会学、艺术学、新闻学、法学等多种学科知识。

4. 广告策划书是广告策划的最终展现形式,它包含市场分析、广告策略、广告计划、广告活动效果预测和监控四大部分。

案例导入:2017年支付宝年度账单

【案例详情】

2018年1月3日,朋友圈被一张张支付宝年度账单刷屏了。颜值正义、温暖、柔软、快乐、值得、懂得、爱、自由、远方、能干、当家、品位、纯真、才华、坚持、成就、潮、范儿、小确幸、旺、穷,一共21个关键词(图1-1)。有趣的鸡汤、热词、金句让网友们主动晒出自己的年度账单,甚至引来不少追热点的段子。网络上还很快流传出不同版本的"年度账单关键词解密"——颜值正义=狂买衣服的、爱=拍下来男朋友付款多的、温暖=大南方买羽绒服的、懂得=熟练使用淘宝比价的、坚持=减肥产品买了24个疗程的……一整天的时间,年度账单及相关话题铺满整个朋友圈。

【案例点评】

这次支付宝的年度账单之所以能成功制造刷屏级传播,一是基于其强大的用户数量;二是热词+金句的巧妙搭配。虽然消费者知道支付宝年度账单关键词是有意而为之,却依然愿意主动传播。辛苦一整年,谁不想被夸一夸呢! 尤其是岁末年初的时间节点。支付宝就是抓住

图 1-1　2017 年支付宝年度账单

了受众这一心理,成功激发了用户的分享欲,因此获得了品牌传播的成功。

联系同期的"网易云年度歌单"和"18 岁照片",不难看出三次刷屏事件其实是三次社交媒体上大规模用户的自主分享行为,也是一场自我宣泄、自我表达的年度狂欢。为什么会产生这样的现象级传播?首先是宏观层面,这些优秀案例都关注了社会文化心理;其次是中观层面,它们都聚焦于社会交换;最后是微观层面,三个案例都强调了个体的自我认同,人既是社会的人也是自我的人。个体的自我认同是新媒体时代广告策划与创意最重要的特征之一。

第一节　广告策划的概念

一、策划的概念

先看一个经典的故事。

日本有两家鞋厂分别派了一位推销员来到太平洋上的一个小岛上推销鞋子。这个岛地处热带,岛上居民一年四季都光着脚,全岛找不出一双鞋子。第一位上岛的推销员很失望,给公司发了一份电报:"岛上无人穿鞋,没有市场。"第二天,他就回国了。而第二位上岛的推销员看到岛上无人穿鞋,心中大喜,他选择住下来,同时给公司发一份电报:"岛上无人穿鞋,市场潜力很大。"通过对岛上环境的熟悉和岛民兴趣爱好、生活习惯的了解,他向公司要求寄 100 双"软塑料凉鞋",他把 99 双凉鞋送给了岛上有名望的人和年轻人,留下了 1 双自己穿。因为这种鞋既不怕进水,又可保护双脚不受蚊虫叮咬和石块戳伤,并且舒适度也不错,先拥有鞋子的居民穿上之后都不愿脱下来,其他岛民见状也纷纷想要。第二位推销员觉得此时时机已到,于是马上从公司运来一大批鞋子,很快销售一空。一年后,岛上居民都成为爱穿鞋子的人。从"没有市场"到"市场潜力很大",从"不穿鞋"到"爱穿鞋",我们看到了惊人的对比和变化,两位推销员因为对市场认识的差异,作出了截然相反的判断,也因此获得了不同的结果。

这个故事不仅体现了策划思维的重要性,更说明了策划之前需要对市场有良好的认识。移动互联时代,信息获取越来越容易,但知识越多,智慧却越少,海量的信息让你选择困难,眼花缭乱的资源让你无所适从。因此,只有经过策划后洞察明晰的作品,才能真正吸引受众,获得成功。

当今世界,知识的释放已经市场化、产业化和系统化。知识,特别是大数据等高科技知识已成为经济竞争的主要力量。因此,以咨询、策划、信息服务为特征的第四产业成了经济发展中最受关注的领域之一。此外,策划的运用不仅体现在广告领域,还体现在经济领域、政治领域、娱乐领域、体育领域等,通过科学分析、资源优化整合和创意巧妙组合等,创造了一个又一个奇迹。可以说,每一个成功故事的背后都有策划的功劳。

从中文词源来看,策划一词最早出现在《后汉书·隗嚣传》中"是以功名终申,策画复得"之句。其中"画"与"划"相通,指计划、打算,而"策"指计谋、谋略。策划是"智慧与谋略"的代名词,它其实是一个古老的概念,中国的诸多史书都透露着古人的智慧,"献计献策""事成于谋,行成于思""运筹帷幄,上兵伐谋""好谋而成,多算而胜",这些无不体现着策划的思想。早在春秋战国时代,苏秦、张仪的"合纵连横"的本质就是策划。虽然我国策划概念出现较早,但多侧重于政治、经济和外交方面,商业中的运用还较少。

从英文词源来看,策划源于"strategy(战略、对策)",后演变为"strategy"与"plan(计划)"的结合,在日本常被称为"企划"。它是一个动态的过程,是为了实现目标而进行的创造性思考和实践的过程。

现代社会,关于"策划"的定义众说纷纭:
- 策划是通过精心安排的宣传与其他手段,对事件的发生、发展进行操纵。
- 策划是赋予商品文化价值、精神价值,创造高附加值的智力劳动过程。
- 策划是挑战智慧极限,挖开思维死角,向企业输出新思路、新方法。
- 策划是一项复杂的综合性思维过程,它普遍存在于人类行为中,包含预测和决策两大步骤。
- 策划是人们为了达成某种特定的目标,借助一定的科学方法和艺术,为决策、计划而构思、设计、制作策划方案的过程。
- 策划就是策略规划,通过全新的理念和思路,对各要素资源进行整合,从而产生1+1>2的效果。包括构思、分解、归纳、判断、拟定策略、方案实施、效果评估等全过程。

日本策划家认为:策划是通过实践活动获取更佳效果的智慧,它是一种智慧创造行为。

美国策划家认为:策划是一种程序,在本质上是一种运用脑力的理性行为。

中国策划家认为:策划是经过审时度势、战术驾驭、推演运作,使无人知晓的产品变成炙手可热的商品,是一个点石成金的过程。

综上所述,本书对策划的定义为:整合现有资源和潜在资源,判断事物变化的趋势,确定可能实现的目标和结果,并照此选择能产生最佳效果的资源配置与行动方式,进而形成决策计划

的复杂的思维过程①。

二、广告策划的概念

了解了"策划"的定义,再来理解"广告策划"就简单多了。广告策划的思想是商品经济高速发展的必然,是现代广告活动规范化、科学化的标志。

15世纪至16世纪出版业开始发展,广告开始了真正的成长时刻,17世纪,英国的报纸上开始出现广告,19世纪世界经济急速扩张,广告需求同步增长。1843年,美国费城出现了世界上第一家广告代理公司,20世纪,广告代理开始为广告内容负责。而"广告策划"这一思想是20世纪60年代英国伦敦波利特广告公司创始人斯坦利·波利特首次提出的,广告策划在中国的运用大概是20世纪80年代,并确立了"以调查为先导,以策划为基础,以创意为灵魂"的现代广告运作观念。叶茂中,被称为"中国本土策划第一人",由他掀起了中国广告策划热潮。现在,广告策划思想早已受到国际广告界的高度重视,并且在全球掀起了广告策划热潮。

关于广告策划的概念,我们将从两个层面来理解。

第一,宏观广告策划,又叫整体广告策划,它是对同一目标下的一系列广告活动进行系统性的预测和决策,包含对广告调查、广告目标确定、广告定位、广告战略确定、广告创意确定、广告经费预算和广告效果评估等在内的所有环节进行总体决策。

第二,微观广告策划,又叫单项广告策划,是指单独对一个或几个广告(作品)运作全过程进行的策划。

无论是宏观还是微观,广告策划都是一项极其复杂的、综合的系统工程,都是指根据广告主的营销计划和广告目标,在市场调查的基础上制定出一个与市场情况、产品状态、消费者群体相适应的经济有效的广告计划方案,并进行实施、检验,为广告主的整体经营提供良好服务的活动。

在经济高速发展的今天,企业竞争越来越激烈,广告策划的作用也越来越受到重视。零散的、毫无头绪的宣传只会浪费大量的经费,只有通过"一种声音"去系统地、全方位地、恰如其分地展示企业个性,消费者才能更好地感知企业及产品的魅力。那么,如何进行一次完整的广告策划呢?接下来,我们将通过五大要素来学习。

1. 策划者

策划者是广告活动的主导者,在广告策划全过程起到智囊的作用。广告策划者必须思路清晰、知识广博、熟悉市场,并有一个充满创意的大脑,策划者的素质直接影响广告策划的水平。美国著名广告创意大师詹姆斯·韦伯扬曾说:"广告策划者的特质包括拨动知觉和心弦、训练有素的直觉和最正常的常识——像冒险者一样具备创意的商业想象力"。这足以说明,策划者在一次广告策划中的重要位置和作用。人们每天接触到的广告数不胜数,然而留下深刻印象及产生好感的少之又少。策划者只有具备扎实的功底,才能开展优秀的广告策划活动。

2. 策划依据

策划依据是广告策划的信息和知识,一般包括两点:一是策划者的知识结构和信息储备,这是进行科学策划的前提;二是策划对象的信息,如企业现状、产品特点、消费者特征、市场竞

---

① 参考余明阳、陈先红的《广告策划创意学》,第6～7页。

争情况等,这些都是进行广告策划活动的重要依据。在广告学的历史上,有一个著名的争论,即广告大师威廉·伯恩巴克和罗素·瑞夫斯的"广告是艺术还是科学"之争。通过几十年的实践,我们深知,广告以科学为基础,以艺术为价值,这也是当今广告策划与创意的依据。此外,在"每天不一样的中国",我们还要充分考虑国情和民意,在国外奏效的策划创意拿到中国也许会产生不一样的效果。

3. 策划对象

策划对象是广告主所要宣传的产品(服务)及目标受众,它决定着广告策划的类型和风格。要进行一次成功的策划,首先就要明确自己的策划对象。熟悉产品,才能突出它的优势;熟悉受众,才能把握受众的心理。通过对产品及受众的深度调查和分析,进行有针对性的广告策划,广告讯息才会进行有效地传播,广告才有效果。"换位思考"是分析策划对象时所使用的一个不错的方法。

4. 策划方案

策划方案是策划者为实现广告目标,针对策划对象而设计的具体策略、方法和步骤,它具备指导性、针对性、创造性和可行性。优秀的策划方案是建立在大量的广告调查和实战经验之上的,它需要考虑到每一个细节。策划者、策划依据和策划对象是广告策划的基础,策划方案是策划团队通力合作的思想结晶,是促进营销战略实现的好帮手,是广告代理公司与广告客户互相促进、互相监督的依据。

5. 策划效果评估

策划效果评估是对实施广告策划方案可能产生的效果进行的预判和评价,决定着广告策划活动的成功概率。这一步骤能让广告策划更具操作性和预见性。虽然广告策划的效果是客户最关心的环节,但对一次完整策划的效果评估不能仅局限于最终结果,而要从广告策划的每一个环节去思考问题、收集经验。

策划者、策划依据、策划对象、策划方案和策划效果评估这五大因素相互影响和制约,共同构建了完整而系统的广告策划体系。

第二节 广告策划的特征与原则

一、广告策划的特征

想要做好广告策划,就要更好地了解它。接下来的七大特征会帮助你全面地了解广告策划。

1. 目标性

广告策划的第一步就是明确目标,具体来讲就是明确广告活动要达到的目的,是提升销量、抢占市场还是创造品牌、追求美誉度?虽然广告策划一般是经济效益和社会效益相统一的,但在具体的策划中需要有所偏重,这样广告策划会更具针对性,效果也更佳。

2018年1月中国气象频道发布的"2018开年巨作"《神秘的黑衣人》,将《天气预报》拟人化,讲述了三个"千里姻缘气候牵"的小故事(图1-2),上线仅三天,在秒拍APP的播放量超过1700万,转发近十万。网友们说"中国气象频道越来越萌了,这么可爱,报不准都舍不得怪它了",还有人称它是"一个被气象预报耽误的宣传机构"。宣传片上线后,迎来一波又一波的好评,尤其赢得了95后群体的喜爱。中国气象频道2018宣传片的成功正是因为在前期策划中找准了目标——抓住年轻受众的心,才在95后群体中提升了品牌关注度和喜爱度。

图1-2 中国气象频道宣传片《神秘的黑衣人》

2. 系统性

从理论角度看,策划是一门系统科学;从实践角度看,策划是一项系统工程。因此,系统性成为广告策划的重要特征之一。系统性也是策划区别于点子、谋略的重要标志。策划能够为企业"治病",它就像一个老中医,对企业"望闻问切",通过阴阳平衡、疏通经络、调和气血等系统的方式去调理全身、解除病情。系统性是广告策划的工作哲学,它要求策划者在策划活动中,对策划对象的所有资源进行整合和分析,它需要各环节、各要素的完美配合和相互作用,更应在广告目标的指引下,有条不紊地开展工作。

中央电视台在2017年12月3日推出的文博探索节目《国家宝藏》和2018年1月1日推出的国家涵养工程百集纪录片《如果国宝会说话》等一系列精品,为国民带来了一场文化盛宴。一个是"国宝小剧场",一个是"国宝来卖萌"(图1-3),两档节目在让我们重识国之瑰宝文物魅力的同时,更让我们看到了何为亲民、何为匠心。不论是节目的策划制作,还是各媒介的宣传推广,都是为故宫博物院的国家宝藏"特展"进行的系统宣传推广。

图1-3 《如果国宝会说话》创意海报

3. 思维性

广告策划效果产生的关键点是"策",即思维,更确切地说是"创造性思维"。从本质上说,策划就是一门思维科学,它建立在整合性思维和创造性思维的基础上,它需要用辩证的、动态的、分散的思维来整合策划对象的有形资源和无形资源并使其达到最大效益。因此,思维性是广告策划的本质属性。

人类能够成为万物的主宰,就是因为人有思维。思维使人类超越时空限制,产生无穷无尽的创造力。这种超越性思维是创意的源泉,也是策划的起点。优衣库"heattech 系列"是众多消费者冬天最爱的单品,"薄却温暖"是其最大的卖点。那用于包装防撞的泡泡纸和优衣库有什么关系呢?2017 年冬天,韩国优衣库超越常规思维,将二者进行巧妙结合。"买 heattech 保暖系列衣服,就送贴窗防寒专用泡泡纸"(图 1-4),它跟 heattech 有一个共同的特征——会自动发热。从服装到住宅,从实用到时尚,优衣库这一波动作不仅使其销售业绩提升 203%,还多了 50 万个免费窗体广告。这是本次广告策划最为成功的地方,也算得上营销史上送赠品最成功的案例之一。

4. 智谋性

广告策划是需要运用智谋去创造的思维活动。在策划过程中,智谋是起点也是终点,它的核心是通过高超的智慧去发现新问题,提出新观念、新设想,并创造性地解决问题。广告策划的智谋性要求策划者具备良好的记忆力、敏锐的洞察力、丰富的想象力、灵活的思维力、高度的抽象力和娴熟的操作力"六大超能力"。如《穿越故宫来看你》H5 广告的受欢迎程度足以证明故宫宣传团队的策划智慧,体现了其对民心的洞见,对市场的预见,对技术的掌握。故宫博物院与腾讯公司的合作也将这一策划效果推向制高点。

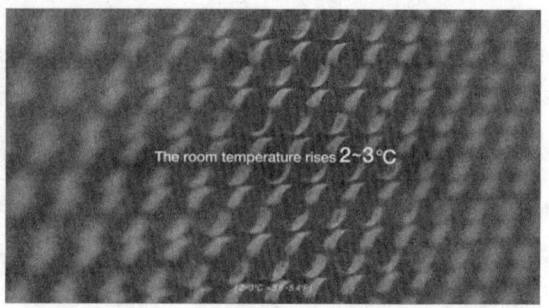

图1-4 优衣库"heattech系列"户外广告

5. 操作性

广告策划是一门实践科学，坐而论道在广告行业中是行不通的。一个广告策划方案如果不具备操作性，不管它多么新颖独特、充满创意，都只是异想天开的胡思乱想，多少好的创意都是因为不具备操作性最终成为令人遗憾的"飞机稿"。广告策划的操作性主要表现在策划方案要能够解决现实问题，能够提出行之有效的策划思路，还要有详细的操作程序保证策划方案的执行，很多广告新人都容易忽略这一点，或是力有不逮。

6. 灵活性

灵活性主要指广告策划中战术的变化。广告战略一旦制定好，一般是相对稳定的，因为它需要保证策划活动的方向，但市场竞争的激烈性要求战术策划必须具有较好的适应性，能够应对市场的千变万化，做到适度的弹性和灵活性。《孙子兵法》中说"兵无常势，水无常形，能因敌变化而取胜者，谓之神"，这句古语充分表明了战术灵活性和变通性的重要作用。在市场经济条件下，懂得变化是制胜的法则。一个成功的广告策划必须是一个依据市场变化而变化的策划。

7. 超前性

广告策划是一项未雨绸缪的智力活动，它总是先于广告活动的实施而进行，因此，超前性是其必须具备的特征。"凡事预则立，不预则废""自古不谋万世者，不足谋一时；不谋全局者，不足谋一域"，这些名言金句都告诉我们，成事者必须有长远的眼光和全局的思考。做好广告主及其竞争对手的调查分析，制定好突发事件的应对措施，立足现实、着眼未来，用系统的眼光去把握策划对象的发展趋势，用前瞻性的眼光审时度势、运筹帷幄，最终达到广告策划的最佳效果。

二、广告策划的原则

通过广告策划，广告主可以获得企业问题的解决方案。为了保证广告策划的指导性，在进行策划时必须遵循以下五个原则。

1. 真实原则

真实是指符合实际和现状。广告策划的真实原则要求广告策划的内容必须以事实为基础，要对客观实际进行准确把握和真实反映。真实是广告的基础，更是广告的生命，一个虚假的广告是无法引起消费者共鸣的，因此，真实原则也是广告策划的首要原则。

1982年,我国颁布了《广告管理暂行条例》,1987年,正式颁布了《广告管理条例》。1988年,在"条例"的基础之上,颁布了《广告管理条例施行细则》。1994年10月,《中华人民共和国广告法》正式通过,并于2015年4月进行了最新修订。所有法律和条例都明确规定:"广告内容必须清晰明白,实事求是,不得以任何形式弄虚作假,蒙蔽或欺骗消费者。有缺陷的商品必须在广告中说明。"这些都是广告策划真实原则的法律依据。

尽管广告是一种劝服性活动,但只有真实才能给人以信任和口碑。移动互联时代,网络虚假广告的问题愈加严重,不论是普通网站、电商APP还是微信朋友圈,都充斥着虚假广告,这一问题在传统媒体也依然存在。然而,鉴别一则广告是否真实并不是一件容易的事,因为广告是一门艺术,需要合理的艺术夸张和渲染,缺乏艺术感染力的广告很难打动人心。如何区别合理的艺术夸张与虚假广告?我们记住以下几点。

第一,隐瞒商品缺陷。如商品外观漂亮,但材质不达标,使用期限远低于其保质期。

第二,过分夸大商品用途。如华硕电神5000手机"充电一次可通话38天"。

第三,进行不能兑现的承诺。如实际上能做到"质量问题30天包退换"的屈指可数。

第四,把劣质商品说成优质商品。如黑心棉衣在广告宣传中摇身一变,成为高档棉衣。

除此之外,虚假广告的表现形式还包括很多其他隐性形式。作为一名广告人,要从我做起,拒绝虚假广告。

2. 有效原则

信息量指信息的容量,即一则信息究竟能给人带来多少东西。比如电报,以最少的文字发送最重要的信息。广告作为一种信息传播活动,其存在的基础也是向消费者传递信息。在信息爆炸的时代,无用和无聊的信息是消费者不愿意看到的。从前期的广告调查,到中期广告的创意与制作,再到后期的广告媒介选择和发布,都必须进行合理的、科学的设计和编排。广告策划的有效原则主要体现在三个方面。

(1)提炼广告信息。广告需要传递信息但不能随意地将产品或企业信息罗列在广告之中。一般而言,消费者接触到的广告信息都是广告策划者分析、比较和评价了产品的立体特点及广告主对消费者的利益承诺等基本情况之后,精心编制加工而成。

(2)选择信息通道。信息通道是广告信息传播的载体,即广告媒介。广告媒介类型多样,在传递信息时各有优劣。如杂志广告,精美有创意,视觉冲击力强,但受读者文化程度的限制,受众范围窄;电视广告,声形兼备,感染力强,且受众范围广,但稍纵即逝,常常因为换台而被忽略;网络广告虽然新颖有趣、互动性强,受众范围最广,但内容同质化高、质量良莠不齐。因此,广告策划者必须充分研究各类广告媒介的技术和特点,扬长避短,进行合理选择与组合,以确保广告信息的有效传达。

(3)确保信息流向。广告信息的接受者因年龄、职业、性别、文化程度、生活习惯等方面的差异,呈现出巨大的差异。比如:出租车司机喜欢听广播、居家老人喜欢看报纸、小朋友喜欢看电视、白领喜欢看手机……每个群体都有各自接触频次最高的媒介形式,因此广告策划一定要明确目标消费者,有针对性地选择媒介,从而保证广告信息的精准投放和有效传播。

3. 针对原则

广告策划的流程是相对固定的,但广告策划的对象各不相同,它们所存在的问题和想达到的目的也不尽相同。因此,广告策划应根据策划对象进行针对性设计。

大卫·奥格威曾说："人人都喜欢是一种贪得无厌的心理,它会使品牌落入一个完全丧失个性的下场。在今天的商场之中,一个四不像的品牌很难立足,不要盲目求大求全,要找准自己的位置,做人也是如此。"很多企业在进行广告策划时,都会要求自己的产品被每个人需要,自己的广告被全国人民喜欢。其中,品牌盲目延伸就是一个典型的做法。曾风靡全国的"活力28,沙市日化",作为第一家在央视做洗衣粉广告的日化企业、第一家赞助春晚的日化企业、第一家把广告牌竖立在香港的内地日化企业、第一个进入全国500强的日化企业,取得过巨大的成果。在消费者心中,它是日化行业的领军人物,洗衣粉、洗洁精、洗手液、洗衣液、衣领净都是它的拳头产品。公司为了发展壮大进行合资上市,为拉拢更多消费者开发了"波尔系列"产品,甚至市场上还出现过"活力28"矿泉水。新产品的开发不仅没有获得新顾客的认同,反而使原有顾客产生抵触,最终谁的心也没抓住。不愿意损失任何一个消费者所进行的"求大求全"型广告策划导致了"活力28"的失败。因此,广告策划必须具有针对性,对症下药。通过对策划对象的大量调查找出其存在的具体问题和解决思路,再确立有针对性、行之有效的广告战略和策略,从而让广告策划真正产生效果。

一句话,广告策划必须具备个性特色并起到实际效果。

4. 心理原则

广告界有句名言是"科学的广告术是依照心理学法则的"。从广告作用于消费者的全过程来看,消费者接受广告信息必须经历"引起注意—激发兴趣—刺激欲望—加强记忆—诱发购买"五个阶段,即1898年美国广告学家E. S. 刘易斯提出来的"AIDMA"法则,它清晰地展示了消费者从看到广告的那一眼到最终付诸行动的完整心理过程。广告策划的心理原则主要表现在两个方面。

(1)遵循人们对客观事物认识的规律。人们对客观事物的认识规律包含正程序和逆程序。正程序是指人们对事物的认识大多从感性到理性,从个别到一般,从上到下,从左到右,从小到大,从近到远,从因到果等。广告策划若遵循这一认识程序,更容易被广大消费者接受。逆程序与正程序相反,即认识事物是从理性到感性,从结果到原因等。逆程序虽不能被广泛的人群接受,但它往往是突破常规的想法,更能引起受众的注意,如广告策划中常常运用的悬念法、反转法等。

(2)搭配好广告信息的事实部分和心理部分。产品进入市场分为导入期、成长期、成熟期和衰退期,即"产品生命周期"(图1-5)。一般来说,在产品导入期,由于消费者对这一领域的

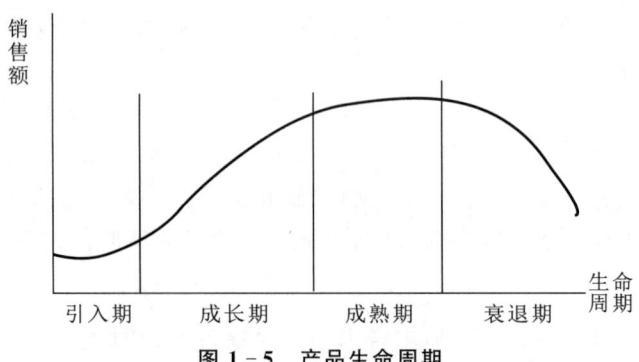

图1-5 产品生命周期

陌生,广告策划应以事实为主,此时是创造人们初级需求的黄金时间。如老板牌大吸力油烟机,直接运用简洁有力的事实迅速打入抽油烟机市场。而当产品进入成长期和成熟期,市场竞争异常激烈,此时,广告策划应侧重心理部分,比如:翻盖手机、滑盖手机、全面屏手机、大光圈拍照手机、美颜自拍手机、逆光拍照手机……如今的手机早已不是那个只能打电话的"大哥大"了,每一种新功能都是一个新时代,为了保证新款手机的销量,在上市前所发布的广告必须很好地抓住消费者的心理需求。其广告策划重点不仅是刺激人们的选择性需求,还需要塑造产品品牌形象,引导人们认牌购买。

5. 合规原则

广告不仅是一种商业行为,它也包含着你我的生活。作为一种大众传播行为,广告应该有责任地进行信息传播。

(1) 广告策划必须遵循法律原则。中国是一个法制的国家,广告人要在合法的基础上进行广告策划,重视社会公共利益,维护民族尊严,不策划反动、淫秽、迷信等内容的广告作品,不恶意贬低竞争对手,不做虚假广告。

(2) 广告策划必须遵循伦理道德原则。中国同样也是一个德治的国家,广告人在进行广告策划时不能违背人们的价值观念、宗教信仰和风俗习惯等,不能挑衅各国人民的共同心理。如丰田霸道和陆地巡洋舰广告中,对石狮、军车等中国形象的挑衅导致丰田车当年销量只有2000多辆,并向中国人民致歉。立邦漆也曾犯过类似错误,通过"滑龙"的设计去表现产品的好,再次引来中国人民的愤怒。随着中国经济的飞速发展,国人民族意识的增强,关于"民族自尊心"的话题尤为敏感,丰田、立邦等企业却屡屡"触礁",导致品牌阶段性形象一落千丈。

第三节　广告策划的内容与程序

一、广告策划的内容

广告策划的内容主要包含广告调查、市场认识与产品定位、广告战略策划、广告策略制定、广告媒介策划、广告策划的执行与测评等六项内容。具体内容将在后面的章节中进行详细而深入的论述。

1. 广告调查

广告调查是广告策划与创意的基础,任何广告策划都不能跳过这一步而直接进行。广告调查是市场调查的分支,首先需要根据广告策划对象进行调查方案设计,然后综合运用各类抽样方法和调查方法实施调查过程,并进行数据整理和分析,最终找出企业存在的问题及解决方向。具体来说,广告调查的主要内容包括广告环境调查、企业经营状况调查、产品调查、竞争对手调查及消费者调查五项。通过调查,广告策划者可以了解产品信息,把握市场动态,掌握消费者需求。此外,还可以通过广告调查所获得的大量一手资料明确企业及其产品在消费者心中的实际形象,为企业解决问题指明方向。

2. 市场认识与产品定位

广告策划的一个重要课题是帮助广告产品在人们心目中确立一个适当的、不可替代的位置,从而区别于其他产品,使消费者在购物时"认牌购买"。因此,在广告调查结束后,策划者还需要清晰地了解企业所在市场及其产品的具体特征,如男性市场与女性市场、儿童市场与成人市场等,通过对不同市场产品的物质特点和文化价值的认识,帮助策划者进行正确地广告定位。因此,对市场的深入认识是广告策划工作的重要基础,通过对市场的细分和产品的定位,能帮助企业抢占市场空白点或获取激烈竞争中的至高地位。

3. 广告战略策划

广告战略从宏观上指导着广告活动的各个环节,具体包含三个方面的内容。

(1)广告战略思想。包含积极进取、高效集中、长期渗透、稳健持重、消极保守五种类型。

(2)广告战略目标。根据企业营销目标确定广告战略目标,由此决定它的类型,有三种分类方式,即产品推广、市场扩展、销售增长、企业形象;创牌、竞争、保牌;广告促销、广告传播。

(3)广告战略设计。可以从市场、内容、时间、空间、优势、消费者心理等不同角度进行设计。

4. 广告策略制定

广告策略是广告具体环节的运筹和谋划,是实现广告战略的措施与手段。通过广告策略制定,可以将抽象的广告战略转化成具象的广告作品并投放到市场当中。但广告策略通常不会只有一条,许多平庸的广告就是缺乏策略化思考的结果。因此,广告策略制定首先要明确"5W1H"这六个主要依据,并通过广告产品策略、广告定位策略、广告诉求策略、广告表现策略、广告媒介策略和广告活动策略六个主要内容来进行。

5. 广告媒介策划

广告媒介策划是广告策划重要的组成部分,一次广告策划中,70%～80%的预算都献给了媒介。而且,广告媒介的选择不仅关系到企业预算,更关乎广告宣传的效果。你的广告创意是否优秀,只有通过媒介的传播,才能得到市场的检验。因此,对广告媒介的策划要充分考虑受众与媒介的匹配程度,考虑媒介自身性质、特征、地位、传播效果及费用等综合因素。

6. 广告策划的执行与测评

企业进行广告策划的最终目的就是希望通过策划的落地达到企业的既定目标。因此,广告策划的执行就是广告策划由想法变为现实的阶段。当广告策划活动实施以后,我们还需要进行最后一步——广告效果测评,通过对广告活动过程的分析、评价及效果反馈,检验广告活动是否取得了预期效果,其测评不仅是对广告后期效果的测评,还包括对广告调查、广告策划、广告实施发布的全面测评。

二、广告策划的程序

广告策划可以帮助企业与消费者进行成功的沟通,可以使广告激发消费者的购买欲望,再通过传播对象和媒介的正确选择,使广告成为市场经济运作模式的催化剂。如此重要的广告策划,到底该如何进行呢?

广告策划是一项复杂的系统工程,只有遵循一定的步骤和程序,有目标、有计划、有逻辑地进行,才能达到最佳效果。当广告代理公司接受企业委托进行广告策划时,可以按照下面的步骤进行策划工作。

1. 成立广告策划小组

广告策划是一项集体性的工作,因此,进行广告策划时首先要成立一个广告策划小组,通过分工合作进行策划活动的具体工作。具体来说,策划小组包含以下人员。

(1)总监。一般由部门经理担任,他在广告公司里具有较高的地位。总监是广告公司与广告主之间的沟通桥梁,也是保障广告策划活动顺利开展的领导者。

(2)策划、创意及文案人员。在广告学中,"策划""创意"和"文案"是三个相互关联又迥然不同的专业分工。策划人员是广告活动的灵魂人物,负责广告策略及活动框架的确立,创意人员主管广告作品的整体发想和具体表现,文案人员则负责广告作品的全部文字部分。策划是创意与文案的基础,它决定着作品的创作方向。但由于广告行业的飞速发展与市场的实际需求,这三种人员往往不会割裂开来,如很多广告公司的岗位设定都是文案策划。

(3)美术指导。需要具有良好的创新思维能力、艺术鉴赏能力、视觉表现能力等,在广告策划中主要负责整体视觉的把控,如企业品牌的VI设计、平面广告的设计、视频广告故事板的绘制等。美术指导必须具备将策划意图转化为文字和画面的能力。如2011年"One Show中华青年创意竞赛"的创意营环节,唐门小组①选择了优酷策略单,发掘了"每个人都会好奇别人表情背后的故事"这一洞察点,确定了"用表情,代言优酷"这一核心创意。在创意延展中,小组美术人员绘制了故事板,并进行网络广告和户外广告的平面制作等,如图1-6所示。

图1-6 唐门小组优酷创意故事板:"优酷,世界都在看"

---

① 唐门,2011年"One Show中华青年创意竞赛"新简报参赛小组,由武汉华夏理工学院广告学专业学生"半边脸"小组和北京宣亚国际的职业人士联合组成的创意小组。

(4) 调查人员。能根据策划对象的现实情况进行各种复杂的市场行情调查,并撰写精辟而针对性强的市场调查报告,为广告策划提供科学的依据。

(5) 媒介联络人员。熟悉各种媒体的优劣势、刊播价格、受众偏好等,并且与媒体有良好的关系,能够根据广告战略的部署,争取到所需要的广告版面或播出时间。

(6) 公关人员。有效维护公司良好的形象,在重要时刻获得有关方面的支持和帮助,在公司出现危机问题时,能从公关角度提供有效建议。

2. 向有关部门下达任务

当广告策划小组达成策划书的初步框架后,需按照广告主的要求向市场调查部门、媒介部门、设计制作部门等下达相关任务。

3. 商讨广告活动战略战术,进行具体策划工作

作为广告策划的核心环节,战略战术的策划直接决定着策划的成败,也是具体策划工作开展的前提。广告战略是整个广告活动的指导思想、目标和原则,广告战术是实施战略的各种方式与手段,即广告策略。

4. 撰写广告策划书

在本章第五节中将详细阐述策划书的撰写方法与要求。

5. 向客户报审广告策划书

广告策划是广告公司为广告客户制定的作战计划,因此,广告策划书必须经过广告客户的认可才能进入制作、发布等实施阶段。一般会通过提案的方式进行这项工作的确认,若广告主对广告策划方案并不认可,则需要通过双方的沟通商定修改意见并进行改进,直到广告主最终满意方可定稿与执行。

6. 将策划意图交职能部门实施

最终通过的广告策划方案将通过设计制作部门和媒介部门进行执行和发布。设计制作部门将广告创意转化为看得见摸得着的广告作品,媒介部门则按照策划书的要求接洽广告活动所需要的媒体版面和时段。

完成这六步,一次完整的广告策划才基本结束。此时,广告策划小组的工作仍未结束,它还需要对广告战略战术的实施进行监督和完善,同时安排调查部门进行广告效果监测。

第四节 广告策划与其他学科的关系

一、广告策划与整合营销

任何广告策略的制定都与企业营销战略密切相关。一般来说,企业推广包括广告、公关、人员销售和促销四大类型。因此,广告作为营销手段之一,同样会受到营销观念的影响。从产品导向营销→顾客导向营销→关系营销→整合营销,广告策划经历了漫长的发展与变化。

1. 整合营销传播的概念

整合营销传播(Intergrated Marketing Communication,简称 IMC)是美国著名学者哈伯

在20世纪50年代提出的,经过半个多世纪的演变,已成为广告营销界最为流行的营销传播理论之一。1992年,美国著名学者、美国西北大学整合营销传播教授唐·舒尔茨出版了全球第一部整合营销专著《整合营销传播》,在营销界和传播界产生了巨大的影响。

那么,什么是整合营销传播?唐·舒尔茨和美国广告代理商协会(4A)是这样定义的:一种作为营销传播计划的概念。确认一份完整透彻的传播计划有其附加价值存在,这份计划应评估不同的传播技能在策略思考中所扮演的角色,并将之结合,通过天衣无缝的整合以提供清晰、一致的讯息,并发挥最大的传播效果①。其中心思想是以通过企业与顾客的沟通满足顾客需要的价值为取向,确定企业统一的促销策略,协调使用各种不同的传播手段,发挥不同传播媒介的优势,从而帮助企业实现传播效果最大化。

唐·舒尔茨还指出,整合营销传播理论和实践必须具备五个特征:影响行为、从现有或潜在客户出发、运用一切基础方式、获取协同优势和建立关系。这一观念也指导着广告策划者更高效地开展广告策划工作。

2. 整合营销传播与广告策划

关于整合营销,在广告界最为流行的理解来自奥美(Ogilvy)广告公司:"融合各种传播技能与方式,为客户解决市场的问题或创造宣传的机会。"简单而有力的定义是广告人对整合营销传播最清晰的解读。

按照整合营销传播的理念,广告和促销都处在整合营销传播体系之中,其核心都是为了一个目标,组合成"一个声音"。受到整合营销传播理念的影响,如今的广告策划有了明显的变化,局限于眼前利益的企业越来越少,把握长远影响的越来越多。对广告策划者来说,一方面要把广告、促销、公关等传播活动涵盖在整体方案设计中,另一方面指导企业将统一的广告讯息传播给消费者。不同的受众、不同的媒体、不同的广告形式,同一种声音。

此外,广告整合传播策划的概念也因整合营销传播理论而诞生。整合营销传播理论告诉广告策划者,对现有和潜在客户需要进行长期的沟通劝说,广告策划的过程中应充分考虑消费者的意见,甚至与他们进行"对话"。由此我们才能策划出真正打动消费者的广告,这也是整合营销传播的真谛。

二、广告策划与公共关系

公共关系作为一种客观存在的社会关系和社会现象有着久远的历史。当人类社会形成,社会组织出现,公共关系就随之出现了。作为营销的一体两面,广告和公关一直是相互补充、共同促进的关系,无论是商业广告还是公益广告,相应社会组织的公共关系都有可能和广告形成互动的格局。

1. 公共关系的发展

现代意义上的公共关系发端于19世纪中叶的美国。这一时期,西方发达资本主义国家已经进入工业社会,大都市的出现,使得现代意义上的"社会公众"正式出现。由此,报纸便有了自己庞大的信息接受市场,通过报纸新闻的传播控制公众的思想也成为可能。公共关系的发展主要经历了四个时期。

---

① 参考蒋旭峰、杜骏飞的《广告策划与创意》,第32～33页。

(1)巴纳姆时期。巴纳姆是美国的一个马戏团老板,为了增加收入,他多次通过在报纸上制造舆论的方式,获得良好的传播效果,并因此闻名于世。他曾经刊登新闻,说自己的马戏团里有一位侏儒将军率领一群侏儒觐见了维多利亚女王。新闻一出,读者纷纷抱着好奇心,去马戏团一探究竟,结果马戏团收入迅速增长。

不难看出,这一时期的公共关系其实就是广告宣传,甚至是带着欺骗、不顾事实的宣传。虽然取得了很好的宣传效果,但这种不具备专业性和规范性的公共关系模式效果必然是短暂的,一旦公众识破其伎俩,对企业形象的打击将是致命的。虽然有诸多的不成熟,但大众媒体的宣传的确在组织和公众之间的关系建立上具有积极的意义。

(2)艾维·李时期。艾维·李时期是现代公共关系真正成熟的时期,其标志就是危机公关的产生。19世纪末20世纪初,发达资本主义国家已进入垄断资本主义时代,社会矛盾日益激化。公众通过罢工进行抗争,不少媒体也开始转向支持公众,出现了美国新闻史上著名的"扒粪运动"。一时间,关于企业的负面报道大量出现,许多大资本家因此声名狼藉。针对这一现状,艾维·李提出了"说真话"的公关思想,他认为紧张劳资关系的产生是组织与公众之间缺少沟通造成的,此时,如果封锁信息,会导致受众的反感升级,正确的做法是将关于企业的真实信息,尤其是与公众利益相关的信息公之于众,以此取得公众信任。这种全新的公关思想帮助不少企业渡过难关,艾维·李也因此被称为"公关之父"。

(3)伯纳斯时期。虽然艾维·李有着丰富的实践经验,但他并没有提出系统而科学的公共关系理论。这一缺憾由另一位现代公共关系先驱爱德华·伯纳斯完成了。他于1923年出版了公共关系学的第一部经典理论著作《舆论明鉴》,1925年出版了《公共关系学》,1928年又出版了《舆论》。连续三部著作为公共关系形成了完整的理论与方法体系。此外,他率先开设了公关课程,阐释了公共关系的功能与过程。

(4)现代时期。第二次世界大战后,随着经济与社会的迅猛发展,社会组织日趋复杂和多元化。为了适应新时期的发展,有目的、有计划地协调、沟通组织与公众,成为公共关系最重要的内容。

1955年,国际公共关系协会(IPRA)在英国伦敦成立,以卡特里普、森特为代表的一大批公共关系专家在理论和实践上把公共关系推向了新的历史时期。他们认为,公共关系的最终目的是建立组织与公众之间的良好关系,既要传播组织的信息给公众,又要将公众的信息反馈给组织,建立双向良性沟通。随着全球化的深入,社会组织活动也突破了国家和地域的界限,公关关系研究开始引入行为学、心理学、传播学、营销学等其他学科研究成果,广告也顺理成章的成为其研究领域之一。

2. 公共关系与广告的互动

公共关系有三大构成要素:组织、公众和传播。其中与广告策划最为密切的就是传播。

传播是信息的传递,组织可以通过传播维持或构建新的社会关系。在公共关系学中,传播是组织和公众建立联系的媒介,组织公关目标的实现依赖于传播媒介的选择是否得当,同时,传播的内容与形式都决定公关的成败。公共关系的活动中,通常会采取以下几种传播方式进行组织与公众的沟通。

(1)公关新闻稿。公关新闻的前提是组织的活动具备新闻性。公关新闻的撰写必须用事实说话,新闻要传播组织的正面信息,对社会公众产生良性影响。

(2)公关新闻事件。公关新闻事件是有意识地"制造"具有新闻价值的事件,从而吸引大众和媒介的关注。制造的事件必须是有利于实现组织公关目标且不损害组织形象的事件,具备一定新闻价值,同时兼具趣味性、即时性等特征,与广告中的"事件营销"有异曲同工之妙。

(3)公关广告。公关广告是通过广告的形式建立起公众对该组织的良好形象,它与产品广告的诉求点和诉求方式都不同。产品广告以产品信息为主要内容,公关广告是以组织信息为主要内容;产品广告着重吸引消费者注意力,公关广告立足塑造组织形象。所以,公关广告的作用与企业形象广告是一致的。

企业存在与发展的动力就是利润最大化,公共关系提升企业形象,广告提升产品与服务形象,二者都是企业重要的营销手段。结合前文所学习的整合营销传播,更能表明二者通过紧密互动一起达到传播效果最大化的事实。具体来说,公关关系与广告的互动主要表现为两个方面:

第一,目标的配合。广告运动中,公关活动和广告作品的传播往往是同时进行的,因为它们都服务于相同的营销目标。这种配合的首要表现方式就是主题一致。如SK-II通过2016年的"她最后还是去了相亲角"和2017年的"人生不设限"两则品牌形象广告,不仅获得了众多网友的肯定和自传播,更获得了女性受众的品牌认同。这次成功的广告运动是由瑞典广告公司Forsman & Bodenfors和达睿思公关共同创造的。Forsman & Bodenfors因此受到广告界极大肯定,达睿思中国SK-II团队也因此获得IPRA金球奖。其次是诉求一致。广告主要是宣传产品的功能、品质和形象,表达直接,受众接触时往往抱着谨慎的心理;公关主要提升企业形象,信息传播功利性较弱,受众接触时排斥感小,但同时效果也更为间接。因此,二者的相互配合和补充在广告策划中是非常有用的做法。

第二,效果的配合。广告通过大众传播媒介对大众进行传播,虽然到达率和暴露频次高,但有效性难以评估。公关则是面对面的人际传播,传播覆盖范围虽然稍低,但目标受众明确,传播效果直接。因此,"广告+公关"是卓越营销方案必须同时具备的。

综上所述,广告学是在许多边缘学科的基础上发展起来的一门综合型的、独立的社会科学,广告策划需要综合市场营销学、传播学、消费心理学、社会学、艺术学、新闻学、法学等多种学科知识,"广告人是杂家中的专家"也因此而来。各学科之间相互作用、相互影响,彼此建立了密切的关系,共同为企业战略目标的实现而服务。

第五节 广告策划书的撰写

1. 广告策划书的撰写要求

广告策划书并非越长越好,广告主需要的是一语中的。因此,广告策划书的撰写需要达到以下几点要求。

(1)逻辑性思维。广告策划是一个"提出问题→分析问题→解决问题"的过程,企业开展广告策划是因为它正处于新产品推广或企业竞争的迷茫阶段,因此,相比长篇累牍却不能说明和解决问题的策划书,它更需要思路清晰、逻辑感强、有理有据的策划方案。在这个过程中,要按照广告策划书的基本框架进行策划内容的梳理和展示,但切忌生搬硬套,因为每个策划所依据的广告主、受众、时间点、市场状况等具体情况都不一样。因此,广告策划书的撰写要遵循"只要模版,不要刻板"的理念。一般来说,撰写广告策划书的逻辑思维过程为:

- 品牌描述（我们是谁？我们现在怎么样？我们要成为什么样？）
- 市场分析（竞争者及其广告分析，找出机会。）
- 目标对象（确定潜在消费对象及其需求，总结其目前对品牌持何态度。）
- 广告任务（要解决什么问题？要消费者接触广告后怎么想？怎么做？）
- 产品支持点（利益点事实依据，为什么消费者会相信？与竞争者比有什么不同？）
- 沟通方式（沟通语气、风格、态度。）
- 广告主题（整个传播战役的主题。）
- 广告作品（影视、平面、网络广告等。）
- 线下物料设计（海报、宣传单等促销物料。）
- 媒介投放
- 预算分配
- 执行时间表①

（2）简洁有重点。当逻辑理顺之后，应根据每个部分进行相关素材的收集和整理，并进行相关文字的撰写。这个过程中，不能"平均分配"，而要抓住待解决的核心问题，进行深入分析和对策制定，其他部分则作辅助说明。在文字风格上，要简明、清晰，要尽量用通俗的话说出不通俗的想法。广告策划书要善于利用总起、总结、中心句和编号，这样能够让策划书的框架和重点更明朗。此外，在重点问题的阐述中，要说明所使用资料的来源，从而增加策划书的可信度。

（3）形象化表达。广告策划书是一个以文字表达为主的产物，且专业性较强。但广告主大多不是专业人士且业务繁忙。因此，撰写广告策划书时充分运用数字、表格和图片等直观的方式不仅能有效辅助文字说明和解决问题，也能较好地调节策划书的氛围，提升广告策划书的可读性。

（4）可操作性强。在撰写广告策划书之前，策划团队已开展过多轮的头脑风暴和思路沟通，奠定了良好的写作基础。你可以提前在大脑中进行一次广告活动的"预演"，通过这样的思维呈现，预想各种场景和困难，提升广告策划书解决实际问题的能力。

此外，广告策划书的可操作性主要体现在所撰写的内容必须是在广告预算的范围内可以实现的，同时还应充分考虑广告主所处的市场环境，考虑人力和物力的有效实施。

2. 广告策划书的撰写结构

通过对广告策划知识的全面学习，我们将广告策划书的主体框架总结为四大部分。

（1）市场分析。它是广告策划书的基础与前提。它包含营销环境分析、消费者分析、产品分析、企业和竞争对手的竞争状况分析、企业与竞争对手的广告分析等内容。通过市场分析，策划者可以清晰了解广告主目前的市场位置和待解决问题，再通过"SWOT"分析法和"四态分析法"找出企业解决问题的出路。

（2）广告策略。它是广告策划的核心和方向。广告策略的制定必须建立在广告战略策划的基础之上，它包含广告目标、目标市场策略、产品定位策略、广告诉求策略、广告表现策略和广告媒介策略，通过以上内容的具体化，广告策划书才开始具备解决问题的基础能力。

---

① 参考乐剑锋的《广告文案》。

(3)广告计划。它是广告策划的细化和落实。广告计划是广告策略的进一步细化,它包含广告目标具体化、广告时间具体化、广告目标市场描述、广告诉求对象确立、广告诉求重点的确立、广告表现的确立、广告发布计划的制定、广告活动计划的制定和广告预算的制定等。

(4)广告活动的效果预测和监控。它是广告策划的收尾和保障。它包含广告效果预测和广告效果监控,通过这一步广告策划才完整,也因为这一步,广告策划是否发挥了预期效果,今后还可以进行何种改进也一目了然。图1-7清晰地展示了广告策划书的全部内容。

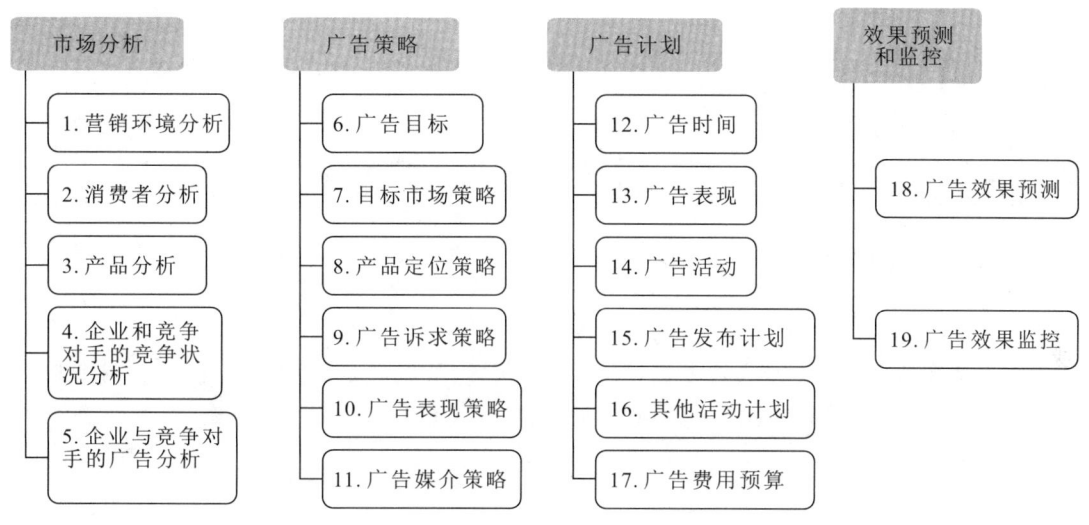

图1-7 广告策划书基本框架

此外,策划书通常还会附着一些重要文件,如调查问卷(访谈提纲)和调查报告等,以此更清晰地展示策划者为广告策划所进行的广告调查及结果分析。附录1中将提供完整而优秀的实战案例作为教学分析案例。

但要注意,此框架是撰写广告策划书的参考依据,但不是唯一模版。不同的策划者有不同的策划思路,适合的才是最好的。

【课后练习】

1. 简述广告策划的特点。
2. 简述广告策划与其他学科的关系。
3. 以教师节为背景,为旅游类APP策划一场活动,帮助其进行9月营销推广。

第二章 广告调查

> **内容提要**
>
> 1. 广告调查是营销调查的一个分支,它为广告设计或广告评估收集并分析信息。广告调查有助于广告主制定广告战略、选择目标市场、确定广告讯息元素、测试广告创意。
>
> 2. 广告调查的内容包括广告战略调查、广告创意概念调查、广告媒介调查和广告效果调查,通过事前测试、事中测试和事后测试三个环节来进行。
>
> 3. 广告调查的实施包含广告调查的流程与广告调查的方法。广告调查的流程包含界定调查问题、设计调查方案、实施调查方案、整理和分析调查资料、汇报调查资料,广告调查的方法则涵盖定性调查和定量调查两大类,二者互为补充,共同服务于广告调查。

案例导入:2017年微信数据报告

【案例详情】

2017年11月9日,微信在腾讯全球合作伙伴大会上发布了2017年微信数据报告。在过去的2017年里,你的微信生活长什么样(图2-1)?

报告从总体、沟通、出行、开放平台、支付五个方面清晰地展示了这一年当中,我们和微信的点滴记录。如:消息日发送总次数 38 000 000 000 次,较去年增长 25%,其中日发送语音次数 6 100 000 000 次,日成功音视频通话次数 205 000 000 次;朋友圈日发表视频次数 68 000 000 次,较去年增长 22%;十一假期出境人数较去年增长 62%,其中最远签到地点为格陵兰岛;微信运动日活跃用户 115 000 000,较去年增长 177%;公众号月活跃粉丝数 797 000 000 人,较去年增长 19%;小程序涵盖 20 多个行业的 200 多个类别,主要是交通出行、电商平台、生活服务等类别;月线下支付次数较去年增长 280%(资料来源:数英 APP)。

【案例点评】

详细的数据和清晰的对比,为我们还原了 2017 年微信在我们生活和工作中扮演的重要角色。通过定量调查,获取了清晰而具体的数据;通过定性调查,对比了 2016 年和 2017 年微信用户使用情况的差异。17 组数据不仅充分表明微信是一种生活方式,更透露着 2018 年微信会越做越好的决心。

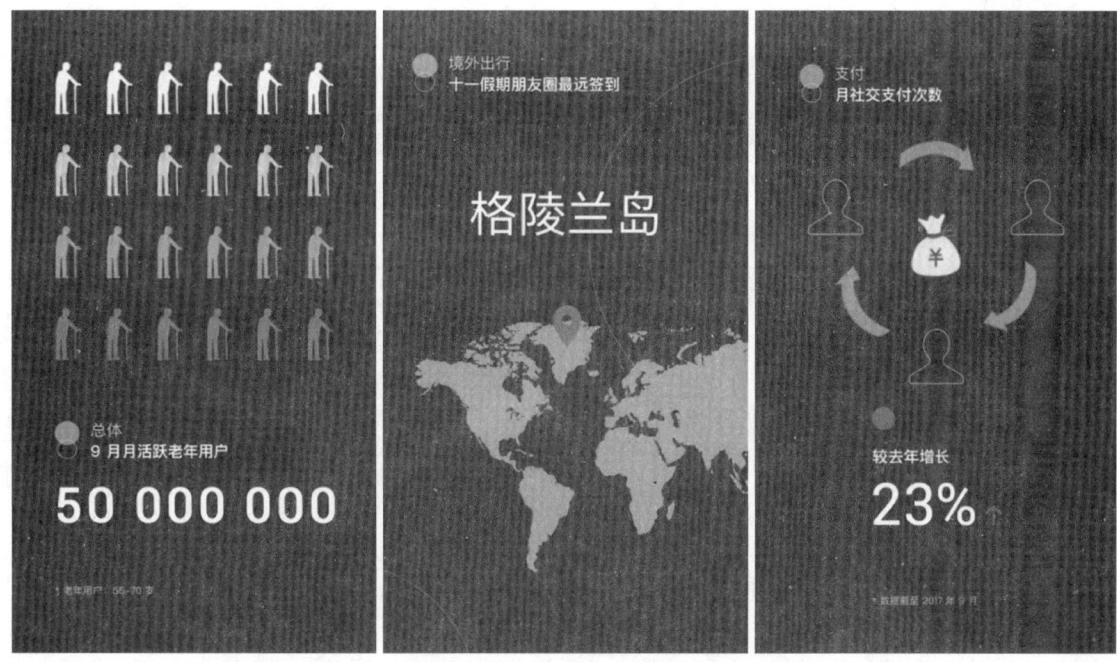

图 2-1 2017 年微信数据报告

第一节 广告调查的概念

一、营销调查与广告调查

1. 营销调查

调查行业最早发端于 20 世纪初,第一次系统的营销调查是 1879 年由广告代理商艾尔进行的,目的是了解地方政府对谷物生产的期望水平,以便为农业设备制造商制定合理的广告计划。1911 年,柯蒂斯出版公司成立了全球最早的商业调查部,其首任经理佩林也因此被称为"市场调查先驱"。中国的市场调查起源于 1985 年的广州,宝洁是最早在中国开展市场调查的企业。虽然中国调查行业起步较晚,但发展迅猛,30 多年间不仅吸引了尼尔森、益索普等世界一流研究咨询公司,还涌现出央视索福瑞(CSM)、零点咨询(Horizon)、广州策点(CCMR)等一大批本土优秀调查咨询公司。

根据美国市场营销协会的定义,营销调查(Marketing Research)是运用科学的方法,有目的地、系统地搜集、记录和整理有关市场营销的信息和资料,分析市场情况,识别和定义营销问题与机遇,制定、完善和评估营销活动,监测营销绩效,帮助营销人员制定有效的市场营销决策。

营销调查是企业开展营销工作的重要基础和关键环节,它具备多种功能:

- 协助识别消费者需求和细分市场;

- 为开发新产品、制定营销战略提供必要信息；
- 帮助管理者评估营销规划与促销活动的效果；
- 有利于财务规划、经济预测和质量控制。

菲利普·科特勒曾说,要管理好一个企业,必须管理它的未来,而管理未来就是管理信息。在现代市场营销观念引导下,企业要想在激烈的市场竞争中取得优势,必须保持一颗清晰的头脑,及时发现产品的不足和企业营销中的缺点,及时修改和完善,才能永远立于不败之地。

企业通过市场调查可以收集大量信息,可以将产品、价格、分销和传播四要素有机结合,为广告主及广告公司提供他们所需要的信息,帮助他们判断哪种战略更能突出其品牌形象,带来更多的收益,并帮助判断企业营销活动和广告活动的效果。

2. 广告调查

广告调查是营销调查的一个分支,广告运作中的市场调查又称广告调查。如果说市场调查提供的是营销决策所需要的信息,那广告调查提供的是广告决策所需的信息。从定义上看,广告调查是利用有关市场调查的方式和方法,对影响广告活动有关因素的状况及其发展进行调查研究的活动。更具体一点,广告调查是为了帮助广告公司制定或评估广告战略、单条广告或整个广告活动而对信息进行系统的收集和分析的活动[①]。

在策划任何广告活动之前,广告公司必须了解消费者对产品的感觉,对竞争对手的看法,对品牌形象和企业形象的信任度,以及哪些广告提出了最重要的诉求。若想得到这些信息,广告主可以利用广告调查。

二、广告调查的必要性

一次成功的广告策划首先要做的是什么？对于受众、对于市场,你想要了解的数据和信息从何而来？进行广告活动的时候,我们常常会遇到这样的疑问。美国著名广告大师威廉·伯恩巴克曾说:"开始工作之前,要彻底了解你所要做广告的商品。你的聪明才智、你的煽动力、你的想象力及创造力都要从对商品的了解中产生。"这句话足以说明成功的广告活动依赖于科学而有效的广告调查。

每年,企业都会将大量资金投入广告创作与促销活动中,以引起现有顾客与潜在顾客的注意。于是,他们通过各种媒介发布自己的"声音",期待顾客们有所反应。但发布广告不等于广告起到了作用,如果在错的时间、针对错的目标受众发布了错的广告形式,这价格不菲的广告只会是竹篮打水一场空。因此,在没有很好地了解谁是自己的顾客、他们喜欢什么媒介、他们真正想要什么、他们最喜欢的是什么等问题之前,盲目投入大量广告费是非常冒险的行为。这正是广告调查能够解决的问题。

1879年,N. W. Ayer & Son(艾耶父子广告公司)进行了全球最早的广告调查,针对广告主的要求进行了具体的调查。该公司经营重点从单纯为报纸推销广告版面,转向为客户提供专业化的服务。它不仅提出了"广告代理佣金制",更实施了"公开合同制",是全球广告公司的先驱。接下来,将介绍广告调查的内容、步骤和方法等。希望学习完本章后,同学们能充分理解广告调查的意义并将其正确地运用到广告策划之中。

---

① 参考[美]威廉·阿伦斯、[美]迈克尔·维戈尔德、[美]克里斯蒂安·阿伦斯的《广告与营销策划》。

第二节 广告调查的内容

一、广告调查的主要内容

广告调查的主要内容包含广告战略调查、广告创意概念调查、广告媒介调查和广告效果调查四大类。

1. 广告战略调查——"对谁说"+"说什么"

企业将创意组合的各个要素,即产品概念、目标受众、传播媒介及创意讯息混合在一起,制定出广告战略。为了获得关于这些要素的信息,企业可以在创意工作开展之前运用广告战略调查。

（1）产品概念定义。广告主必须了解消费者如何看待自己的品牌,了解是哪些因素导致了消费者的第一次购买,并且逐渐形成品牌忠诚。通过这些信息,广告主力图为自己的品牌建立一个独特的产品概念,即能给消费者带来效用性和象征性利益的价值。

2017年,奥利奥换新包装了。那个伴随我们长大的"扭一扭、舔一舔、泡一泡"奥利奥再次升级。首先是包装的改变,袋装变盒装,且一盒装两条,不仅便于一个人的多次食用,更利于朋友、情侣间的分享；其次是产品的改变,为满足时下年轻人的需求,新款奥利奥对口味和甜度都进行了调整。"脑洞大开"的新包装一经推出就圈粉无数,不少吃货主动在朋友圈、贴吧晒出了花样百出的新包装。奥利奥的这次升级主打概念是"划时代般的了不起",它希望改变消费者对奥利奥的既定印象,携手伦敦动画制作公司 Shotpop 一起制作出充满孩童般想象力的创意广告。图2-2中我们可以感受到奥利奥全新的夹心饼干分享装给消费者带来的乐趣,有网友称其为"行走的表情包"。而通过扫图2-3的二维码,你可以直接欣赏到奥利奥全新包装上市的 H5 广告《划出你的想象》,充满童趣的世界和恰到好处的互动展示了新包装的快乐和奇妙。

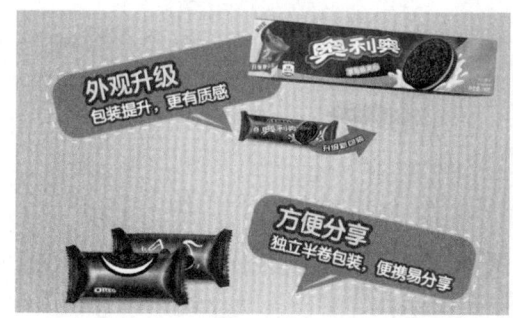 

图2-2 奥利奥创意新包装

那么,奥利奥全新的产品概念是如何出炉的呢？这不得不说说奥利奥的产品创新史,1912年诞生以来,奥利奥生产的饼干可绕地球381圈,口味多达40余种,除了传统厚度外,还推出了超薄版,此外还推出过消费者可以参与互动填色的节日限量包装。所有的这些都是为"好吃·好玩"的产品概念而服务,奥利奥把饼干变成了充满想象力的世界。

图 2-3　奥利奥新包装 H5 广告(用手机扫二维码即可观看)

(资料来源：数英 APP)

（2）目标受众选择。创意组合的第二个要素是目标受众。没有哪个市场可以将所有人全部包容进去，因此，调查的主要目的是对某一品牌的目标市场与受众进行全面了解，从而弄清楚到底哪些顾客才是产品的主要用户，然后仔细研究他们的人口统计特征、地理特征、消费心态以及购买行为。

任何新产品面临的最大困难，都是预算问题，任何一家企业都不可能有足够的资金同时覆盖所有市场。因此，广告主便经常采用"主导概念法"，调查哪些市场对产品销售最重要，然后集中精力瞄准最有可能获得广告优势的市场。如奥利奥之所以一直致力于"好吃·好玩"的产品概念，就是因为它的目标受众锁定在年轻消费群体。95 后、00 后对商品的选择早已脱离了"单纯好用"的概念，"有趣好玩"才是他们选择商品的首要标准。

（3）媒介选择。为了制定媒介战略、选择媒介载体并评估其效果，广告主会经常进行媒介调查。媒介调查是广告调查的一个分支，国内外有多家调查咨询机构都主打媒介效果的调查，如央视索福瑞，是中国最大最专业的收视率调查公司，为电视节目的到达率和效果评定提供真实可靠的依据。如近年来备受关注的《我是歌手》《跨界歌王》《蒙面唱将》等歌唱类节目是如何进行电视台的选择和广告的投放的，广告调查中的媒介调查可以给出有效的意见。

（4）讯息要素选择。广告战略中的最后一个要素是信息要素。通过调查消费者对产品和品牌的好恶，企业可以找到有市场前景的广告讯息。如在大数据时代，消费者每天上网搜寻最多的关键词是什么？每天登陆最久的 APP 是哪一个？哪些话题获得了最多关注率？不同年龄、不同地区、不同职业的消费者对信息的需求有何差别？根据这些信息，广告公司再针对自己的目标受众，确定最有可能成功的讯息要素方案，这也是广告的本质作用——信息的传递。

2. 广告创意概念调查——"如何说"

当企业制定了广告战略，准备开始广告制作之前，就可以开始为广告创意概念进行调查了。在决定到底应该采用哪一个概念的时候，调查再次发挥作用，通过概念测试、名称测试和口号测试，广告主可以了解目标受众对不同创意思路的接受程度。具体则通过自由联想、定性面访等方式展开。

2017 年 5 月，百雀羚联合局部气候调查组推出了一支"一镜到底的长图广告"。广告画面的设计带着一丝复古感，而故事的讲述则让网民大呼：这是一部谍战片！上海民国的奢靡尽收眼底，高贵、冷艳、妖娆万分，情节设计环环相扣，故事节奏轻快，画面细节精心设计。86 岁的百雀羚，用一张 427 厘米的长图，惊艳了大家。虽然并非微信上的第一张长图广告，但创意的内容刷新了大众对公众号广告的认识，简单易懂，摆脱了文字的枯燥和 H5 的迟缓。以民国为背景,任务设计与场景化结合,且故事性强,轻松勾起用户好奇心。开篇设置悬念,最后抛出答案,原来,女主角的目标是时间。因此,"百雀羚,始于1931年,陪你与时间作对"的广告语的推出顺理成章。这则广告原标题《一九三一》,"创意内容+矩阵传播"的模式让它获得了巨大的成功,也映射出广告营销端优质内容的稀缺(图2-4)。

图2-4 百雀羚长图广告

一次成功的广告活动既要有好的战略思想,也要有好的表现形式,也就是我们常说的"内外兼修"。广告创意概念是指导广告表现的指南针,当我们有了一个具体而统一的概念时,广告创意的实施就顺理成章了,因此,对广告创意概念的调查十分必要。"如何说"就是要将这一概念细化,从而让创意按照框架一步步表现。

3. 广告媒介调查——"在哪里说"

媒介在当今社会扮演的角色越来越重要,尤其是新媒体的迅猛发展,让人们不得不重视它。广告的作用是宣传推广,而媒介是广告向受众传播的必经平台,也是一次广告活动中花费最多的地方。所以,广告媒介调查中的"在哪里说"通过调查研究出最适合的媒体组合,这样,我们的广告就能在有限的资金投入下发挥最佳的效果,而这是广告主最希望看到的。

广告媒介调查的目的在于寻找目标顾客,即正确地进行媒介组合的选择。为此,调查人员会根据客户的需求对报刊、电视、网络等媒介进行调查,从其受众(年龄/文化层次/收入情况)、收视率(发行量/点击率)、媒介覆盖率等多方入手,并结合企业广告活动中的具体情况,如广告目标、广告预算的确认等作为调查对象对媒介进行分析和筛选[①]。在广告媒介调查之后,企业才能针对目标受众进行有效的广告投放,从而达到最佳宣传效果。

4. 广告效果调查——"结果如何"

现代人每天接触到的广告成百上千,所以,要想让自己的广告给受众留下深刻的印象,继而促成受众的购买,广告效果是最重要的环节。广告效果调查包括事前调查和事后调查两大类,主要是通过各类调查方法的实施,帮企业主检测其广告的实际效果,找出问题,改善改良,以达到更好的广告效果。

广告效果包括广告的心理效果、销售效果和社会效果三个方面。广告效果是客户最关心的环节。

(1)广告的心理效果。它关心的是人们对于产品或品牌的感知方面所产生的影响,如奢侈品的品牌效应。这种观点认为,即使消费者没有因为看到广告而产生实际的购买行为,也不应该认为广告就没有产生效果,广告对消费者认知、态度和行为意向上的改变具有重要意义。其中,有两种模型在广告效果调查中被广泛采用。

第一种,AIDA模型。1898年,艾尔莫·里维斯首次提出AIDA,其基本观点是,销售人员对于消费者的说服效果具有层级性,销售人员向消费者推销产品所产生的影响可以逐层划分为:注意(Attention)→兴趣(Interest)→愿望(Desire)→行动(Action)。这个模型告诉我们,"广告效果"不是一个含混的概念,它可以分解出不同层次,每一层都要作为我们的考察重点。

第二种,DAGMAR模型。美国学者柯利在《为可测量的广告效果确定广告目标》一书中提出了一系列评估广告效果的原则,包含:广告要产生效果就必须确定明确的目标;广告的目的是沟通而不是直接影响销售;注重广告产生的心理效果而不是广告在媒体中的曝光程度;广告主应该根据"沟通光谱目标"确定广告效果;在广告活动开展之前应当制定详细的目标和计划。

(2)广告的销售效果。它是指以广告宣传所带来的销售量来衡量广告的效果。虽然这是一种比较狭义的广告效果观,但仍然有很多广告主出于企业绩效的考核,倾向于采用这种方法。

(3)广告的社会效果。它是指广告活动对社会经济、教育、环境的影响,是目前企业考虑的

---

① 出自百度百科:http://baike.baidu.com/view/281847.htm。

越来越多的广告效果之一,企业慈善活动就是提升广告社会效果最常见、最有效的方式之一。人们很难用定量的方式测量广告的社会效果。

广告效果调查是广告调查中操作较难但又意义重大的组成部分,其意义主要表现在以下三个方面。

第一,通过广告效果调查与预测,可以准确地把握广告策划投入的费用是否值得。

第二,通过广告效果调查所预测的信息和结论都会成为改变和调整未来广告活动的有效依据。

第三,广告效果的调查与预测可以提高广告活动的科学性,是广告活动行动的指南。

二、广告测试的基本方法

通过广告的事前、事中和事后测试,可以为广告主对广告的决策提供有用的信息。

1. 广告事前测试——在广告活动展开之前诊断可能出现的传播问题

事前调查是广告主为提高广告讯息的有效性,防止严重失误,通过一系列调查帮助广告主预测哪种广告战略或媒介最有效,并对广告活动的价值进行衡量。

具体做法是在广告计划实施之前,也就是提交完稿之前,先对广告作品和广告媒介组合进行测试,判断广告活动实施以后会产生怎样的效果,由此修改广告作品和媒介组合。事前预测主要包括广告创意测试、广告作品测定和广告媒介测定。如现在要对一则平面广告进行测试,一般会这样提问:你从这则广告上看到了什么?它是否反映了你感兴趣的东西?你觉得这则广告可信吗?你们喜欢它的广告语吗?……如果在向客户提交广告之前,广告公司对广告进行了事前测试,则可以找到沟通上的空白点或讯息内容上的缺陷,否则,很有可能遭遇来自市场的意外反应。

广告的事前测试可采用直接提问法、中心场所测试法和混杂测试法来完成。具体则为消费者评审小组、配套样品、故事版测试、构图手段和心理评级衡量等。

2. 广告事中测试——在广告活动执行当中对广告效果进行把控

事中测试是即时了解广告发布后消费者心理及行为的变化,以便即时调整广告活动的方向。通常采用销售区域测试法、回函测试法来进行。

广告效果的事中测试和事前测试的思路是一致的,都是为了保证广告作品和广告媒介组合发挥更好的效果,不同的是,广告事中测试在时间上是后移的,它是在广告作品正式发布之后直到整个广告活动结束之前进行的。其优点是可以直接了解消费者在实际环境中对广告活动的反应。

3. 广告事后测试——广告发布后对广告活动进行评估

事后测试也称广告追踪,虽不能影响已经结束的广告活动,但可以全面地评估广告活动的效果,并为新的广告活动提供资料,指导后续的广告活动。事后测试是在真实的市场环境中进行,包含广告效果测试、消费者态度变化测试和销售额增加测试,通过辅助回忆法、自由回忆法、态度测试法、查询测试法和销售测试法五大技术去执行。

广告测试中有着一系列帮助广告主做决策的变量,我们把它们称之为"5M"①,即:

产品(Merchandise),如事前测试中对产品包装设计、产品品牌定位或广告传播中要传播的产品特点的测试。

市场(Market),指某一特定广告在代表不同市场的受众人群中的反应,通过事前测试获得的信息可以指导广告主修正自己的广告战略,通过事后测试可以了解自己的广告活动是否到达了目标市场。

动机(Motive),我们无法控制消费者的动机,但可以控制针对这些动机的广告讯息。事前测试有助于广告主找到最契合消费者需求和动机的创意点。

讯息(Message),事前测试有助于判断广告讯息说了什么、说得如何。广告主可以借此测试广告标题、正文、插图、字体或广告语,可以判断广告是优秀还是平庸,为改进广告提供指导。然后通过事中测试的跟踪监测和事后测试的追踪评估,判断出人们看见、记住和信任广告讯息的程度。消费者的态度变化和感觉变化、消费者对广告语或LOGO的记忆都标志着广告的成功。

媒介(Media),事前测试得到的信息有助于广告主制定媒介决策,即媒介种类、媒介细分、具体媒介载体、媒介版面(时间单位)、媒介预算等。通过事前测试,广告主可以测试消费者在不同季节、不同日子对某一产品广告的反应。广告发布后,事后测试可以判定媒介组合是否有效地达到了目标受众,传递了预期的讯息。

通过三个阶段的广告测试,广告主可以清晰地评估广告对其目标的完成情况。

第三节 广告调查的实施

现在,我们对广告调查已经有了充分的认识。为了保证广告调查的顺利实施,并取得真实可靠的信息,还应该了解它的实施流程与方法。

一、广告调查的流程

1. 界定调查问题

广告调查的第一步就是分析当前形势,界定调查问题。只有清楚地了解企业到底希望通过广告调查了解和解决什么问题,才能有的放矢,正确地设计和实施调查。

许多大型企业都设有专门的调查部门,营销部一般配有专门的营销信息系统(Marketing Information System,简称MIS),这是一套能连续不断地、有条理地提供制定营销决策所用信息的复杂程序,它能保证管理者在需要信息的时候能得到所需的信息。但大多数小企业没有专门的调查部门和专业的营销信息系统,因此会觉得界定调查问题这个步骤既费时又费力,从而省略这一关键性步骤,但这是问题的源头,如果这一步错了,广告创意再好也是起不了作用的。

1994年4月30日,在美国南卡罗莱纳州举行了海尔生产中心的奠基仪式。一年后,第一

---

① 参考[美]威廉·阿伦斯、[美]迈克尔·维戈尔德、[美]克里斯蒂安·阿伦斯的《广告与营销策划》。

台印有"Made in America"标签的海尔冰箱从漂亮的生产线走下来,海尔从此在美国冰箱制造业有了一席之地,也成为中国第一家在美国制造和销售产品的公司。海尔在进入美国市场前,经过了长时间的市场调查,从消费者需求能力和需求构成的角度展开调查,也因此获得了精细的参考数据。营销大师菲利普·科特勒说"海尔战略"最成功的部分就是对消费者群体的准确定位,即年轻人。老一代已经拥有习惯的家电品牌,不会轻易更改,而年轻人对家电还没有形成习惯性购买,且刚刚成家住进新房或拥有一间单身公寓的年轻人,对冰箱的需求是十分明显的。所以,根据海尔的前期调查,它决定在美国市场上开发60L到160L专门针对年轻人需求的小型冰箱,这是一个明智的决策。其结果就是海尔从向美国出口第一台冰箱到现在,已成功建立了自己的品牌,不仅销量稳定增长,还成为美国最受欢迎的冰箱产品之一,在学生宿舍和办公场所使用的小型冰箱产品领域拥有25%的市场占有率。海尔之所以能取得这样的成绩,第一是有明确的目标消费者,调查针对性强、准确性高;第二,有明确的市场定位,充分了解竞争对手的优劣势,从而不断提升企业竞争力;第三,通过市场调查发现了新机会、新需求,并以此为依据开发新产品。

2. 设计调查方案

"调查方案设计"是开展广告调查项目时必须遵循的框架或计划,它包括调查目的、调查对象、调查方法、抽样方案及调查实施步骤等多项内容。它让广告调查有章可循、有据可依,当调查出现偏差时,也可快速找出问题所在。

广告调查方案的编写框架如下。

(1)明确调查背景、目的和任务。简要描述行业大背景,分析对企业有利及不利的因素,明确调查的目的,即通过广告调查所获信息要解决什么问题,为达到这一目的需要收集哪些信息。

(2)确定调查对象和调查单位。确定广告调查的总体和个体。对目标受众的清晰把握是开展广告调查的重要基础。

(3)确定调查具体项目。它是对调查任务的进一步细化,主要包括调查对象的基本特征、主体项目和相关项目。

(4)设计问卷或访问大纲。根据调查目的设计测试问卷或访问大纲。

(5)确定调查时间和期限。确定广告调查的时间节点及总时长,再通过排期表的方式完成调查的进度安排。

(6)确定调查方式和方法。抽样调查是广告调查的主要方式,而观察法、访问法、网络调查法是它的主要方法。

(7)确定资料整理及分析研究。调查原始资料通常是零散、不系统的,通过对其汇总、审核、编码,再根据调查的需求,选择回归分析、聚类分析等方法进行调查数据的分析。

(8)确定调查经费预算。包含方案设计及抽样设计费用、问卷印制及礼品购买费用、调查实施费用、通信费等。

(9)制定调查组织计划。确定调查机构设置及人员分工,开展相关人员沟通及培训。

(10)编写调查计划书。即调查方案的撰写,包含标题、引言、主体(上述九点)和附录四大部分。

3. 实施调查方案

(1)试调查。即调查方案的可行性研究。通过逻辑分析法、经验判断法和试点调查法可对调查方案择优录取。如针对设计好的调查问卷按抽样设计方案进行小范围试调查,可考察问卷设置的合理性,通过被调查者所提出的意见和建议进行问卷的完善,可以提升调查问卷的针对性和有效性。

此外,对广告内容也可以进行试调查,如《优家画报》和《第一生活》的推广价就是产品价格的试调查。

(2)正式调查。调查方案的实施一般从调查人员的选择开始。首先,调查人员的专业性直接关系到调查方案能否有效实施。他必须具备较强的专业能力和职业素养,必须在调查实施前与企业决策者进行详细的沟通。其次,对被调查者要进行严格的挑选,只有找对被访者并进行科学的调查,才能得到精准的数据和有效的决策信息。最后,要将定性调查和定量调查有机结合,这样才能使调查结果更具参考价值。后面,我们将详细讲解广告调查中常用的调查方法。

4. 整理和分析调查资料

(1)调查资料整理。即对原始资料的汇总、审核、分类、编码、录入。通过 SPSS 软件开展回归分析、聚类分析等科学统计,并将调查数据用柱形图、条形图、饼图、曲线图和表格进行展示。

(2)调查资料分析。即运用科学的原理和方法,对所获得的资料进行定性和定量分析,找出事物之间的内在联系,使企业对调查结果有清楚的认识并用于广告决策的指导。

5. 汇报调查结果

广告调查的最后一个环节是对调查结果的解释和汇报。广告调查的目的是为了解决广告运作中的问题并帮助企业解决营销问题。我们可以通过口头报告和书面报告两种形式向广告主汇报调查过程与结果。

(1)口头报告。口头报告是书面报告的重要补充,可帮助广告主迅速掌握和理解书面调查报告的内容,同时可以在现场对报告中不明晰的地方进行提问和回答。一般通过以下五个步骤进行口头报告:确定并了解听众、确定听众要听的关键点、列出关键点提纲、准备图表、报告前检查设备。

(2)书面报告。调查报告是广告调查全部完成之后,调查人员根据调查活动所获的信息编写的报告,要求语言简洁、结构严谨、内容全面、资料详实、结论明确。

一般的广告调查报告需要涵盖以下六个方面的内容。

第一,说明调查目的及所要解决的问题。

第二,介绍市场背景资料和调查思路。

第三,介绍调查对象、调查时间和调查地点。

第四,介绍数据收集方法,即抽样方法和调查方法。

第五,进行调查数据分析,提出观点并进行论证。

第六,总结调查结果并提出解决问题的方案和建议。

通过口头报告和书面报告的双重确认,广告调查报告书将最终提交给调查委托者,也就是广告主。

二、广告调查的方法

广告调查方法是指为了完成广告活动目标、收集相关资料的方法。广告调查是市场调查的分支,因此,广告调查的方法体系与市场调查方法体系是一脉相承的。我们知道,信息的收集来源于原始数据和二手数据。原始数据(初级信息)是就某一具体问题直接从市场中收集的信息,针对性强、费用高、所花时间长;二手数据(二级信息)是指收集和整理现有信息,不是为企业问题的解决而专门调查的数据,它是现成的、快捷的、便宜的,但同时也是时效性差、关联性差、错误率高的,需要大量的时间进行筛选和分析。

正式的广告调查分为两种形式:定性调查和定量调查。首先,通过表2-1对定性调查和定量调查有一个初步的认识。

表2-1 定性调查与定量调查

类别	定性调查	定量调查
目标	提供关于潜在原因与动机的定性理解,主要关注市场的性质特征	从有代表性的样本中获得量化数据,从而评估总体,主要关注市场的数量特征
样本	小样本	大样本
方法	小组座谈、深度访谈等	实验法、访问法等
数据收集	依据生活经验和各种事实材料	依据调查所得的现实数据
数据分析	非统计分析:逻辑推理法、历史比较法	统计分析:统计分析法、建立模型法
结果	提供最初的理解和最终的总结,多以文字描述为主	建议最终的行动方案,多以数据、图表反映

1. 定性调查

定性调查是依据一定的理论和经验,主要研究事物的特征,而将数量上的差别暂时略去。它通常是围绕一个特定主题而取得有关资料,主要用来考察消费者态度、感觉、动机和反应,或了解问题的性质及发展方向。为了与被调查者交流想法和感受,调查人员采用开放式诱导,不做"是与否"的问答。然而,不论问题设计多么巧妙,有些问题仍然令人难以回答。比如:在问为什么要买一辆标志身份地位的车时,很少有消费者愿意承认是因为该车让他们觉得自己是有地位的人,他们的回答多半是因为该车驾驶性能好或价格优惠等理由。遇到这种情况时,调研人员可以采用深度调查技术进行补充。

(1)小组座谈。一般邀请6~8位消费者作为目标市场的代表参加座谈,就产品、服务等情况展开讨论。回答不分对错,但每位与会者都必须发言,真实的阐述自己对相关问题的感受或做法即可。时间一般在2小时左右,由一名经验丰富的主持人进行座谈会的控制。通常小组座谈会议室拥有写字板、访谈提纲、会议桌、录音笔/摄像机、观察室等基本配备,此外,还有一面单面镜,通过这一设置调查总监及客户负责人可以对小组座谈的全程进行观察和记录。《我的前半生》中罗子君就多次参加自己所在咨询公司的小组座谈会,而客户就在单面镜后观察着她的表现。

(2)深度访谈。指调查者和被调查者一对一的面谈。在自由交谈的过程中,调查员要从被调查者的反应、态度、意见中探求深层的东西,访问不需要面面俱到,但是要对主题进行深入的探讨。深度访谈同样需要访谈提纲,但其提问顺序和方式可以根据被访者的具体情况做现场调整,目的是促使被访者深入、连贯、自主地表达自己的态度和意见。大多数时候,深度访谈都是对小组座谈法的一种补充,因为小组访谈得出的是受众的大致想法,而深度访谈得出的是受众更深层次的购买动机与意图等。

小组座谈和深度访谈都是通过设计周密而结构松散的问题挖掘受访者更深层的感受。但深度访谈对访问员要求更高,花费的时间和经费也更多。

(3)投射法。投射法最初是心理医生用于临床诊断的,后来逐步运用到调查行业中,它对调研人员的技术和经验有较高的要求。广告主通过投射技术可以了解消费者潜藏的或者下意识的感觉、态度、兴趣、观念、需求和动机。如你认为购买这件商品的会是什么样的人?通过此类间接问题,消费者更能够真实地表达自己对问题和产品的感觉,它包括文字联想法、文章完成法、主题统觉法等。

例如:请你完成下列不完整的句子:

美发店是一个_____。

每次去星巴克我都会觉得_____。

2. 定量调查

定量调查是对市场现象的数量关系、数量变化的分析,用于解释和描述市场因素之间的相互作用和发展趋势。广告主通过定量调查能够获得有关某一特定市场状况和形势的确凿数据。用于收集定量信息的方法有两种。

(1)实验法。实验法将调查对象随机地分成实验组和控制组这两个组,然后改变实验组的控制变量,而控制组保持不变。对两个组实验前后的结果进行比较和评价,从而得出该控制变量对市场的影响程度。这种调查方法一般直接在实验室内进行,它可以模拟出实际的营销环境或是广告传播过程,从而科学地预测出广告的效果。

实验法是最复杂、最高级、最有效的调查方法,具有实践性、动态性和综合性,调查人员利用实验法可以测定真实的市场因果关系。在运用实验法调查时,调查人员必须进行严格的控制,只有这样,才能准确地判断那些影响结果的变量。但因每个营销变量并不容易控制,因此这种方法操作起来较为困难,且费用高昂。这种方法一般运用于新产品上市或新广告发布之前。

(2)综合调查法。调查人员通过人员面访、电话、邮寄或互联网等形式询问现有或潜在顾客来获得有关他们的态度、想法和动机方面的信息的方法。因为在调查过程中,同时运用了多种调查方法,因此被称为"综合调查法"。它不是绝对的定量调查法,因为问卷调查的最后环节是由调查人员对 SPSS 软件所统计出来的数据结果进行归纳总结的,所以,它是一种以定量调查为基础,综合定性分析的综合调查法。

除了上述方法以外,广告调查中可以运用的方法还有很多,调查人员一定要根据调查的目标,选择最适合的方法针对目标受众展开调查。为了方便比较学习,我们将调查方法的详细介绍汇总为表 2-2。

表2-2 市场调查方法统计表

分类	名称	定义	形式	优缺点	作用
定性调查法	文案法	收集、整理和分析二手资料的方法	企业内部资料,如消费者数据库、企业业务资料 企业外部资料,如政府报告、行业网站、调查机构情报、商业杂志等	优点: 简单易行、节省时间和费用、不受时空限制 缺点: 时效性差、针对性差	适合初步发现市场问题、辅助实地调查和解释调查结果
	小组座谈	6~8人为一组,在1名专业主持人的引导下对某个主题或概念进行深入讨论	标准座谈会 小型座谈会 消费者场所座谈会 头脑风暴座谈会 再次召回座谈会	优点: 能获得大量意见与观点、能激发与会者之间的互动和新想法 缺点: 抽样人数少误差较大、对主持人要求高	适用于挖掘消费者态度和习惯、创意启发、探索性发掘
	深度访谈	由掌握一定访谈技巧的访问员对受访者进行一对一访谈	无	优点: 消除群体压力、揭示受访者对问题的潜在动机、态度和情感 缺点:所花时间和经费较多、对访问员素质要求高	适用于复杂且不宜公开访问的主题
	观察法	在现场对被调查的情况进行观察和记录以获取市场信息	参与观察与非参与观察 时间纵向与横向观察 人员观察与机器观察	优点: 直观可靠、简单易行、可获得大量一手资料 缺点: 只能观察客观事实的经过而非内在动机	适用于消费者真实需求的调查(通过消费者购物时对商品品种/规格/花色/包装/价格的具体要求了解)
	投射法	将自己的态度、愿望、情绪和性格等个体特征不自觉地反映于外界的一种心理作用	罗夏克墨渍测验 主题统觉测验 语句完成法 绘画测验法 逆境对话测验 ……	优点: 能消除紧张、降低防范、能了解潜在态度和情感、获得打破框架的想法 缺点: 结果带主观色彩,分析和解释难以标准化	适用于敏感话题和深度调查,即被访者对自己动机不太清楚或动机受非理性因素影响时

续表 2-2

分类	名称	定义	形式	优缺点	作用
定量调查法	访问法	通过面对面交谈而获取市场信息。以口头的形式展开调查	入户访问 街头拦截访问	优点： 提问灵活性高、回答质量高 缺点： 容易遭拒绝、入户难	适用于快速消费品、媒介等的小范围调查
	问卷法	通过设计好的问卷了解被访者意见	邮寄问卷调查 留置问卷调查 网络问卷调查	优点： 方便、效率高、便于统计和分析 缺点： 多为封闭式问题且回答有效率低	适用于了解消费者对某一问题/产品的基本看法和大致意见的调查
	电话调查	按统一问卷，通过电话对被访者提问并获取信息	传统电话调查 计算机辅助电话调查	优点：访问效率高 缺点：拒答率高	适用于全民调查，如最喜爱的电视节目、就业单位等
	固定样组调查	一定时间内，对样本小组进行固定调查以收集所需信息	无	优点： 深度了解消费者的消费（收视）习惯 缺点： 样本寻找难且费用高	最常用于收视/听率的调查、商品购买情况、产品使用情况等调查
	实验法	改变一个/几个市场影响因素来观察市场现象的变化情况从而认识市场的本质特征和发展规律	实验室实验 市场实验	优点： 获得大量一手资料，揭示市场现象间的关系，探索解决市场问题的途径和方法 缺点： 实验对象和环境的代表性差、实验费用高	适用于广告文案注意度调查、广告效果调查、产品价格调查、产品品种/包装调查、市场饱和度调查

注：互联网调查分定性调查和定量调查两种，但使用最多的形式是电子邮件调查和网页调查，均以问卷为调查基础，因此表格中将其合并到问卷调查法之中。

在广告调查中，定性调查和定量调查应该是结合起来使用的，经验丰富的广告主或者广告公司会在这两种方法之间保持平衡，充分发挥它们各自的优势。常见的情况是从定性调查入手，获得针对所要解决问题的基本认识之后，再从大规模的定量调查中寻找答案，最后再通过定性调查进行调查结果的汇总分析。

第四节　广告调查中的重要问题

一、效度与信度

广告调查的效度与信度取决于抽样方法的选择和调查问卷的设计。

信度(Reliability)即可靠性,它是指采用同样的方法对同一对象重复测试时所得结果的一致性程度,主要从可靠性、一致性和稳定性三个方面来分析测量的信度,即测验结果是否反映了被测者稳定的、一贯性的真实特征。

效度(Validity)即有效性,它是最简单也是最基本的主观判断方法,指测量工具或手段能够准确测出所需测量事物的程度,主要从内容效度、准则效度和结构效度三个方面来分析。测量的结果与考察内容越吻合,则效度越高;反之,则效度越低。

信度是效度的前提条件,效度高的测量,其信度必定也高。但信度高的测量,其效果不一定高,因为信度只受随机误差的影响,随机误差越小,信度越高。为了保证问卷具有较高的可靠性和有效性,在形成正式问卷之前,应该对它进行测试,并对测试结果进行信度和效度的分析,从而根据分析结果筛选问题设置、调整问卷结构,确保问卷信度和效度,提升广告调查的有效性。

二、抽样设计

抽样是统计学的一个分支科学,抽样调查是一种非全面调查,是指从总体中选择一部分代表进行调查,并据此对总体做出估计和推断的调查方法。如食品安全检查等。因为抽样技术的选择,抽样调查虽然不是普查,却可以在市场调查中发挥着普查的作用。抽样技术主要包含随机抽样和非随机抽样两大类,其主要类型通过表2-3来展示。

表2-3　抽样技术统计表

随机抽样技术	非随机抽样技术
简单随机抽样	任意抽样
等距抽样	判断抽样
分层抽样	配额抽样
整群抽样	固定样组抽样
多阶段抽样	滚雪球抽样

随机抽样是指调查总体中每个个体都有同样被抽中的可能,是一种完全按照机会均等的原则进行的抽样方法。它最大的优点是在根据样本资料推论总体时,可以用概率的方式客观地测量推论值的可靠程度,结果客观,具备较高的科学性。

非随机抽样是指抽样时不遵循随机原则,而是按照调研人员的主观经验或其他依据来抽取样本的方法。仅仅适合问题的初步探索或提出假设,需要调查人员有丰富的经验。

为了帮助广告主选出最有代表性的调查样本,进行最有效的广告调查,在抽样的过程中,我们首先界定总体,然后建立抽样框并对个体进行编号,再选择适合的抽样技术来抽取有代表性的样本,此时就可以实施调查了,最后进行结果的测算。

三、问卷设计

设计调查问卷需要大量的专业知识和实战经验,问卷如果设计得不好,调查便会出现偏差甚至错误。较为典型的问卷错误包含:问题类型错误、问题过多、问题形式错误、用词错误等。有效的调查问卷应具备三个重要属性:主题明确、重点突出;表述简单而清楚;问题设计有层次性。

如何设计一份有效的调查问卷[①]?

(1)列出调查目标。避免花费时间和资金收集无关信息。

(2)写出简短的问卷。调查对象没有义务保持耐心,问卷过长有可能使他们不认真或草率地回答问题。

(3)清楚地表达问题。避免误解的可能,避免笼统或模棱两可的问题。

(4)先写出大概提要,然后再润色。

(5)采用简短的调查说明。包括访问员的姓名、组织名称和问卷目的即可。可以根据不同调查对象加点特色,如对大学生称呼"亲"。

(6)让被访者轻松自在。用一两个有趣易答的问题作为开场。如"你看过《创造101》吗?"

(7)问题的编排有逻辑且流畅。遵循"金字塔"结构,先简单后困难,先一般性问题后专业性问题(具体问题)。

(8)避免暗示性或诱导性问题。这会使结果出现偏差,如"我们都觉得《战狼Ⅱ》电影很好看,你觉得呢?"

(9)设置几个检验性问题。用于检查前面的答案,以确保问卷的效度。如"你是在校大学生吗?"

(10)将人口统计特征(年龄、收入、教育状况、婚姻状况等)安排在问卷最后,以免被访者带着警惕心填写问卷。

(11)试调查。正式印制问卷前,按照抽样方案的配比,选择30~50个样本进行试调查,确保问卷填写的顺畅及调查信息的完整。

四、中外知名调查公司

以下是世界专业研究协会ESOMAR公布的2015年全球市场研究公司排名情况(以利润额为主要标准)。

第一名:尼尔森(Nielsen)

尼尔森是全球著名的市场调研公司,1923年由现代市场研究行业奠基人之一阿瑟·查尔斯·尼尔森创立,总部位于美国纽约,擅长根据客户的具体需求来定制调查方案。尼尔森拥有一套全球认可的调查产品和方法,为客户提供最有力的可比性标准化数据,其主要客户是快速

[①] 参考[美]威廉·阿伦斯、[美]迈克尔·维戈尔德、[美]克里斯蒂安·阿伦斯的《广告与营销策划》,第165页。

消费品的零售商和制造商,被称为"零售调查的不二之选"。

第二名:凯度(Kantar)

凯度是全球最大的研究、分析和咨询公司之一,集团在全球60多个国家和地区拥有160个分支机构。它隶属于WPP集团,致力于帮助客户更好地理解市场、品牌和消费者,从而制定更有效的决策。凯度综合性较强,它集中了各种领域的营销预测和咨询专家,能从全局和战略的高度解决商业问题。

第三名:爱美仕(IMS Health)

爱美仕是全球领先的为健康产业提供专业信息和战略咨询服务的市场研究公司,它在全球100多个国家开展市场研究工作,在亚太地区设有18个分支机构,是制药和保健行业全球顶尖的市场情报供应商。

第四名:益索普(Ipsos SA)

益索普是全球领先的市场研究集团,1975年成立于法国巴黎,是全球唯一由研究专业人士管理的市场研究集团。它主要研究汽车及金融行业,重视品牌研究。2011年,益索普收购思维公司,从而迈进全球顶尖市场调研机构阵营,拥有全球性调研网络。

第五名:捷孚凯(GFK)

捷孚凯是全球五大市场研究集团之一,总部位于德国纽伦堡,拥有80多年的发展史,是享誉全球的市场研究企业。其主要业务范围是耐用消费品调查、消费者调查、媒体调查等。尤其是耐用消费品调查,居全球第一,具有绝对的专业权威性。捷孚凯服务于多家大型产品制造商和零售企业,并成为很多著名跨国企业及大型零售企业的长期战略伙伴,是唯一一家在全球范围统一开展耐用消费品调查和研究的企业。

此外,中国还拥有索福瑞、零点、策点、艾瑞咨询、慧聪研究、中为智妍、新华信等多家优秀的本土调研机构。我们选取其中三家作重点介绍。

(1)索福瑞(CSM)。央视索福瑞媒介研究是中国最大的市场研究机构,也是中国规模最大、最具权威性的收视率调查公司。它成立于1997年12月,现更名为中国央视索福瑞媒介研究,致力于为中国大陆及香港地区的传媒行业提供真实可信的电视观众调查服务。CSM拥有世界最大的定时观众收视调查网络,调查样本可以到达全国225个市(县),调查网络覆盖3.6万余家庭、全国124个城市的1 000多个主要电视频道。

(2)零点(HORIZON)。零点研究咨询集团,是中国专业研究咨询市场的开拓者和领导者之一,创立于1992年。其业务范围为市场调查、民意调查、政策性调查和内部管理调查,客户主要包括跨国公司、中国知名企业、中国政府部门、外国学术机构和联合国机构,业务项目数千项,涉及房地产、通信食品、医药、金融保险等30多个行业,是ESOMAR(欧洲意向考察和市场研究协会)和AMCF(全球管理咨询公司协会)的中国代表机构。

(3)策点(CCMR)。策点市场调研公司成立于2001年5月,总部设于广州,是一家全国性的跨行业市场咨询机构,致力于为客户提供一站式市场研究服务,并依托高质量的数据,提出前瞻性的见解和可落地的解决方案。核心研究领域是消费者研究、满意度研究、房地产研究和服务行业研究等。策点在北京、南京、成都和沈阳各设一分公司,市场调研的执行网络基本覆盖了中国全境,和全国200多家优秀调研公司建立了长期合作关系。

国内外众多优秀咨询机构为信息服务产业、文化创意产业、传媒产业、新能源产业等在战略咨询、产品规划、市场营销、企业运营等领域提供了有效的解决方案。而广告调查作为市场调查的一个分支,也扮演着它应该承担的角色,为广告策划的制定提供依据和参考,是广告活动成功的开端,有助于预测广告发布的效果等。

本章,我们着重讨论了信息收集的定义、内容、流程和方法等,了解了广告调查对制定广告计划和广告战略的重要意义,以及广告公司在广告发布前后如何运用调查对广告效果进行预估和检验。同时,学习了广告调查中一些重要的方法与技巧,为今后广告活动的开展打下了坚实的基础。

【课后练习】

1. 广告调查的主要内容包含哪些?
2. 广告调查在广告策划中的作用是什么?
3. 在"刷屏级传播"的转化率上,广告调查扮演着怎样的角色?

第三章　广告战略策划

内容提要

1. 广告战略策划就是指对整个广告活动指导思想、目的、原则的宏观运筹与谋划，是广告策划活动的中心，是决定广告成败的关键。
2. 广告战略策划的一般程序是：确定广告战略思想→分析内外环境→确定广告战略任务→确定广告策略。
3. 广告策略是实现广告战略的措施与手段，它主要包含：广告产品策略、广告定位策略、广告诉求策略、广告表现策略、广告媒介策略和广告活动策略六大内容。

案例导入：网易云音乐地铁广告"看见音乐的力量"

【案例详情】

回顾 2017 年，"网易"这两个字在朋友圈占据了半壁江山。网易云音乐地铁广告、网易新闻×饿了么"丧茶快闪店"、网易有道男票深夜来信……因为出色的广告表现，网易被网民称为"被耽误的广告公司""刷屏就像刷墙一样容易"。网易到底是如何做到的？

2017 年 3 月 20 日，当万众期待的红色特别版 iPhone 正式上线引起全国轰动之时，另一场红色盛宴闯进你我的心头。网易云音乐于当天包下了杭州地铁一号线的车厢及江陵路地铁站，并发起了一场名为"看见音乐的力量"的广告活动。5 000 条网易云音乐评论区点赞最高的评论再进行人工筛选，最终选择了 85 条简单、一语中的、脱离歌曲环境仍然能被看懂和引起共鸣的乐评铺满地铁一号线，如图 3-1 所示。

【案例点评】

网易云音乐是一款借助音乐传递情感、分享个人作品的音乐产品，本次活动以独立的当代都市人为目标受众，用用户自己说的话击碎了一颗颗孤独的心。广告投放媒介为地铁，地下封闭的特殊场景很好地催化了这一心理，接着在社交媒体上，这些戳心的乐评引发了一轮又一轮的转发，"喜欢这种东西，捂住嘴巴，也会从眼睛里跑出来""祝你们幸福是假的，祝你幸福是真的"……"有情怀、有温度"是网易云音乐的态度，这次活动之所以取得巨大的成功，其根源是产品的优秀和"圈层战略"，即"去中心化传播"。当媒介传播路径从"媒介→受众"转变为"媒介→受众→受众"时，媒介的作用越来越小了，受众的作用越来越大了，如果广告内容能引起受众兴趣，受众就会进行自传播。

图 3-1 网易云音乐地铁广告

如今,网易云音乐在社会化营销方面已成为行业典范,用户数量也早已突破 3 亿,用户增速和用户留存率均为行业第一,并深得年轻消费者的喜爱。无论是在用户体验上还是广告营销上,网易云音乐都体现了一句话:认真的产品会发光。

第一节 广告战略策划概述

当你被一则广告吸引的时候,会注意到它背后的秘密吗?其实,每一个成功的广告都包含着非凡的战略思想。有时候,你只要将精心设想出来的计划再往前推进一步,就可能获得一个极好的创意。

广告战略策划是广告策划的核心环节,是决定广告活动成败的关键。一方面,广告战略是企业营销战略在广告活动中的体现;另一方面,广告战略又是广告策划活动的纲领,它对广告策略制定、广告创意表现、广告媒介策划、广告执行等有着统率作用和指导意义。

什么是战略?战略本是一个军事术语,《现代汉语词典》将"战略"解释为"指导战争全局的计划和策略",也泛指重大的、带有全局性和决定性的计谋。当战略运用到广告学中,我们就称其为"广告战略",指在一定时期内指导广告活动的带有全局性的宏观谋略。

一、广告战略策划的概念

进行广告战略策划之前,首先要明确广告战略策划的概念。

广告战略策划是指对整个广告活动指导思想、目的和原则的宏观运筹与谋划。成功的广告战略策划需要具备四大特征。

1. 全面性

广告战略并非一时一地的权益之计,它是在周密的广告调查的基础之上,从企业全局发展的角度、审时度势地制定出来的。在广告战略策划的过程中,一定要充分考虑企业、消费者、竞争对手和市场等内外部因素。此外,广告战略的全面性往往与长期性伴随而生,因为广告活动短则数周,长则数年,战略策划必须要有全局眼光。

2. 创造性

广告战略是企业广告策划的核心,它依据营销战略而制定,但不是营销战略的翻版。市场营销战略是一个创造和反复的过程,而广告本身也是科学与创意的结合体,因此,广告战略应该在营销战略的指导性下创造性发展,要有针对性、时效性、创造性。

3. 方向性

广告战略是企业广告策划的方向,战略一旦确定下来,不能随意更改。因为广告战略对广告策划与创意、广告作品设计与制作、广告媒介投放等具有指导意义。作为战略还规定了整个广告活动的发展方向,规定了广告策略的重点、突破口。此外,广告战略还覆盖着广告活动各个环节的衔接。

4. 协调性

广告战略的策划必须考虑与竞争对手在市场上的抗争和制衡的问题,要考虑行业的可持续发展。在进行具体广告竞争方案设计的同时,要从全局出发协调好广告活动与市场环境因素、传播环境因素及社会环境因素的关系,协调好企业与竞争对手的关系。

二、广告战略策划的程序

广告战略是广告发布者在宏观上对广告决策的把握,它是以战略眼光为企业长远利益考虑,为产品开拓市场着想,通俗来说,广告战略策划的过程就是"放长线钓大鱼"的过程。

研究广告战略的目的是为了提高广告宣传的效果,使企业以最低的广告预算达到最好的广告效果。在激烈的市场竞争当中,一个企业要想长期立于不败之地,不仅要有好的产品,也需要好的广告战略。接下来,我们将从四个方面来看看广告战略是如何策划出来的。

图3-2从总体上展示了广告战略策划的程序,即确定广告战略思想、分析企业内外环境、确定广告战略任务、确定广告策略。

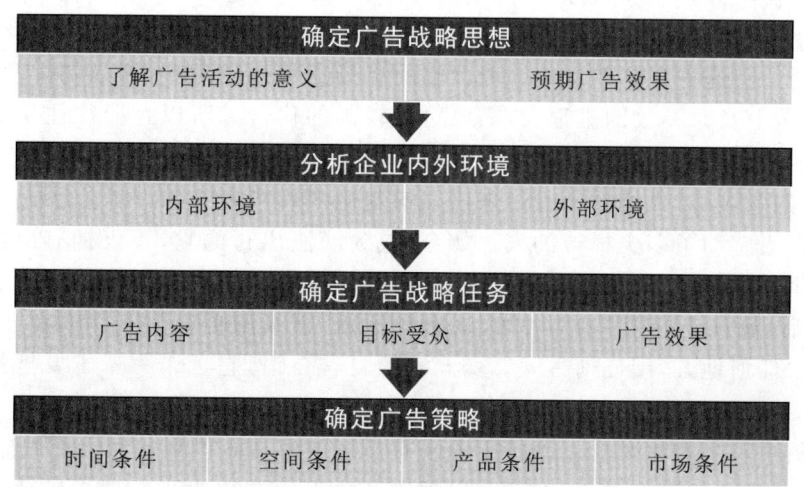

图3-2 广告战略策划程序

1. 确定广告战略思想

广告战略思想是广告活动的指南。开展广告活动首先要解决"为什么做广告"的问题。这个"为什么"包含两层意思：一是对开展广告活动的意义，即广告活动对企业的经营将产生什么影响；二是广告预期达到的效果。解决"为什么"问题的关键就是在广告战略策划时要有明确的战略思想。

广告战略思想具有长期性和渗透性，对树立品牌形象至关重要。在广告战略策划中，思想观念往往决定了广告的风格特征和价值取向。我们将它分为以下五种类型。

(1) 积极进取型。这种观念十分重视广告的作用，在推广新产品和开拓新市场的过程中常常使用。一般来说，持积极进取观念的企业大多在市场上尚未占据领导地位，但具有较强的竞争力。如OPPO 2004年正式进入市场，一直保持着积极进取的广告战略思想。从"充电五分钟，通话两小时"到"前后两千万，拍照更清晰"再到"更多年轻人选择的拍照手机"，OPPO不仅在产品策略上做到一年一款旗舰机型，其广告语也随着主打机型的推出而发生改变。OPPO华丽的"明星家族"也让同行们震撼，杨幂、迪丽热巴、李易峰、陈伟霆、TFBOYS、杨洋，几乎请来"半个娱乐圈"的青春偶像。2016年9月，OPPO发布全新品牌广告《美因苛求》，TVC中张震工作时"再来一次"的认真态度与OPPO的品牌主张实现了完美结合，广告受到了年轻消费群体的一致好评，符合他们对生活品质的精神诉求。OPPO通过一次次积极的广告宣传向市场领导品牌发起攻势，也因此获得了巨大的成功。专业市场研究机构赛诺发布的《中国移动市场月度分析报告》中显示：2017年11月中国手机整体容量3140万部，其中，OPPO以19.2%的份额获得市场占比第一，销售额129.73亿元，销售量603万部。与此同时，OPPO的海外发展也越来越顺畅。

(2) 高效集中型。这种观念很重视广告活动的近期效益，在广告战略策划中强调以集中的广告投资和大规模的广告宣传在某一个市场上或某一段时间内形成绝对的广告竞争优势，以求短期内集中奏效。如2014年58同城广告片中"这是一个神奇的网站"和杨幂一起走遍了大江南北，电视台、公交车、报纸、网站，随处可见，集中指数五颗星，以至于2018年一提起58同城，消费者还是会亲切地说出这句广告语。这种高效集中的思想观念所获得的广告效果十分明显，但风险也比较大，一旦广告战略策划的方向有所偏差，整个广告活动将失去作用。

(3) 长期渗透型。这种观念特别重视广告的长期效应，在广告战略中强调持之以恒、潜移默化、逐步渗透。持这种观念的企业一般面临的市场竞争比较激烈，产品的生命周期较长，企业要在广告宣传上及时奏效困难很大，需要付出较高的代价。所以企业往往采取长期渗透的战略，逐步增强企业在目标市场上的竞争优势。如2012年，滴滴打车APP正式诞生，开辟了打车市场全新的领域，对人们的出行带来巨大的变化，那句"为了每一个全力以赴的你，今天坐好一点"的广告语感动了多少拼搏的人。如今，成为滴滴出行的它，不仅拥有出租车、专车、顺风车、敬老出租、共享单车、租车、代驾等全系列产品，也在Uber、神州等强大的竞争对手中脱颖而出。5年后，滴滴出行用一句"一切，从出行开始"继续温暖着大家，"不必拥有车，但可以使用车；可以去任何地方，用任何方式"，像滴滴的自言自语，它承诺一辈子要把打车这件事做到极致。

(4) 稳健持重型。这种观念以维持企业现有市场地位和既得利益为主要目标，很少有进一步的夸张要求。其战略姿态属于防御型，以抵御竞争者的进攻为主。持稳健持重观念的企业一般有两种：一种是已处于市场领导地位的企业，对使自己获得成功的传统手段充满信心，往往倾向于用这种观念维护企业的利益;另一种是受主客观因素制约时无能力开展积极竞争的企业,其往往从维持现在的目标出发。银行往往是持稳健持重观念的主要对象,如招商银行,一直以来以"招商银行,因您而变"为广告语,多年来在广告创意上并未进行很大的突破,因为它在行业中早已处于领导地位,且在竞争中处于佼佼者。2017年11月的招商银行的一则"世界再大,大不过一盘番茄炒蛋"让全国网民泪目。一个留学在外的大学生为了招呼朋友想做一盘番茄炒蛋,因为自己不会炒菜,习惯性地给妈妈发了一条微信,然而此时已经是中国的凌晨4点,被吵醒的爸爸妈妈不但没有怪罪儿子,因语音讲不清楚,还亲自去厨房录制了番茄炒蛋的视频。当儿子意识到时差问题时,广告的泪点也就到了。虽然这则广告在网上引起了正反两方巨大的争议,但也因此让一直稳健持重的招商银行赢得了全民的关注,且在话题性、情感共鸣、弱化广告性上做得非常成功。

(5)消极保守型。这种观念对广告的作用不是很重视,广告活动的主要目标在于维持产品销售。一般在产品畅销时就忘记了广告曾经发挥的巨大作用而停止广告宣传,从而导致销售的失败。当然也有企业因自身处于市场垄断地位或是缺乏强有力的竞争对手而持消极保守的思想观念。这些都是缺乏市场竞争意识,不懂得广告战略作用的表现。

这五种广告战略的思想观念适用于不同情况,广告策划者应根据企业实际问题确立与之相应的广告战略观点,这样才能使广告战略具有正确的指导思想。

2. 分析企业内外环境

(1)企业内部环境的分析。内部环境的分析主要是对产品和企业进行分析。

对产品的分析从产品本身、产品供求关系等方面进行;对企业分析主要从企业规模、企业理念、企业文化等方面进行。其中,企业文化是指企业的理念、精神和信仰等,它涉及广告战略策划中的竞争意识、形象意识、创新意识等,如全球果粉热爱的苹果,不仅是因为它突出的产品体验,更离不开苹果独特的企业文化。苹果公司"鼓励创新、勇于冒险",当员工初到苹果时,公司希望他们立即做一件事:忘记一切,从头开始。因为苹果所做的事情与其他公司都不一样,无论是产品设计还是公司运营。也有人说,在苹果上班是世界上最具挑战性的工作,你的同事是业内最好的专家,你的公司有行业最高的标准。但能和这些奇妙而专注的人一起工作是一个伟大的机遇,你正在用科技创造一个更美好的世界,你的工作将会对整个世界产生影响。此外,苹果公司拥有亲密合作的工作模式与优良的工作环境,它用"啤酒狂欢"奖励员工,邀请音乐家表演,举办特别的周年庆,为员工提供免费班车及公共交通补贴。对新人而言,"迷人而积极"的入职培训也是一项重要的福利。正是这样的企业内部环境,让苹果人可以不断创造出简单而丰富的好产品(图3-3)。

图3-3 苹果和无印良品LOGO

此外，无印良品也被称为"好公司"，近年来员工离职率均维持在5%以下，这离不开无印良品为员工带来的成就感：用柔性的岗位调动促进员工成长，用标准化的工作指南保证基础工作的高效完成，用挑战磨炼新员工，用困境培养员工独立解决问题的能力，用良性的团队合作注重交流与理解。每一步都让公司拥有良好的员工基础和工作氛围。

（2）企业外部环境的分析。外部环境的分析主要是指对市场环境、消费者和竞争者的分析。

对市场环境的分析包含竞争状况、经济技术、社会文化和政治法律等，它能为企业确定目标市场、制定成功的广告策略提供可靠的依据；对消费者的分析包含对其基本情况（性别/年龄/职业/收入水平/购买能力等）、消费习惯、生活方式、对产品及广告的认识等；对竞争对手的分析包含它的优劣势、产品情况、市场现状、广告策略等。分析外部环境能够帮助企业找出问题与机会，从而把握有利因素，消除、克服不利因素，制定出正确的广告战略。如大家所熟知的今日头条，很多人对它的第一印象是一个新闻APP，但它其实是一款基于数据挖掘的推荐引擎产品，根据每个用户的兴趣和位置进行个性化推荐。今日头条在2016年孵化了UGC短视频平台火山视频和抖音视频，2017年入驻了8组独立音乐人，2018年进军二次元收购COS绘画小说社区，一步步与年轻人靠近。此外，今日头条的"头条寻人"和"今日辣条"也在社会上引起了巨大的反响。这一波波新产品的开发都与今日头条生存的外部环境相关，全新的市场环境、全新的消费者、全新的竞争对手，让今日头条不能安于现状，督促它在产品开发和经营理念上不断创新，一直向前。

3. 确定广告战略任务

确定广告战略任务即确定广告内容、广告受众、广告效果等，将广告战略目标具体化。

（1）确定广告内容。即根据广告战略思想和企业内外环境的分析，对一定时期内广告活动的具体内容做出选择，如以宣传产品为主还是以宣传企业为主。对规划期内的广告活动，可以按不同阶段确定广告的重点内容。此时，需要再次提起产品生命周期，如在产品刚上市的时候，广告内容一般以宣传产品品牌为主，产品是什么、叫什么名字是这一阶段广告的重点内容；在产品进入成熟期逐渐被消费者所熟悉时，广告内容应该以宣传产品功能为主，它和竞争对手相比优势在哪里；在同类市场中竞争特别激烈的时候，广告内容则以宣传质量或服务为主。

（2）确定广告受众。只有明确了目标受众，广告才有说话的对象，找到与产品密切相关的受众，广告的效果才能体现出来。因此，确定广告宣传的目标受众，广告策划者才能根据目标受众的特征，制定有针对性的广告战略，确定他们的关心点，确定广告创意和投放媒介，制作符合目标受众口味并能打动他们的广告作品，引起他们的关注和行动，提高广告宣传的实际效果。

（3）确定广告效果。广告战略目标是广告活动的预设目标，广告效果则是广告活动的实际目标。在广告战略思想中已经明确了广告的主要目标，但那还是比较抽象的，在确定广告战略任务时应将此目标体现为一系列衡量广告效果的指标体系，如销售额增长率、市场占有率等。有了这样的指标体系才能对广告战略的效果进行评估，从而确定广告战略的实施步骤。

4. 确定广告策略

广告策略是广告过程中具体环节的运筹和谋划，是实现广告战略的措施与手段。广告策略的主要特点是多样性、针对性、灵活性、具体性。

多样性指广告活动及各个环节中应含有相应的广告策略。

针对性指广告策略要针对不同产品、不同媒体、不同消费者、不同广告活动环节来策划。

灵活性指广告策略应随市场条件的变化和媒介的差异等因素做出相应调整。

具体性指广告策略应侧重于广告活动的具体环节,它应该是清晰可执行的。

常见的广告策略主要是从时间、空间、产品、市场等方面制定的。

(1)从时间上看:广告策略要考虑产品的生命周期。根据产品所处的不同阶段,选择广告策略与产品营销的最佳组合。主要包括广告时限策略、广告频率策略等。

广告时限策略是按广告发布时间内市场的不同特征进行广告策略的制定。

广告频率策略是策划者对单位时间内同一广告在电视、报刊、网络、户外等不同媒介中重复出现的次数的制定。

(2)从空间上看:广告策略要考虑社会、经济、文化与自然等条件,根据它们来确定适合企业的最理想的广告策略。主要包括目标市场广告策略和全球市场广告策略。

目标市场广告策略是将整个市场视为一个目标,用单一的广告策略吸引受众。

全球市场广告策略是从全球的范围考虑受众的特性并进行广告诉求与创意的制定。

(3)从产品条件看:广告策略要考虑广告产品的特性和用途,确立广告传播媒介和推出的方式。主要包括产品生命周期广告策略、产品系列广告策略等。

产品生命周期广告策略是按产品的导入期、成长期、成熟期和衰退期四个时期进行具体广告策略的制定。

产品系列广告策略是从品牌系列、主题系列、形式系列和功能系列等不同角度进行广告策略的制定。

(4)从市场条件看:广告策略要考虑不同市场的特点采取恰当的广告对策。主要包括差别化广告策略、无差别化广告策略等。

差别化广告策略是指企业根据不同的细分市场,设计不同的产品广告。它能满足不同消费者的不同需求,尤其适合竞争对手多的情形,但也可能因诉求方向太多而找不到重点。

无差别化广告策略是指企业生产一种产品,使用一种渠道,向一个目标市场,做相同主题广告诉求。容易给消费者留下深刻印象,迅速提高知名度,降低广告成本,但在市场竞争激烈时,不能满足消费者的多种需求。

第二节 广告战略策划的实施

在广告策划过程中,对广告活动所要达到的目标的策划是确立广告战略的中心环节。如何进行科学而有效的广告战略策划?可以分为三步走。

一、广告战略策划的基础

1. 广告战略目标的概念

广告战略目标是广告活动所要达到的预期目的,它是广告活动的总体要求,规定着广告活动的总任务,决定着广告活动的行动和发展方向。因此,广告战略目标是广告战略策划的前提与基础。

最普通的广告战略目标就是增加利润,提升销量,但广告通常要配合其他市场推广活动来进行,而且,广告活动的成果并不是立刻呈现的,而是需要一段时间的发展才可以在销售数字上表现出来。此外,通过广告传播还可以提高产品知名度,树立品牌形象。

2. 广告战略目标的分类

广告战略目标可以促进企业营销目标的实现,为了更清晰地制定广告战略目标,指导广告活动,我们将广告战略目标分为三大类。

(1)按内容划分,广告战略目标包含产品推广、市场扩展、销售增长和提升企业形象。前三个可以直接在市场中看到反馈,而企业形象则需要时间去检验。但四个战略目标的实现都具备长期性,不可一蹴而就。

(2)按阶段划分,广告战略目标包含创牌、竞争和保牌,其划分依据就是我们多次提到的"产品生命周期",即当产品刚刚进入市场,广告战略目标是创牌,着重宣传新产品的功能和特点,提高消费者对品牌的记忆度;当产品被市场接受并有了自己的位置和对手,广告战略目标是竞争,宣传重点则放在突出广告产品与同类产品的优势,提醒消费者认牌购买;当产品到了成熟期甚至即将退出市场,广告战略目标是保牌,向受众告知你们的老朋友还在,增强消费者对产品的信心和信任,形成购买习惯。

(3)按效果划分,广告战略目标包含广告促销和广告传播。这一点与内容划分中的产品推广和形象提升有一定的重合之处,广告战略目标的三个划分标准本来就不是完全分割的,它们之间有着密切的联系。从促销的角度看,广告战略目标是指广告活动所要达到的促销目标,即销售增长率、利润增长率和市场占有率;从传播的角度看,广告战略目标是指广告活动所要达到的心理目标,即广告讯息的试听率、注意率等。

3. 广告战略目标的制定

广告战略目标的制定需要系统分析与广告目标有关的因素,主要包含三个方面。

(1)企业经营战略。企业经营战略决定了广告目标,因此,企业经营战略不同,广告战略目标也不同。如有的企业持稳健的战略思想,其广告战略的目标多为长期渗透型,设立短期目标和长期目标,通过持久的广告手段和广告形式宣传企业和产品形象。

(2)市场供求关系及产品生命周期。在商品供不应求的情况下,广告战略目标一般为企业和品牌形象的巩固;在供过于求的情况下,广告战略目标则为产品的促销。在产品生命周期的不同阶段,广告战略目标也需要有针对性的制定。

(3)目标受众。目标受众是影响广告战略目标确定的重要因素。1961 年,R. H. 科利提出了著名的"达格玛模式",即"知名→了解→信度→行动"的传播四阶段说,指导着广告人要以产品的认知度、品牌的知名度和消费者的态度和行为的转化作为广告活动的主要目标。

二、广告战略策划的方法

每一个广告人,都是刀尖上的舞者,每一个细节的处理,都需要我们用心呵护。广告战略策划决定着广告活动的每一步,因此,审视你的广告战略,看它是否触及到目标受众的基本需求,是否带来好玩的新体验,是否能创造良好的家庭氛围,是否充满迷人的气息。

具体来说,广告战略策划可以通过以下三种方法来进行。

1. 角色界定法

这个方法主张广告策划者化作一名消费者,潜入他的心里,重新考虑问题:

- 我是谁？
- 我有什么爱好？
- 我需要什么产品？
- 我想得到什么承诺？
- 我希望被如何对待？
- 我喜欢什么类型的广告？

……

通过上述问题的回答,策划者变身消费者,从他们的角度去思考问题,了解客户真正所需,从而进行更有针对性的广告策划。

2. 要点思考法

要点思考法也是回答问题,但这一次问题的设置将更加细致:

- 你的竞争对手是谁？它有什么特征？处于何处地位？
- 你的广告对象是谁？他们是否使用过同类产品？他们对现有产品满意吗？他们是否都有新的需求？
- 你希望让广告对象知道什么？希望他们对你的广告产生什么样的感受？你觉得这一次的广告是否会奏效？

这是广告战略策划时必须考虑的三个方面的问题。

3. 战略模型法

广告战略模型的建立基于两个事实的基础之上:第一,一些消费者在购买商品时习惯用感性的方式做决定,而另一些会以理性为考虑基础;第二,一些消费者在购买过程中,会进行长时间的对比和考虑,而另一些能在很短的时间内做出购买决定。为什么会产生这样的现象呢？我们将通过下面的广告战略模型图(图3-4)进行解读。

在图3-4中,有四个不同象限。

第一象限:理性/高重要性,即"信息模型"。在这一象限中,消费者需要购买的一般是重要的大件商品,如房子、汽车、笔记本电脑、单反相机等。因为这一类产品价格昂贵,因此购买时需要进行理性的思考与权衡。有一些消费者会通过长时间的观察和比较之后再进行购买。因此,在信息模型中,广告战略策划应以理性说服为主,广告中注意强调产品优势,并通过详细的说明或图示来证明,要让消费者产生放心购买的意愿。如学区房、商用笔记本、企业用车等产品广告非常适合信息模型。

第二象限:感性/高重要性,即"感情模型"。这一象限中,消费者需要购买的主要是珠宝、化妆品、名牌时装等和情感需求相关的产品,因此,消费者虽然会考虑价格因素,但更注重个人感受。在感情模型中,消费者往往会凭借兴趣、态度、感情等因素做出购买决定,而不太注重产品的细节信息,通过广告中富有诱惑力的画面和充满感情的文案打动受众,激发出"欲望＞需求"的购买意识,从而获得良好的广告效果。如GUCCI于2018年2月初推出的"BAMBOO香水"最新广告,视频中女神盖尔·加朵婀娜的身材和极具质感的画面,再配合若隐若现的文案,给消费者一种"神秘的性感",不少消费者在评论区表示,看完广告想马上冲去专柜买香水。GUCCI的这一波广告也是专为2月14日情人节打造的,在节日的浪漫氛围下,广告的攻势将更加强烈。

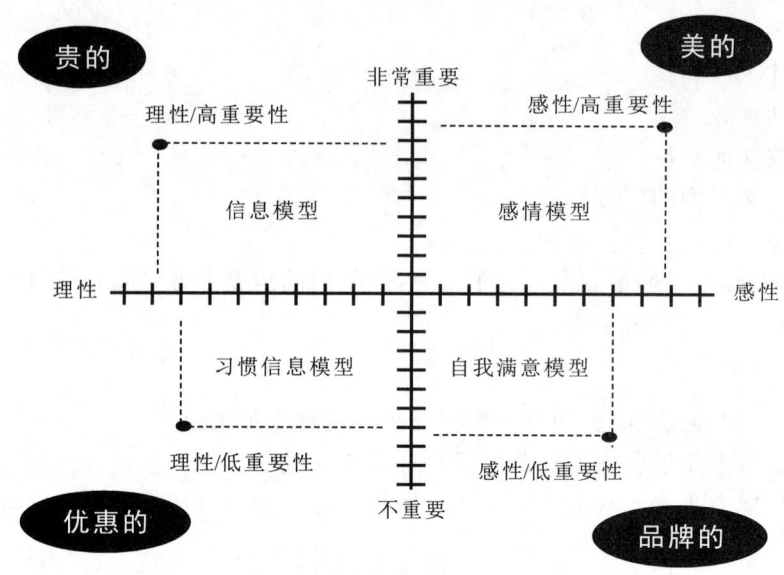

图 3-4　广告战略模型①

第三象限:理性/低重要性,即"习惯信息模型"。这一象限中,消费者需要购买的主要是食品、家居用品等生活必需品,消费者只需花费很少的时间就可做出购买决定,而这一决定往往是根据他们日常的生活习惯而来的,往往会形成"固定的购买清单"。但这类产品售价一般不会特别高,因此,通过在广告中突出优惠券、赠品等细节能很快吸引他们的注意,且这类产品的品牌带来的心理差异不是特别大,所以只要让他们尝试一次"优惠",他们就会继续购买下去。

第四象限:感性/低重要性,即"自我满意模型"。这一象限中,消费者需要购买的产品一般是烟酒类产品,一旦产品符合消费者的口味,他很容易成为品牌的忠实粉丝。此外,消费者对这些产品的满意不仅仅来自口味,还来自品牌,如同样是酒,选择劲酒的人觉得自己喝的是"健康",选择江小白的人认为自己喝的是"寂寞"。因此,在自我满意模型中,广告战略策划的重点是让受众把注意力放在品牌上。

三、广告战略策划的途径

广告战略方法的学习让我们对广告战略策划的操作有了初步认识,接下来的七条设计途径将教会我们展开具体的广告战略策划。

1. 市场设计途径

(1)目标市场广告战略。指企业把广告宣传重点集中在一个目标市场上的广告战略。它可分为两类。

整体广告战略,以整体市场为目标市场,推出一种产品,使用一种广告策略,广告战略目标是在较大的市场中占有较大的份额。

---

①参考余明阳、陈先红的《广告策划创意学》,第 127 页。

集中广告战略,以细分市场为目标市场,将全部广告力量集中对准它,广告战略目标是在较小的细分市场中占有较大的份额。

(2)市场渗透广告战略。指企业在巩固其产品在原有市场的占有率的基础上,将未改变的原有产品打入新市场的广告战略,其本质是开辟市场的广度。它也可分为两方面:挖掘原有市场忠实消费者的购买潜力;稳定原有市场占有率,利用原产品及市场争取更多的消费者,以利于新市场的开发。

2. 内容设计途径

(1)企业形象广告战略。指以提高企业知名度,树立企业形象为主要内容的广告战略。一般来说,企业广告战略的重点不是宣传产品,而是通过对企业的规模、业绩、历史、实力、精神等特点的介绍来宣传企业,提高企业的知名度和美誉度。

2017年,央视带着"国家品牌计划"在新媒体的围攻下,强势回归。作为中国最具影响力、最具权威性的媒体,虽然在新媒体最热的2013—2016年度过了一段低迷的时间,但在新媒体虚假繁荣、公信力低、流量转化率低等问题频出的情况下,央视的机会来了,借助《朗读者》《国家宝藏》等一系列优质节目,重新掌握了话语权。新媒体中虽常常出现"现象级传播",但电视广告才是真正的"带货小能手"。通过"国际品牌计划",央视找回了国家平台的优势并将其发挥到极致,它昭示着那些经历十几年风雨的品牌在各自的领域仍然代表着中国的最高标准和品质,将广告化作"使命感"。"国家品牌计划"不仅是实现企业广告战略的最佳选择,同时也能实现产品广告战略,2017年与央视合作的46个品牌的单一产品销量就超过百亿元。

(2)产品促销广告战略。指以宣传产品信息,向消费者推销产品优势并劝说其购买为主要内容的广告战略。一般来说,产品促销广告的重点是宣传该产品独有的特点、功能及好处等。

2018年2月,携程APP带着潘粤明的走心独白来了:"喧嚣,每天都在生活中上演。站在情绪的风暴中心,该怎么办?我选择抽离,让自己融入自然。"提出痛点,直面问题,产品也自然而然延伸出来。虽然这则广告脱离了"携程在手,说走就走"的直接促销模式,但它对产品的促销效果丝毫不减。这则全新的携程TVC将曾经的"撩妹神器"转变为"年终情绪治愈方案"。"为什么旅行?我想是因为心里还有期待,说不出来,那种觉得明天会更精彩的期待",这句话,由潘粤明说出来更有说服力,作为一个爱动漫、爱摇滚、爱画画、爱抄经的佛性中年,他有着跨越年代的"少年感",他不平凡的演艺道路也让消费者读懂这则广告的内涵,旅行的意义终究是回归初心。

3. 时间设计途径

(1)长期广告战略。指2年以上的广告。长期广告战略的目的不仅在于开拓市场,打开产品销路,而且有利于维护企业美誉度,树立品牌形象。代言人的选择是广告战略中不可或缺的环节,采用长期而稳定的代言人有利于维护品牌的稳定形象。1996年,巩俐成为巴黎欧莱雅的第一位中国形象代言人,直到今天,蕴含浓郁东方气质的她依然是欧莱雅的代言人。

(2)中期广告战略。指为期1—2年的广告。一般来说,中期广告战略多用于时令性、季节性不强的产品。如:"扛饿界的扛把子"士力架虽然几年如一日的使用"横扫饥饿,做回自己"这句Slogan,但每年会推出一个新版本,广告语相同,结构相同,但演员不同,剧情不同。

(3)短期广告战略。指1年内按季度、按月份所实施的广告。一般用于新产品或时令性较强的产品。如代言人,德芙的品牌代言人更迭相当之快,郭采洁、汤唯、邓紫棋、Angelababy、赵丽颖,甚至通过 CG 虚拟技术制作出来的奥黛丽·赫本都为德芙代言过。当销量不好的时候,德芙首先想到的就是换代言人,但其实,进行科学的广告战略策划,创作一个洞察消费者内心的好广告才是真正的解决之道。狗年春节,马思纯取代赵丽颖成为了德芙全新代言人,"一起德芙,年年得福",这是一个充满年味的广告,但春节结束后,就必须拍摄新版本了。纵观德芙广告之路,十分符合短期广告战略。此外,苹果也有发布节假日广告的传统,2015 年的《老唱片》、2016 年的《送你一首过年歌》、2017 年的《新年制造》、2018 年的《三分钟》,都是苹果为迎合中国市场,专门推出的春节广告宣传片。

4. 空间设计途径

(1)区域广告战略。指以某一国家或地区作为目标市场来进行广告活动统筹规划的广告战略。如鸭脖子领导品牌周黑鸭因为是土生土长的湖北品牌,因此,其广告投放主要限定在湖北各家周黑鸭门店、省内知名电视台,此外,还制作了省内影院贴片广告等。

(2)全球广告战略。指以国际市场作为目标市场来进行广告活动统筹规划的广告战略。全球广告战略的策划必须注重广告口号、广告风格、表现手法的统一,从而在世界范围内塑造一个统一的品牌形象。如 2016 年,可口可乐推出全新营销主题"Taste The Feeling",回归产品本身,强调畅饮可口可乐产品所带来的简单快乐,让那一刻变得与众不同,同时,进行配套 TVC 推广。2017 年 1 月 7 日,鹿晗成为可口可乐品牌代言人,为其拍摄最新广告宣传片,广告歌曲为《Taste The Feeling》,统一的创意概念、统一的色调、统一的 BGM,让可口可乐全新的品牌形象广告在全球推广开来,英文版、中文版、韩文版的主题歌也受到年轻人的传唱(图 3-5)。

图 3-5　可口可乐 2017 年全球广告

5. 消费者心理设计途径

(1)广告诱导心理战略。指抓住消费者潜在的心理需求,通过某种承诺,使消费者接收广告宣传的观念并诱发其强烈购买欲望的广告战略。如图 3-6 中的广告,没有口号式的说服,而是通过左右明显的体重对比、服装对比、明暗对比和广告语"CHANGE(改变)"告知消费者运动的好处,诱导人们主动加入运动的行列。

(2)广告迎合心理战略。指根据消费者不同年龄、性格、文化程度、工作性质和收入水平等在广告中迎合不同消费者需求的广告战略。如在文案创作上针对年轻人的广告经常会运用网

图 3-6　广告诱导心理战略

络热词和青春偶像独白,针对中年人会比较多运用走心文案,针对老年人则会运用直接说服型文案。

(3) 广告猎奇心理战略。指在广告中采用新奇的媒体、新颖的形式、独具特色的内容等手法,使消费者产生强烈的好奇心,从而引起购买欲望的广告心理战略。如 2016 年的《穿越故宫来看你》,不仅将受众心中高冷的皇帝变身萌贱的 Rapper,让故宫吸引更多年轻粉丝,也让 H5 这一新颖的广告形式成为企业宠儿。究其原因,这则 H5 广告的创意内容和表现形式,都打破常规,抓住了受众对新鲜事物的好奇心。美国 Dirt Devil 吸尘器广告"驱魔人"也采用了广告猎奇心理战略。漆黑的房间内,在恐怖的背景音乐中,一位白衣女子在房间里飘来飘去,十分恐怖,然而,当人们的紧张情绪达到极点时,画风一转,原来是这位女士的楼上邻居正在用吸尘器,因吸力强悍才引起的一场"闹剧"。

6. 媒介设计途径

(1) 多媒介广告战略。指用多种广告媒介同时做广告的广告战略。它传播范围广,覆盖面大,效果好,但广告投入经费高,适合资金雄厚的企业采用。如《舌尖上的中国》(第三季)于 2018 年春节正式回归,"大换血"的第三季,走的是萌的路线,LOGO、海报、配音都换成了年轻人的口味(图 3-7)。节目开播前就预先在网上推出了先导视频,同时在 CCTV-1、CCTV-10 等频道推出电视宣传片;节目正式开播后,又引发了自媒体和网友的自传播。

(2) 单一媒介广告战略。指只用一种媒介做广告的广告战略。它有一定效果,投入经费少,若媒介选得合适,则会起到意想不到的收效。如在移动互联时代备受冷落的广播,虽然从媒介影响力来看大不如前,但它特别适合本地产品的广告宣传,如各汽车和房地产的区域销售、当地特色美食等。

7. 攻守设计途径

(1) 进攻型广告战略。指以竞争对手为出发点,通过广告宣传,在广告覆盖面、促销力和产

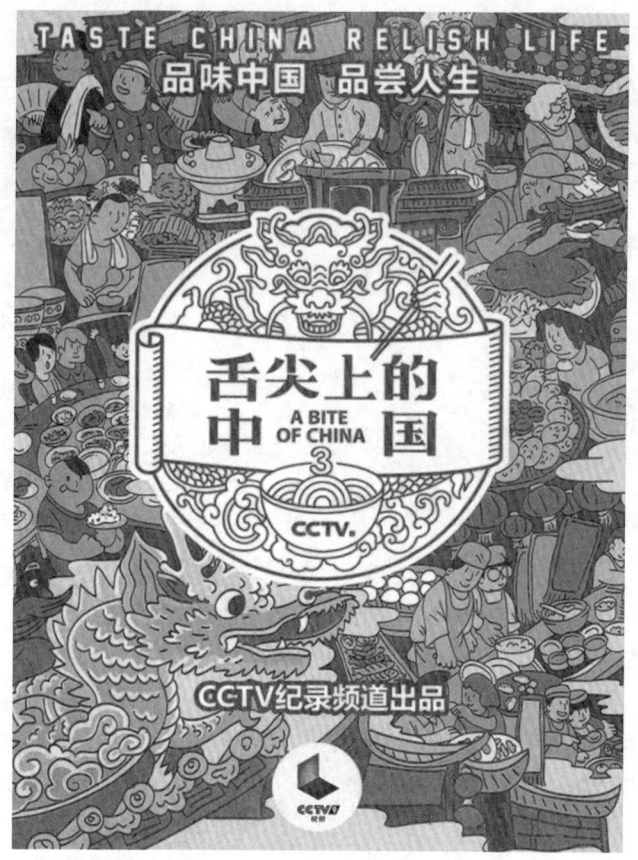

图 3-7 《舌尖上的中国》(第三季)宣传海报

品知晓率、占有率等方面超过主要竞争对手的广告战略。它是一种赶超型战略,适合实力雄厚的大公司,通过强势的广告宣传保持企业在消费者心中的活力与热度,即使产品畅销,也不会停止做广告。如快餐类"三大巨头"——肯德基、麦当劳、必胜客。

(2)防御型广告战略。指在广告活动中以防御对手为主的广告战略。它是一种防守型战略,有些企业受主观因素的制约,没有进攻的愿望或实力,在广告活动中持保守态度,只求保持原有的销售市场和知名度,没有开发潜在市场的能力。

第三节 广告战略与广告策略

一、广告战略与广告策略的关系

沟通,是一个极其缜密的过程。只有集中火力,避免不必要的浪费,才可以精准地达成目标。这就需要我们在一开始就运用策略。策略化思考,通过辨识问题与机会,打动消费者的心,使你在成千上万竞争对手中脱颖而出。

简单来讲,策略是能够达成目标的方法,广告策略是广告策划者在广告信息传播过程中,为实现广告战略目标所应用的方法、对策和手段。因此,广告策略就是实现广告战略目标的具体操作,是为了实现营销目标所做出的阶段性广告活动纲领。如果说营销目标是对大方向的把握,广告战略是宏观的、长期的战略部署,广告策略则是具体的执行手段与对策,负责解决实际问题。通常,策略不会只有一条,许多广告之所以平庸,就是在开始确立目标的时候缺乏思考。

营销战略是源头,它决定了广告战略策划,广告战略策划指引着广告策略制定,广告策略又规定着广告创意与文案的表现。因此,在进行广告策划时,不考虑市场状况,不预先进行广告策略制定,而直接开始广告创意,是非常冒险的事情。

营销战略→广告战略→广告策略→创意概念→广告文案。这个看似简单的流程实际上需要清晰的头脑和非凡的创意。

二、广告策略制定的主要依据

广告策略是用广告手段解决营销问题的基本思路。它必须明确广告活动是为什么、对谁、将何种事物、何时、何地、用何种方式来进行,即"5W1H"。由此可见,广告策略的制定需要以下六个依据。

1. Who,对谁说？——目标受众

制定广告策略之前,你必须知道,你的广告要瞄准谁,你希望哪些人购买你的产品。通过下面的问题,尝试着为你的目标受众"画像":

他们是谁？

他们的性别、年龄、职业、收入、教育程度、婚姻状况等是怎样的？

他们在哪儿居住、购物和娱乐？

他们的购买行为是价格导向还是品牌导向？

……

企业不可能设计出适用于所有人的产品,同样的道理,广告活动也不可能让每个消费者都满意。在庞大的、多样化的市场人群中,我们应该根据自身产品的实际情况,挑选出正确的细分群体,做出有针对性的广告诉求。

2. Why,为什么说？——广告目标

大卫·奥格威曾说:"We sell, or else"(不卖货,做什么广告),在实战工作中,更是有不少客户是直接用销量来衡量广告创意好坏的。也许你对这样的观点不能接受,可是,不能带动销售的广告就失去了其基本作用。当然,杰出的广告不仅要能销售,还需要有杰出的创意,通过洞察人心的好广告传递感情、塑造品牌、表达个性,甚至改变消费者的命运和世界观,这也是广告人员与销售人员的本质区别。

广告目标是广告能够直接达成的结果,如品牌忠诚度;营销目标则体现在销量的提升、市场占有率的提升等。虽然我们强调了广告的销售力,但广告目标不等于销售目标。广告为营销服务,经过长期的累积,最终应转化为销售额。

3. What,说什么？——广告信息/广告诉求

广告信息传达是广告策略制定重要的组成部分,它绝不是商品特性的简单罗列,而必须在

竞争分析中提炼最有利的传播主题，寻找广告作品创意的依据，从而确定广告诉求的要点和广告表现的素材。

广告策略中最终确定下来的广告信息就是广告诉求，又被称为品牌主张或卖点，它必须简单、清晰、好记，让目标受众轻松地记得它、相信它。如 Tempo 纸巾——柔韧不掉屑、Vivo 手机——逆光也清晰、士力架——扛饿神器。广告诉求一旦确定不要随意改变，你需要做的就是在广告创意与广告文案中竭尽全力地表现它。

好的诉求，建立在对人性的深刻洞察上。看似简单的两个字，却诉说着人与人之间的相同与不同。想要广告创意充满内在力量，洞察是唯一的出路。具体做法就是围绕人类的基本兴趣点展开诉求（图3-8）。1943年，美国心理学家马斯洛提出分析人类行为规律与心理活动的著名理论——基本需要层次理论。他认为，人类潜藏着五种不同层次的需求：生理需求、安全需求、归属需求、尊重需求和自我实现需求。这一理论要求我们在广告策略制定时要正确分析受众所处的需求层级，从而有针对性地开展广告策划。

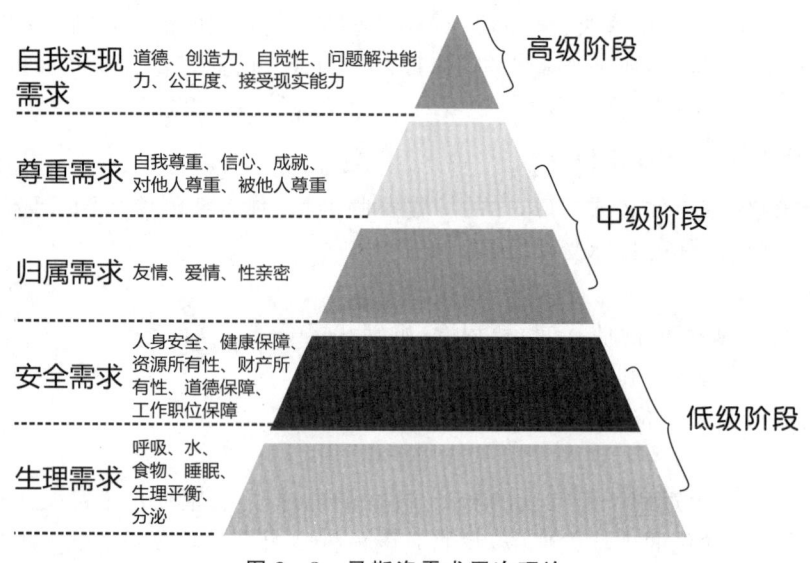

图3-8 马斯洛需求层次理论

当然，当一个产品的卖点足够特别的时候，实话实说反而是最奏效的办法；而当我们一时想不到广告诉求时，广告调查就是最好的途径，通过研究产品测试资料和竞争对比资料去发现消费者的认知差异，通过深度访谈得到专家建议。

4. When，什么时候说？——广告时机

广告时间的选择和广告机会的把握关系到广告战略实现的质量，这是广告策划者必须谨慎思考的问题。一般来说，在商品需求旺季我们应集中广告进行直接的商品推销，而在商品需求淡季则可以"绕路"进行，通过向消费者建议新的生活方式推销商品。"天时""地利""人和"，"天时"排在第一位，因此，广告时机的选择对广告策略的制定有关键性影响。最会追热点的杜蕾斯或许可以成为策划者在广告时机把握方面学习的对象。

5. Where,在哪里说？——广告媒介 & 广告地区

"Where"首先是指广告媒介。广告媒介的确定,第一要考虑所选择媒介对广告目标的适应性,不同媒体有不同的目标受众、不同的有效范围、不同的购买成本;第二要考虑所选择媒介与目标受众的匹配性;第三要在广告预算的前提下确定媒介类型及广告刊播数量。

其次是指广告地区。确定广告地区要考虑市场需求量的大小,正确的做法是把广告集中在需求量大的地区。但仅仅根据商品需求量大小是不够的,还要考虑企业在各地区的销售实际情况来确定重点广告地区。此外,针对西部等广告需求量小的地区也可以考虑前瞻性开发。

6. How,怎么说？——创意形式/格调氛围

当"5W"已经确定,这1个"H"的制定就成为广告是否出彩的关键性因素。在正确方向的指引下,我们需要做的就是让自己的广告杀出重围,被消费者所记住。具体需要把握好以下两点。

第一,创意形式,即用什么方式传达卖点。包含构图、色彩、音响等三种元素,写实、比较、示证、抒情、幽默、夸张六种手法及语言手段、非语言手段两种手段。广告创意要求创作者打破常规,让人耳目一新,如颠覆传统印象、进行跨界联想、用新形式改造旧物件或用想象力嫁接日常事物等。

第二,格调氛围,即用什么元素反映品牌、塑造个性。具体就是广告中所体现出来的语气或态度,如高雅 VS 通俗、明朗 VS 晦涩、低调 VS 张扬、热闹 VS 宁静、小资 VS 市井……

三、广告策略制定的主要内容

广告策略的本质就是提出问题并解决问题。广告目标是广告策略制定的基础,它是企业开展广告活动所要达到的目的,一般包含促进产品销售和提升企业形象两大类。具体来说,就是加强新产品宣传、扩大或维持产品目前的市场份额、提高产品知名度和信任度、稳定老客户并吸引新客户等。

通过图3-9可以看到广告策划运作的完整过程,我们不难发现,广告策略的制定包含以下六个层面的内容。

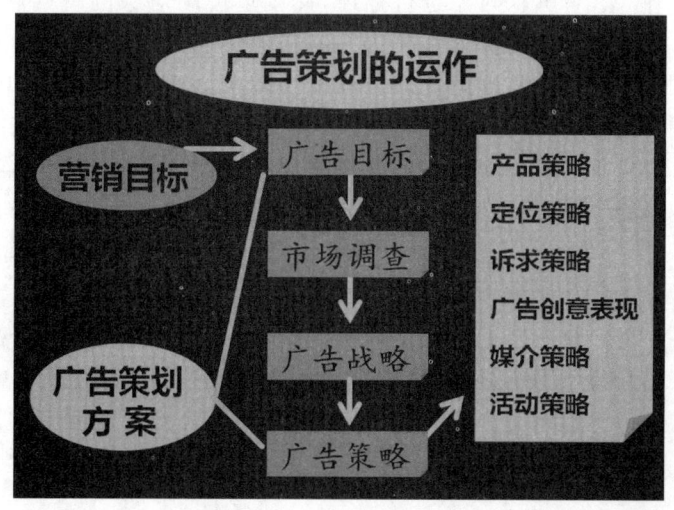

图3-9 广告策划流程图

1. 广告产品策略

即最大限度地挖掘产品自身特点,把最能代表该产品特性、品质、内涵等个性作为广告宣传的形象定位。包含核心产品、有形产品和延伸产品三个层次,即产品的功能、外观和服务等,具体做法就是对企业以往的产品定位作出评价,判断全新产品定位的必要性,确立新定位的依据与优势,对新定位进行表述等。

而产品的开发往往是企业根据市场现状作出的决断,它直接指向特定的市场、特定的受众。因此,通过对企业所面对的市场特性和规模作出评价,通过SWOT分析法(优势、劣势、机会、威胁)即可找出企业的机会点。如一夜爆红的手机游戏"旅行青蛙",原名旅かえる,是一款养成类游戏,主角是一只可爱的小青蛙,玩家可以给它取名,只要帮它收拾好行囊,它就会自动出门远行,然后在旅途中邮寄照片,回来还会带上当地的土特产。但是,小青蛙出不出门、什么时候出门、什么时候回来,全都是随机的。在玩家眼里,这只萌萌的小青蛙俨然成为他们的"蛙儿子",对它牵肠挂肚,却又无可奈何。其产品策略与另一爆款手机游戏"恋与制作人"如出一辙,它们都抓住了"寂寞的都市人"这一市场,通过具有"陪伴"功能的产品设计,牢牢抓住他们的心。

2. 广告定位策略

即通过发掘有竞争力、有特质的产品代表,运用恰当的广告形式进行宣传,从而使企业或品牌在消费者心目中确定理想位置的策略。1969年,定位理论创始人艾·里斯和杰·特劳特指出:为了适应消费者心中的某一特定地位而设计产品和营销组合的行为就是产品定位。它包含实体定位和观念定位两个类别。实体定位策略包含功效定位、品质定位、市场定位和价格定位;观念定位策略包含逆向定位、是非定位和品牌定位。

准确的产品定位是广告定位制定的基础。广告策划者应在它的基础上把产品广告宣传锁定在最有利的目标市场上,并根据目标受众的文化背景、经济状况和心理特征等信息,策划相应的广告。

3. 广告诉求策略

即确定商品广告宣传中所要强调的内容,俗称"卖点",它体现了整个广告的宣传策略,也是广告成败的关键。首先,对诉求对象进行描述,并阐述诉求对象的特性和需求;其次确定广告诉求对象的重点,对诉求对象的需求和相关的广告信息进行分析,由此确定广告诉求重点的表达;最后,确定广告诉求的方法,即感性诉求和理性诉求。

感性诉求广告是"以情动人",通过带有快乐、悲伤、爱、恐惧等的文字、音乐或图片,直接诉诸消费的情感和情绪,从而形成或者改变消费者的品牌态度,宣传的多为品牌的附加价值。如《狮王企业120周年企业形象宣传广告》,通过同样的受众在几十年前和几十年后的逗趣对比照,吸引消费者的目光。广告中,人、动作、地点都没变,唯一改变的只有时间,体现了狮王与你相伴的暖暖时光(图3-10)。

理性诉求广告是"以理服人",通过真实而准确的广告信息传导企业、产品和服务的客观情况,引导受众经过推理判断等思维过程,作出理智的决定,宣传的多为产品或服务的利益。经典的大众甲壳虫广告语"想想还是小的好"和超长文案就是典型的理性广告策略。

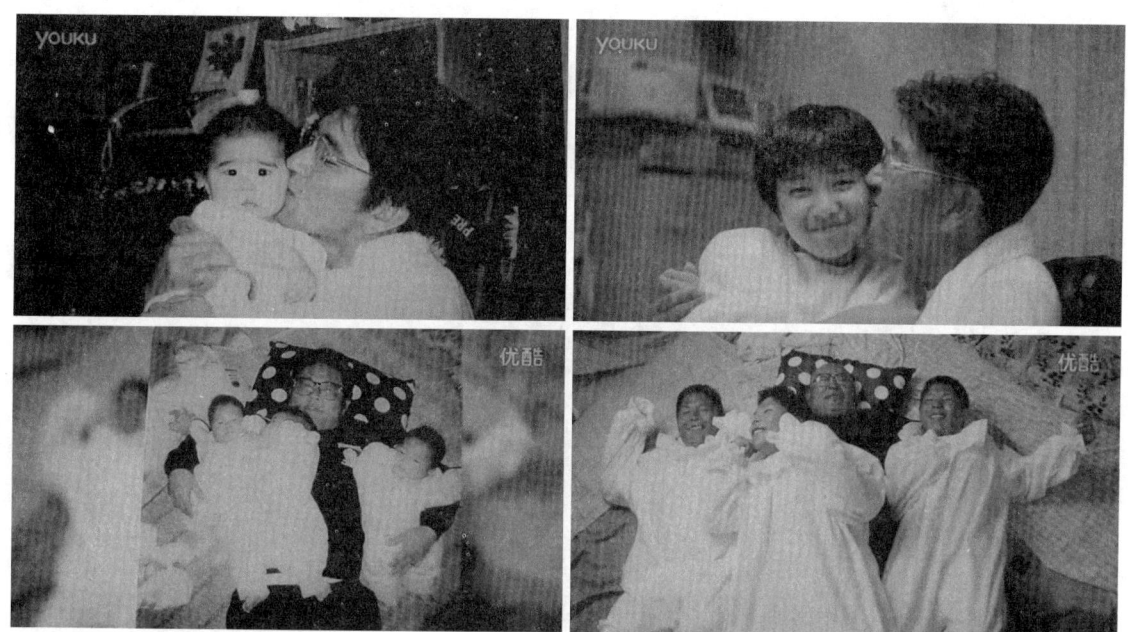

图 3-10 《狮王企业 120 周年企业形象宣传广告》截图

4. 广告表现策略

即借助各种手段将广告的创意构思转化为广告作品的过程,即"创意的物化过程"。它是实现广告目标的中心环节,包含广告主题确立、广告创意构想确立、广告表现细节确立等。通过这一环节,广告策划离落地执行就越来越近了。

广告主题是对广告表现的基础,有吸引力和传播力的主题能提升广告效果。广告创意构想是广告表现策略的核心内容,通过创意概念详细地说明未来广告的样子,如图 3-11 中的广告创意概念就是"新鲜",食材亲自上门让人忍俊不禁。广告表现细节则是指广告表现的风格和广告表现的形式(含平面广告设计稿、新媒体广告文案、电视广告分镜头脚本)等。

5. 广告媒介策略

即广告媒介计划的具体问题。包含对媒介策略的总体表述,对媒介投放区域、媒介类型的选择,对媒介发布日程的说明,媒介广告预算、媒介效果预估等。

在制定媒介选择计划阶段,要考虑媒介与目标受众的针对性、媒介自身的传播特性等,要选择能有效到达潜在客户、交流效果大且用低成本就能达到预期目标的媒介。

在制定媒介发布计划阶段,要找准广告发布时机,通过对各媒介的广告规格、发布成本、媒介效果等细节的了解,确定广告发布的媒介类型、广告发布频率、广告媒介发布排期表,并通过地区性发布、季节性发布、时间性发布等方式执行。

6. 广告活动策略

即为提升广告策划效果为设计的与广告创意配套的促销活动、公关活动和其他活动。通过具体的活动计划书来进行广告活动的制定,具体包含时间、地点、人物、事件、形式、场地、费用等可执行的细节。一次完整的广告策划通常都进行了广告作品和广告活动的有机结合,以

"那么，我要出发去当葱鸡肉了"

"啊，该把下的蛋一起带来的。"

"怎么能够在这里就先被吃掉呢！"

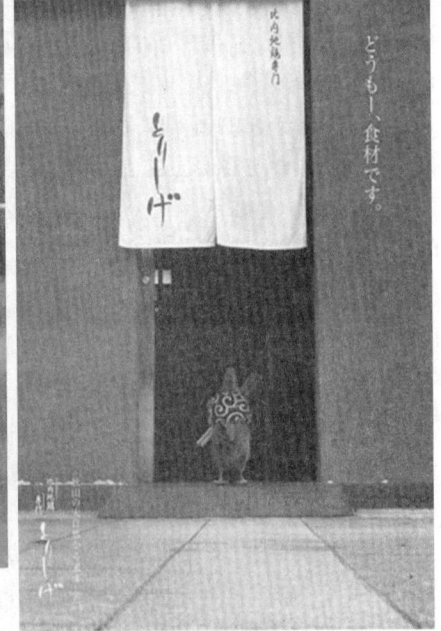
"你好，食材来了哦！"

图 3-11　日本某料理店广告

确保广告目标的实现。

总的说来,广告策略通过广告产品策略、广告定位策略、广告诉求策略、广告表现策略、广告媒介策略和广告活动策略六大内容来制定。广告策略是实现广告战略的具体方法与手段,也是广告战略的细分与措施。对一个广告新人来讲,对广告策略的掌握是开展广告策划与创意时必过的关,它需要较长时间的实战积累,但一旦养成了这个思考的好习惯,无论对个人的思辨能力还是职业生涯的发展提升,都将起到不可低估的作用。

【课后练习】

1. 简述广告战略策划的定义。
2. 试述广告战略与广告策略的关系。
3. 列举一个新品上市的广告战略及相关广告活动。

第四章　广告媒介策划

内容提要

1. 广告媒介策划是指在广告战略的指导下，在广告预算内对承载广告内容的媒介进行有效选择和组合，以达到最大的传播效果，它是实现广告信息传播的重要手段。

2. 广告媒介策划的一般程序是：广告媒介调查、确定广告目标、确定目标受众、确定广告区域和预算、广告发布的组织与实施。

3. 广告媒介策划的内容一般包括：营销分析、广告分析、媒介选择、媒介投放、媒介效果评估。

4. 广告媒介组合是指在广告传播的过程中，策划者要充分把握各种媒介的核心价值和表现特征，建立有效的媒介组合，实现媒介互补、广告目标受众最大范围的覆盖。

案例导入：2018年狗年春节天猫的媒介策略
——新年，让我们猫在一起

【案例详情】

2018年是中国农历狗年，但是春节期间全国多个地铁站，一夜之间上演了"猫咪大片"。车站随处可见巨型猫咪海报，文案也非常有趣，如"串亲戚要带小鱼干，这算是基本的礼仪吧""看到你倒数假期的样子，真是心疼呢"等（图4-1）。这组海报既抓住猫咪爱吃鱼的特点卖了一把萌，又洞察到春节假期的痛点，引得不少路人驻足，与猫咪海报合影。

这是天猫为"春节照常买"活动所进行的广告推广。"猫"在方言里，有"待着、闲着"的意思，"猫在家里"就是"宅在家里"。这个新年，天猫和你"猫在一起"。除了地铁，天猫在全国一二线城市的商圈均投放了巨幅猫图，新年逛街溜达时，一抬头就能发现猫正温柔地注视着自己。新媒介方面，天猫推出"新年猫日历"，让猫奴在过年期间，一天一口"猫片"，每天不重样；此外，与美图秀秀联合推出"猫在一起"手绘自拍模板，过年回老家可以用这套自拍模板实现"云养猫"。

除了站外的全链路、大规模触达，天猫还对其APP进行了氛围改版，每天打开天猫APP，都能看到不同的萌猫和你"猫在一起"。天猫还结合"猫爱盒子"的洞察，开发了"喵进盒子"的互动小游戏,只要猫成功跳入天猫盒子,消费者就能获得购物券,春节也能开心买。

图 4-1　天猫 2018 年春节广告媒介组合

【案例点评】

　　近年来,"吸猫""云养猫"已经成了都市青年的一种生活方式,对每个在城市忙碌打拼的人来说,猫咪给予了他们最长情的陪伴,猫咪更是成为了很多人心中的"灵魂伴侣"。而天猫正是洞察到了都市人这份对精神陪伴的需求,并巧妙嫁接了"猫"与"天猫",通过这种方式来传递天猫常伴左右的品牌温度——在你需要的时候,天猫就在那里。

　　从"双 11"到狗年春节,天猫的"猫营销"可谓越玩越开心、越玩越有趣。通过线下户外广告、地铁广告、媒介合作、新媒介互动、站内氛围等多触点进行广告媒介组合,力求覆盖更多的目标受众,传递"猫在一起"的品牌温度和文化。其中最精彩的地方在于,基于都市青年"把猫作为自己精神伴侣"的洞察,巧妙嫁接"猫"与"天猫",传递天猫"陪伴"的品牌角色与温度。

　　今年是狗年,"汪"年快乐。在很多品牌都在围绕"狗"做文章的时候,天猫逆向思维,在狗年推出"猫咪大片",悄悄上演了一出新"猫狗大战"。天猫的这次春节媒介策略跳脱出常规新年广告的一贯套路与视觉风格,可以说是另辟蹊径、出奇制胜,以四两拨千斤的方式,让天猫在众多围绕"狗"的新年营销当中脱颖而出。

(资料来源:Socia Marketing)

第一节 广告媒介概述

一、广告媒介的概念

"媒介"一词来源于拉丁语"Medius",音译为媒介,意为两者之间。我国《辞海》对媒介一词的解释为"使双方(人或事物)发生关系的人或事物",是一种传播工具。

媒介的含义包括以下几个方面:一是包容媒质所携带信息或内容的载体,如书、录音磁带、电影胶片、影音光盘等;二是用以传播信息的技术设备或者社会组织,比如报社、杂志社、互联网站、电视台、电台等。在当代社会,一般而言,媒介指书籍、报纸、杂志、广播、电视和互联网等,它们都是用以向大众传播消息或影响大众意见的大众传播工具,都是传播信息的媒介。

广告媒介是指广告主在广告活动中借以向目标消费者传达其产品或服务所构成的特定广告信息的各种需要付费的信息传播工具的总称。

二、广告媒介的发展

随着社会的发展,广告媒介形式也在不断地变化,总的来说,广告媒介是科学技术发展的产物。在人类的发展历史上,广告媒介的发展大致分为以下几个阶段。

1. 广告媒介发展的萌芽期

在中国古代,随着商品经济的发展,人们会利用某些载体来为自己的产品做宣传。比如唐朝杜牧《江南春》中诗句"水村山郭酒旗风","酒旗"就是店家做的户外广告了。最新的研究表明,世界上最早的纸质包装广告在中国,它是1985年10月在湖南省沅陵县元代夫妇合葬墓中出土的两张商品包装纸。这两张包装纸是1306年以前长沙城一家油漆颜料店印制的,说明了店铺的详细地址、所售商品的品种、质量和特性。文字中有"买者请将油漆试验,便见颜色与众不同""请认红字门首高牌为记"这样唤起消费者注意力的典型广告用语。更为惊奇的是,包装纸上还有5枚朱印作为防伪标记。

这一时期,社会发展滞后,媒介形式单一,传播范围受限,人们对广告媒介的选择和使用处于自发的原始状态。

2. 传统广告媒介形成时期

随着社会经济进一步发展,技术发展也带来媒介形式的进步。造纸术、印刷术的发明使纸媒得到迅速发展,广播、电视的出现也使信息传播的方式和手段更加现代化和多样化,广告业也得到了快速的发展,这一时期形成了主要以报纸、杂志、广播、电视为主的四大传统广告媒介形式。

3. "电视、互联网、生活圈"三足鼎立时期

互联网的崛起极大地冲击了原来传统的纸质媒介,纸质媒介日渐式微,目前中国广告市场媒介已形成电视媒介、互联网媒介、生活圈媒介三大阵营格局。以央视为代表的电视媒介具有覆盖率广和公信力强等优势,以BAT(百度、阿里巴巴、腾讯)为代表的互联网媒介体现出了高连接性和强互动性等特点,而以分众传媒、巴士在线等为代表的生活圈媒介匹配新型线下消费场景,展示出城市生活空间媒介的高到达和高匹配的品质。

三、广告媒介的分类

按照不同的标准,广告媒介有不同的分类。

1. 按照媒介发展的先后顺序划分

按照媒介发展的先后顺序划分,广告媒介可以分为传统媒介和新兴媒介。

媒介是技术发展的产物,可以把媒介划分为报纸、杂志、电视、广播和新兴媒介,前四大传统媒介的传播是单向性的,与受众缺少互动;新兴媒介包括互联网、手机等,新兴媒介注重和受众进行互动传播,形成交流。

2. 按照媒介表现形式划分

按照媒介的表现形式,广告媒介可以分为印刷媒介和电子媒介。

印刷媒介是指以纸制品传播广告信息文字、图案等符号的载体,主要包括报纸、杂志、传单、平面海报等。纸媒通过视觉来影响目标受众,由于发行方式的原因,纸媒在传播速度和范围上有一定的局限。电子媒介则是指以电子信息产品和通讯技术为基础,按照技术发展的顺序,也可以把电子媒介分为传统电子媒介(包括电话、广播、电视等,主要依靠声音、文字、图像来传递信息)和新兴电子媒介(以互联网和手机为主)。电子媒介因为传播的技术手段,在传播速度和范围上具有极大的优势。他们除了通过视觉和听觉来影响受众外,还增加了触觉,传播更加互动,触觉的介入,使人们对新兴媒介更加依赖,并深刻改变了人们接受信息的方式和习惯。

3. 按照媒介的功能划分

按照媒介的功能,广告媒介可以分为视觉媒介、听觉媒介和视听觉媒介。视觉媒介主要借助人的感觉之一——视觉来实现广告信息的传播。它在内容的传播上强调视觉的冲击力,通常通过强烈的视觉对比来加深受众的印象。这类媒介包括报纸、杂志、户外广告、传单、MD直邮广告等。听觉媒介是借助人的感觉——听觉来实现广告信息的传播,受众需要用耳朵来获取信息,在信息的接收过程中,需要激发受众的想象力,才能达到一定的传播效果。视听觉媒介在传播广告内容时,既强调视觉效果,又要求听觉效果。这类媒介主要有电影、电视、网络视频等。

4. 按照媒介的传播范围划分

按照广告信息的传播范围,广告媒介可以分为区域性广告媒介、全国性广告媒介和国际性广告媒介。

区域性的广告媒介指在某一个地区有一定影响力的广告媒介,主要包括各省(市)电视台、广播台,地方性报纸。区域性媒介虽然影响力有一定局限性,但是受众集中,有针对性,适应产品营销类广告传播。

全国性的广告媒介指在全国有影响力的广告媒介,比如在全国范围内发行的报纸、杂志,能覆盖全国,在国内有影响力和号召力的卫星电视等。这类媒介虽然覆盖面比较广,但是目标受众比较分散,针对性不强,比较适合品牌传播。

国际性广告媒介指超出一国国界的广告媒介,比如一些跨国发行的杂志、互联网社交平台、电视、广播等。

四、不同广告媒介的特点

1. 报纸媒介的特点

报纸是四大传统媒介之一,它承载文字、图形等印刷符号,向公众传递公共信息和商业广告信息。

报纸类别的划分:

按区域划分为全国性报纸和地方性报纸。全国性的报纸如《人民日报》《光明日报》,地方性的报纸如省(市)级的党报。

按出版周期分为早报、日报、晚报、周末版报,如《武汉晨报》《广州日报》《新民晚报》《南方周末》等。

按专业性可以分为时政类报纸、经济类报纸、生活服务类报纸、体育类报纸等,如《参考消息》《21世纪经济报道》《体坛周报》等。

(1) 报纸媒介的优势。

- 地理范围有针对性、及时性,可配合特殊事件辅助营销宣传。
- 较少成本传递大量信息,适合需要详细解释的产品。
- 报纸的公信力为产品信誉背书;成本较低,总预算较小。

(2) 报纸媒介的劣势。

- 反复阅读的可能性小,淘汰率高。
- 创意受限制,生动性、感染力和吸引力较小。
- 各种人口统计特征的受众,很难细分。同期只能刊登一次,提醒作用不显著。

近年来,报纸受到互联网的强烈冲击,风光不再,特别是年轻读者流失严重,导致报纸的发行量急剧下滑,广告业务萎缩,报纸发行和广告业务的开发急需转型。

2. 杂志媒介的特点

杂志也是四大传统新闻媒介之一,主要吸引文化层次较高和专业性的读者。

按出版周期分为周刊、半月刊、月刊、双月刊、季刊。

按发行区域分为国际性杂志、全国性杂志、地区性杂志。

按专业性分为新闻杂志、财经杂志、旅游休闲杂志、时尚杂志、音乐杂志、影视杂志等。

(1) 杂志媒介的优势。

- 创意较为灵活,印刷质量好,适合高卷入商品。
- 保存性好,阅读周期长,重复阅读机会高,作为解释性媒介,可投放复杂讯息,能让读者充分了解产品信息。
- 高端杂志的读者教育水平、经济能力强,购买力强,适合投入高端品牌广告和产品形象广告(图4-2)。

(2) 杂志媒介的劣势。

- 受众群体有一定局限性,杂志本身越细分,到达的总体越局限,受众的整体数量就越小。
- 高端杂志的广告费用比较高,发行成本也很高。出版周期较长,降低了杂志广告的时效性和传播速度,影响广告客户的应变性(图4-3)。

3. 广播媒介的特点

广播曾经是人们获得信息的主要途径之一,随着电视的普及,广播也经历了很长一段时间

图 4-2　国内高端杂志

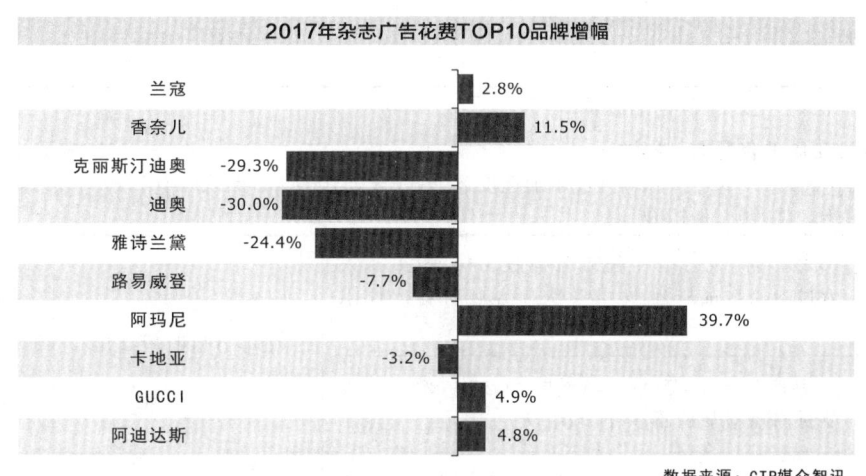

图 4-3　国内高端杂志广告品牌排名

的低潮期。近年来私家车的普及，又为广播带来了新的发展机遇。据赛立信媒介研究数据显示：全国广播收听市场的竞争格局表现为中央电台、省级电台、市县电台三足鼎立的态势，地方电台的市场份额连续三年呈上升趋势。

私家车的大规模普及又一次激活了广播广告市场，使广播的地点发生转移，车载收音机将广播从家庭带到"路上"，"伴随性媒介"优势得到充分发挥和体现。另外广告对象也发生了转移，由原来的老年群体和学生群体转移到更有购买力的中产阶级群体，从而带来广播广告价值的全面提升。

我国广播频道国有化，内容经营呈专业化的趋势，一般有新闻台、教育台、体育台、文艺台、音乐台、交通台等。

（1）广播媒介的优势。

• 成本低，单位接触成本、绝对成本低（表4-1）。

• 到达率最高，低成本给了提高频次的可能。

- 目标受众针对性强,特别是有些地方台推出特色方言节目,在很大程度上吸引了本地听众。
- 灵活性和适时性强,听觉感染性强,可以令人难忘。

(2)广播媒介的劣势。
- 受众专注力不高,可能一边做其他事情一边听广播。
- 声音稍纵即逝,不适合复杂的解释说明、需要展示产品外观的情况。

表4-1 某地方电台的广告刊例价格

★普通套播广播 (15天起定)

套播时段	时段	价格(元/次)			
		10秒	15秒	20秒	30秒
5次套播/天	T2+3A+B(元/次)	820	1180	1420	1760
10次套播/天	2T1+T2+4A+3B(元/次)	760	1060	1300	1620

(超过10次统一按10次标准收费)

★黄金档王牌节目冠名、特约 (15天起定)

《快乐上班路》(07:00—08:00)《快乐加速度》(08:00—09:00)《一路欢唱》(17:00—18:00)
《疯狂电波》(18:00—19:00)

节目冠名	15秒广告3次,赠品牌冠名标版4次,赠主持人节目内播报品牌不少于3次/天,冠名客户仅限1家	在本节目时段播出	20万元/月
节目特约	15秒广告3次,赠品牌特约标版2次,赠主持人节目内播报品牌不少于2次/天		18万元/月
小单元特约	15秒广告1次,赠小单元特约5秒标版1次,赠主持人口播感谢品牌1次/天	在本单元时段内播出	4200元/期

4. 电视媒介的特点

电视台通过载有文字、声音、图像的信号传播的电视作品,吸引观众收看,通过收视率高低来确定广告价格。

我国电视节目大致可分为新闻类节目、财经类节目、体育类节目、文化娱乐类节目、生活类节目、谈话类节目、军事类节目、教育类节目、科技类节目、少儿节目等。

电视的本质是娱乐,随着日益增长的物质文明,人们对精神文化生活的需要也越来越丰富,电视无疑为人们提供了最主要的文化娱乐形式。

目前我国形成了中央电视台、省级电视台(卫视)和地市级电视台的三级格局,电视在城市的覆盖率达到100%,农村的电视覆盖率也达到95%以上,受众群体庞大,市场非常广阔。除了中央电视台一家独大,各省级卫视竞争激烈,主要依靠推出各类娱乐节目和电视剧来提高收视率。高收视率是电视台吸引广告主的重要手段(表4-2)。

表 4-2 省级卫视 2017 年全天排名

2017 年			2016 年		排名涨跌	份额涨跌
排名	频道	市场份额%	排名	市场份额%		
1	湖南卫视	2.95	1	2.73	—	+8.1%
2	东方卫视	2.66	3	2.6	▲1	+2.3%
3	浙江卫视	2.47	2	2.65	▼1	−6.8%
4	江苏卫视	2.08	4	2.13	—	−2.3%
5	北京卫视	1.98	5	1.99	—	−0.5%
6	山东卫视	1.34	7	1.3	▲1	+3.1%
7	金鹰卡通	1.29	8	1.21	▲1	+6.6%
8	安徽卫视	1.24	6	1.49	▼2	−16.8%
9	天津卫视	1.08	11	1.01	▲2	+6.9%
10	北京卡酷	1.17	12	1.01	▲2	+5.9%

(资料来源:CSM 索福瑞)

电视广告的主要形式有:节目广告(特约播映、冠名节目);插播广告(有 60 秒、30 秒、15 秒、5 秒等规格)。通常根据收视率的高低,将插播广告和节目广告划分为不同的等级,制定差别很大的收费标准。

(1)电视媒介的优势。

·通过文字、图像和声音传播讯息,现场感强、形象生动、亲切可信。

·可以直观展示产品、使用过程,说服力和感染力强。

·覆盖范围很广,到达成本低;小众节目和有线电视受众针对性较强。

(2)电视媒介的劣势。

·电视广告讯息短暂,为了提高广告效果,广告主不得不付出高昂的广告费用,通过重复播放来提高受众的记忆。

·覆盖全国的电视频道地理针对性差,受众分散。

·遥控技术和丰富的频道选择,使受众对电视广告态度专注程度差。

另外互联网的冲击使大量年轻观众纷纷转向网络视频,未来电视行业存在一定变数。

5. 网络媒介的特点

互联网媒介是 21 世纪最伟大的发明,它深刻地改变了信息传播的方式,也改变了人们获取信息的行为习惯。2018 年 1 月 31 日,中国互联网络信息中心(CNNIC)发布第 41 次《中国互联网络发展状况统计报告》,截至 2017 年 12 月,我国网民规模达 7.72 亿,普及率达到 55.8%,超过全球平均水平(51.7%)4.1 个百分点,超过亚洲平均水平(46.7%)9.1 个百分点。我国网民规模继续保持平稳增长,互联网模式不断创新、线上线下服务融合加速以及公共服务线上化步伐加快,成为网民规模增长推动力。

网络广告的主要形式有以下两类。

第一类是基于图文资讯的网络广告,包含全屏广告、通栏广告、button 广告、弹窗广告、对联广告、矩形大图、焦点图、普通浮层、超级浮层、跨界视窗等。广告类型又随着显示位置进行再次细分,如第一通栏广告、第二通栏广告、button1、button2、左边矩形大图、焦点图第一帧等。还可以随着所归属的频道内容再次细分,如腾讯新闻频道全屏广告、腾讯财经频道通栏广告、腾讯娱乐频道焦点图等。

另一类是基于冠名形式的合作,这种合作级别比较高,一般来说,是基于媒介资讯内容的整合打包型合作,其合作资源里会包含上述的很多广告形式表现。基于媒介视频内容的网络广告形式也非常多,最常见的形式是贴片广告,贴片广告可以按照位置分为前贴、后贴;还可以按照时间分为5秒贴片、15秒贴片、30秒贴片。其次是暂停广告,暂停广告可以根据形式不同分为有声音版本、图形版本、互动广告等(表4-3)。

表4-3　2017年某视频网站常规资源刊例

2017年1月1日起执行

广告形式	市场分级	区域定向	15秒贴片(元/CPM)			
			PC+移动端+TV/PC+移动端	PC/移动端	IOS	TV/Pad
贴片	K	北京/上海	130	加收10%	加收30%	加收50%
	A+	5个城市	90			
	A	13个城市	70			
	B	其他城市	50			
	省级	省级	45			
	—	全国	40			
说明: 1. 移动端=手机+Pad;IOS=iPhone+iPad 2. 5秒/6秒价格=15秒价格×40%;30秒价格=15秒价格×200% 3. A+(5个):广州、深圳、沈阳、南京、成都;A(13个):大连、长沙、武汉、青岛、杭州、天津、重庆、西安、苏州、宁波、合肥、济南、昆明 4. POB采购加收原则:(推送比-100%)×40%=加收系数,POB最低加收10%(包含不退还情况)						
定向加收	【频道】定向:加收10%		【频控】小于周1次:加收10%		指定【时间段】:加收10%	
	指定【正一】:加收20%		指定【倒一】:加收10%		指定【中插】:加收10%	
	【互动】贴片:加收20%		定向【韩剧】子频道:加收50%		定向【美剧】子频道:加收100%	

(1)网络媒介的优势。

• 可以利用文字、声音、图片、色彩、动画、音乐、电影、三维空间、虚拟视觉等技术,具有各种传统媒介的运用手段和表现方式,而且还在实践中发展了新型的手段和方式。

• 不同于传统媒介的单向传播,双向传播是网络的优势;一对一传播模式使信息的传播具有很强的针对性。

• 信息实时传递传播范围广,无区域局限,具有传统媒介不可比拟的优势。

(2)网络媒介的劣势。

• 容易让人产生深刻的依赖,产生网瘾,尤其对青少年的生理和心理造成危害,导致社交障碍。

• 网络海量信息能为查阅者提供便利,但是也同样会让人花费大量的时间进行信息的甄别;另外网络不良信息较多,容易对青少年和老年人产生误导。

6. 户外媒介的特点

凡是能在露天或公共场合通过广告表现形式向消费者进行诉求，并达到推销商品目的的物质都可称为户外广告媒介。户外广告是指附着在建筑物外面或者立于公共场所，以视觉或者视听觉传达方式传播广告信息的广告媒介，户外广告安装安全性要求比较高。本质上说，户外广告，是一种热点广告，所谓热点是指能够激发受众兴趣，提高受众媒介接触率和广告传播效果的各种因素的集合。

户外广告的主要类型有：硬性户外广告，是以交通、人流等客观因素为基础形成的热点广告，如地铁、机场、商业集中区等地段的户外广告；软性户外广告，是基于奥运会、世界杯等短时间内关注度极高的热点事件开发的户外广告。

固定位置的户外媒介：楼顶大型广告牌、电子翻板、LED看板、电子显示屏。实物户外媒介：主要有气球、模型、条幅等，作为临时性使用。

(1) 户外媒介的优势。

- 视觉冲击力强。一般来说，户外广告设置在繁华的商业区、城市道路、车站码头等，通过巨大的尺寸、图文或是有趣的内容很容易吸引人们的注意力（图4-4、图4-5）。

光影魔术表演，展板是麦当劳的早餐菜单，右上角安装了日晷，阳光的投影会随着时刻变化分别投射在不同的食物上，告诉你这个钟点可以吃什么。

图4-4　麦当劳的日晷户外广告

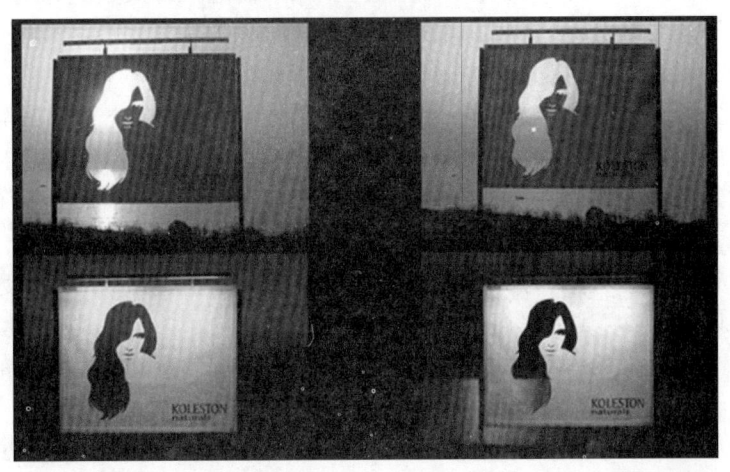

随日升月落，女郎的长发不断变换颜色，告诉你，染发就是这么天然。

图4-5　德国威娜染发剂户外广告

- 到达率高。户外广告有强迫阅读的作用。户外广告覆盖了城市的各大角落,只要人们出行在外,都会接触到各种户外广告。
- 灵活性强。通过奇妙的创意和有趣的户外互动广告技术的发展为户外广告创意和创新提供了更多可能性,如现在非常流行的户外互动广告,各种新奇的玩法让消费者流连忘返甚至主动参与,广告信息所产生的印象也更加深刻。
- 生命周期长。户外广告一般时间较长,有利于广告信息的重复强化。

(2) 户外媒介的劣势。
- 传播范围有限。户外广告的传播地域性强,通常只对当地产生影响。虽然可以进行全国联动的户外广告投放,但仍然无法像电视或网络媒介迅速到达全国乃至全球。
- 传播内容有限。户外广告所处的环境决定它很难为公众提供仔细阅读的机会,所以户外广告信息一般都非常简单,广告产品的文字内容与画面内容的表现都受到一定的制约,广告效果也因此受到一定影响。
- 传播效果难以统计。户外广告的受众流动性强,因此精确测量户外广告的效果较难。

7. 交通媒介的特点

交通媒介是指利用交通工具的空间载体传播广告信息。包含在火车、飞机、轮船、公共汽车、地铁等交通工具及旅客候车、候机和候船等地点进行广告宣传。交通媒介旅客量大,宣传效果好。

交通媒介可分为:交通工具外部媒介,如公共汽车的车身、出租车顶灯等;交通工具内部媒介,如火车车厢内的电子显示牌,地铁车厢内的线路示意图、拉环、出租车内部广告、安全提示板等;交通工具站点媒介,如公共汽车站灯箱,火车站内外的电视墙、座椅、灯箱,机场内外的广告牌、灯箱等;车票媒介,如火车票、地铁车票、飞机票等。

值得一提的是"公共交通媒介联合体",它是近年来媒介整合营销的新生力量,涵盖了中国公共交通体系下的各种媒介资源,如地铁、共享单车、公交等,它还整合了中国各地的交通广告资源和广告代理公司,增加了交通媒介之间的相互影响和作用。

(1) 交通媒介的优势。
- 受众稳定,广告信息到达率和暴露频次较高。以地铁为例,它作为都市地下交通大动脉,从清晨到夜晚,不间断运行。有数据显示:一辆地铁每天运送乘客数百万人次,乘客在月台等候时间平均为 5 分钟,每日在车厢内停留时间平均为 30 分钟。因此,地铁广告的优势十分明显,也成为当下交通媒介广告的首选(图 4—6)。
- 印象深刻,刺激购买欲望。为打发无聊时间,乘客在公交站、码头、火车站、飞机场时常常会主动阅读广告,且因时间充分,阅读十分仔细,因此容易对广告留下深刻印象。而且车站广告常常具有关联性,如杂志、方便食品、饮料等,正是候车必备商品,此时再加以广告,可充分刺激消费者的购买欲,促进产品销售。
- 弥补空白,阅读具有一定强制性。消费者在乘坐交通工具时,受环境制约,除了手机,其他媒介难以接触,尤其是在拥挤的车厢中。同时车内广告具有强制性,有时乘客一进入车厢,就仿佛置身于广告的海洋之中。此时,如果广告具有创意,其效果将事半功倍,如成都"熊猫地铁"。
- 费用低廉。和四大传统媒介相比,交通媒介是一种性价比极高的广告载体,也因此深受中小广告主的厚爱。

图 4-6　车身(厢)广告

(2)交通媒介的劣势。

· 信息庞杂，针对性差。由于价格实惠，车内常常有众多品牌的广告讯息，容易混淆视听，不利于记忆。

· 创作受到限制。虽然交通广告所容纳的讯息比路牌广告更多，但现代人匆忙的脚步决定他们不会用较长时间去阅读广告(这里主要针对城市内部交通)。

· 清洁维护不易。上下班高峰为交通媒介带来了巨大的人流量，但同时也让交通广告的清洁难以维护。

8. 生活圈媒介的特点

生活圈媒介，就是寻找目标消费者生活中的接触点，依据产品的特性开发出的有价值的广告发布载体。创造性地开发生活圈媒体，贴近消费者的生活圈，以新颖而独特的广告去吸引消费者，是生活圈广告传播效果提升的方法。

生活圈媒介是面对消费环境及消费人群呈现的多样化"裂变"，它企图将广告的触角融入到人们日常的生活轨迹和形态中，并把广告信息精准地传递给目标人群。一般分为两种不同类型。

第一种，存在于日常生活中，原来并未用作传播信息或者用于传播广告信息的媒介，如从火车站、地铁站、机场等地方衍生出来的车身、站内、展示牌等广告。

第二种，出现在人们工作和生活圈的媒介，这些媒介包括写字楼电梯平面(视频)广告、居住小区电梯广告、小区物业灯箱、停车场闸门等。这些媒介因为深入工作区域和生活区域，使受众和广告的接触率大大提高，而且还可以精准地定位目标受众。

(1)生活圈媒介的优势。

· 生活圈媒体随着人们的生活轨迹出现，渗透到人们的工作区域或生活区域，接触点多，使受众对广告的接触率大大提高，强迫阅读、反复刺激容易加强广告内容记忆，广告效果比较好。

· 生活圈媒体容易进行市场细分，现代城市同一个社区内居民收入水平、生活观念比较相似，可以根据公寓社区的档次、商圈、入住人群、楼龄等数据来细分受众，帮助广告主精准打击。

· 高频率的广告到达和低干扰度能促进广告有效转化为购买力。

- 生活圈媒体投入成本比较低。
- 生活圈媒体受众对象为主流人群,购买力强,客户潜在价值大。如楼宇电视锁定20~45岁白领、金领和商务人士,他们是中国社会财富最主要的创造者和消费者。

(2)生活圈媒介的劣势。
- 生活圈媒体出现在特定的区域,传播的范围有限。
- 生活圈媒体比如电梯平面广告、社区灯箱广告面临科技应用低、缺乏数据支撑、策略调整不及时等发展难题。

电梯是一个典型的尴尬封闭空间。《猿猴的把戏》一书中阐述到,人们在电梯里倾向于不交流,这是一种避免冲突的本能,且在电梯中,手机信号往往不佳,这些都为电梯广告创造了良好的关注基础。而且大都市中电梯往往高达30~50层,为广告的精细阅读提供了机会。新世相和航班管家的这次电梯广告营销正是抓住这一点,在电梯中与目标消费者进行沟通(图4-7)。

图4-7 "逃离北上广"电梯广告

第二节 广告媒介策划的程序

当你在电视上看到某条广告或者在某网站看到弹出的广告时,是否会思考,为什么你会在这里看到这条广告而不是在别的媒介上?广告主是依据什么来选择不同的媒介来发布广告信息的?

实际上广告主对广告媒介的选择,是其广告战略的体现,即广告主要考虑各种媒介之间的关系和受众的特点,在广告预算范围内,建立有效的媒介组合,实现其广告目标。

一、影响广告媒介选择的因素

1. 市场环境因素

(1)广告媒介的选择受市场环境因素的影响。主要包括宏观的整体市场因素,微观的行业因素、消费者因素。比如社会整体经济下滑,消费者收入减少,行业整体经济不景气,选择广告媒介就需要更加谨慎,不可盲目加大广告投入,给企业经营带来风险。著名的案例如爱多VCD、秦池酒等,曾经是央视广告的标王企业,由于广告投入太多,过于相信广告的力量,最终导致企业破产。

(2)广告媒介的选择受产品特性因素的影响。不同的媒介在展示、解释、可信度与颜色等各方面分别有不同的说服能力。一般来说,每个产品都有特定的消费群体,比如老年人比较注重养生、保健,购物比较谨慎,需要了解更多的产品信息才会考虑购买,他们更习惯从传统媒介比如报纸、电视上获得能详细解读的产品信息,如果把广告过多投放到手机或者网络上,那么广告信息的达到率就会降低,达不到广告效果。年轻人喜欢汽车、关注电子产品,传统的媒介比如报纸已经被他们抛弃,因此,这一类的产品广告更适合在年轻人接触率更高的手机、互联网上投入。

(3)广告媒介的选择受竞争对手特征的影响。一般来说广告的投放,会和竞争对手采取跟随和卡位策略。跟随策略是指竞争对手在哪里投放广告,自身就在哪里投放广告,这样比较容易直接和对手形成竞争关系,来争夺消费者。卡位策略是指对于一些重要的广告位置,不惜重金拿下,让竞争对手无法获得广告传播优势。

2. 媒介环境因素

(1)政治因素是影响媒介选择的决定性因素。一国的政治因素是广告媒介环境的决定性因素。在我国,媒介的政治导向一定要符合社会主义核心价值观,起到党和人民喉舌的作用。

(2)法律法规。一国法律法规对广告媒介的选择也起到重要影响。比如在我国,烟草类营销广告不能出现在四大传统媒体上;不可发布虚假广告等。

(3)文化因素。文化因素是影响媒介选择的一个重要因素,不同的国家有不同的文化传统、不同的审美,不同的公序良俗,有的国家文化比较保守,有的国家文化比较开放和包容。

【拓展案例】

广告中的裸体画面会令人震惊,然而瑞士航空公司的一则裸体广告则收到了意想不到的效果。在推出其新的商务舱业务时,瑞士航空公司发起了一场声势浩大的广告活动。广告画面是一位魅力四射的男性裸体在天空中自由飞翔。广告最初出现的是这位男性的双腿,然后间断性地一部分一部分地展现他身体的其他部位,直到最终出现人体的整个背后部分。因为没有展现人体的前面部分,所以广告画面并没有令人窘迫的感觉。该广告在欧洲、北美的电视中播出,反应很好。

传统上,航空公司的广告总是出现微笑迷人的空中小姐和手捧可口饭菜的喜悦顾客,瑞士航空公司的这则广告一反常态。正如航空公司广告部经理所说:"我们创造了某种不合常规和与众不同的东西,塑造了一个复兴的人,一个完全无拘无束、按自由意志飞翔的人。旅客明白我们传达的意思,我们还将继续做这一类广告。"该广告活动使商务舱乘坐率提高了30%。

思考:该则广告是否适合在我国媒介播放?试分析原因。

(4)广告文本的特点因素。媒介的选择还受广告文本特点因素的影响。有的产品适合解释性媒介,如药品、旅游产品,消费者需要了解详细的产品信息,广告的投放就比较适合选择报纸、杂志等纸质媒介;有些广告有互动、创意表现,需要表现力更丰富的电子媒介,如电视、网络视频。

3. 广告预算费用因素

广告预算也是影响媒介选择的重要因素。一个企业的经营收入水平直接影响广告投放的总额。央视的广告效果比较好,但是费用也很贵,一些地方卫视节目收视率很高,广告收费也很贵(图4-8)。对企业来说,广告投放一定要量力而行,控制好风险。

图4-8 浙江卫视广告招标费用

二、广告媒介策划的程序

"凡事预则立,不预则废",广告主在广告活动推出以前,针对广告刊播的目标,选择哪些区域市场,选择什么媒介类别和具体的媒介工具,以及媒介的刊播时机和广告刊播量、在媒介上的分布等所做的通盘性计划,就是广告媒介策划,它包括以下程序。

1. 确定广告目标

广告目标(Media Objective)是根据营销所赋予的传播任务,在媒介部分所必须完成的目标。它包括向谁发布(到达目标受众)、在哪里发布(发布的地理范围)、发布多少(讯息力度或针对目标受众的广告总量)、怎么发布(发布的方式)。

广告目标实际是广告战略的体现,它解决战略中对谁说、说什么、怎么说的问题。

2. 进行媒介评估,确定广告媒介战略

媒介评估主要包括:分析媒介的性质、特点、地位与作用;分析媒介传播的数量与质量;分析受众对媒介的态度;分析媒介的广告成本等。总体可以分为两类。

(1)媒介的质。

媒介的"质"指的是不能根据统计数据加以量化,但却实际影响着媒介投资效果的因素。主要有权威性、公信力、媒介覆盖率、相关性、对应性、触及率、广告环境、干扰度等。

- 媒介覆盖率:指媒介主要发生影响的空间范围,主要指信息的传播范围或覆盖面。
- 触及率:是一个评价媒介影响区域人数比率的基本指标,指广告经某一媒介传播后,触及到的人数。

触及率=接受人数÷覆盖域总人数×100%(接受人数是指接触到广告信息的人数)

- 干扰度:指的是消费者在接触媒介时受广告干扰的程度。广告干扰度指的是在某一媒介载具中,广告版面或段落长度占载具本身内容的比率。
- 相关性分析:是指产品或品牌的广告信息与媒介本身的相关程度分析。

(2)媒介的量。

媒介的"量"主要有收视率、发行量、开机率、阅读率收视人口、阅读人口、观众组合、对象收视率、对象阅读人口、阅读人口特性、刊物地区分布、户外媒介受众量、户外媒介可能接触目标消费者的数量。

- 收视率(包括收听率):特定时间段内收看(听)某一特定节目内容的人数(或者家庭户数)占拥有电视机(收音机)的总人数的比例。
- 开机率:在特定的时间里,打开电视机的家庭或者人口占拥有电视机的家庭或者人口总数的比例。
- 千人成本(Cost Per Thousand,CPM):它指某一媒介发布的广告接触1000个受众所需要的费用,这个指标可以明确地显示出在某一媒介发布广告的直接效益,因此常常作为评估媒介的重要量化标准。

千人成本=媒介费用(广告单价)÷受众总数×1000

杂志 CPM=广告单价÷发行量×1000

报纸 CPM=广告单价÷阅读人数×1000

电视 CPM=广告单价÷收视率×1000

广播 CPM=广告单价÷收听率×1000

- 收视点成本(Cost Per Rating Point,CPR):广告刊播时,每购买一个收视率的点所需要的广告费用。

收视点成本=媒介费用(广告单价)÷节目收视率

注:千人成本只能在同一媒介类别中比较,不能跨媒介、跨地域比较;收视点成本也不能用

在跨地区比较上。

· 到达率:指特定期间广告目标受众(个体或家庭)暴露于某一广告信息至少一次的百分比。

· 视听众暴露度:与总视听率含义相同,但以人数(或户数)来表示,指某特定时间内暴露于某一媒介或某一媒介特定节目的人数(或户数)总和。

例如:假设一份报纸到达人数为20万人,广告每月发布4次,则视听众暴露度就是

20万人×4次/月=80万人次/月

· 暴露频次:是指一个月内一则广告信息到达受众的次数。

· 平均暴露频次:就是广告信息到达所有受众的平均次数。

· 暴露频次分布:是指受众的不同暴露次数用百分比进行统计分析,来反映不同暴露次数受众的分布状况。如暴露频次分布显示45%的读者看过1~2次广告,25%的读者看过3~4次广告等。

3. 根据广告预算进行媒介选择,确定广告媒介组合方案

在广告预算内确定广告媒介组合方案,利用不同的媒介具有的核心价值和功能,扬长避短,科学匹配,实现最佳的广告效果。

如何衡量备选的媒介是否能收到预期的效果,主要有以下几点原因。

(1) 媒介的成本。理论上说,媒介的每千人成本低,企业宣传费用自然降低。由于众多媒介的收视率或阅读率的调查方法并不健全,甚至很多媒介虚报发行量和收视率,因此,这个指标很难得到实际的数字,只能根据具体的情况打折扣。

(2) 媒介受众的特征。在任何媒介上发布消息,其目的就是把广告信息传递给目标消费者,因此应该选择受众与产品的目标消费者比较吻合的媒介。在媒介中,为满足消费人群的锁定而出现了直接邮寄媒介,因此,直邮媒介的有效受众最大。但因为发行量、覆盖面、形式等诸多限制,它仍然无法完成整体的传递任务。这就要求我们在选择其他媒介时,细致地了解各版面甚至栏目的特征。

(3) 媒介策略与整体营销策略的配合。产品处于不同的生命周期,会有不同的营销策略。如产品的上市初期,既要打动消费者,又要打动经销商,引起业界的关注,就要考虑广告传播上两者兼顾。如果仅仅为了拉动终端销售,则采用的方法又有不同。

(4) 媒介的地域特征。任何一种媒介都有其针对性最强、影响力最大的地域,如每一个城市的电视台在市区范围内影响最大,而报纸的地方版则更直接针对某一地域。如果媒介影响力最大的地域正是广告主要大力争取的市场,那么这一媒介就是投放广告的理想媒介。

此外,媒介的时间性、广告时段和版位、竞争者采用的媒介等,也是影响媒介选择的因素。

4. 确定媒介策划内容

制定媒介计划书,包括市场分析、广告分析、媒介战略、媒介进度、广告效果评估等。

5. 确定广告排期和广告购买

与广告主签订媒介费用支付合同,购买广告媒介的版面、时间与空间,推出广告,并监督实施、搜集信息反馈,对传播效果做出评价。

第三节 广告媒介策划的内容

广告媒介策划不是简单的对媒介发布的安排,而是遵循企业营销目标,在整体广告策划指导下的有创意的广告媒介组合策略。它是一种独特的管理职能,是当代营销整合的重要核心,它帮助企业建立并维持它与媒介之间、与公众之间的相互沟通,是企业品牌传播和市场推广的关键之一,通过整合报纸、杂志、电台、电视台、互联网、手机、户外媒介等各种传媒资源,用社会化运作的手法,引导公众关注,从而达到引导舆论、诠释职能、树立良好的产品消费文化的目的。

一份成功的广告媒介策划方案,要求在媒介、时间安排、广告费分配和其他方面作出有创意的决策。除了在媒介资源方面掌握深入的知识外,媒介策划人还必须掌握营销、广告、调研和财务方面的知识。

一、广告媒介策划工作内容的四个阶段

1. 第一阶段:与广告主进行沟通,分析客户

主要的工作内容是与广告主进行充分沟通,通过市场调研,了解市场需求状况,确定产品市场定位,了解终端产品的特性、分析目标人群的消费心理及终端产品的特性,确认媒介投放区域,锁定目标人群,由此制定市场营销策略。

2. 第二阶段:制定媒介策略

(1)媒介评估。对媒介覆盖率、接触率、到达率、广告成本、媒介形式、媒介环境、媒介历年价格走势以及媒介受众等情况进行客观全面评估。

(2)媒介整合。广告要通过一定的媒介来传播广告信息。广告媒介不同,其广告费用、广告设计、广告策略和广告效果也不同。另外,不同的广告媒介在不同的时间、地点使用或进行不同的组合运用,广告效果也不同,可根据媒介客观情况整合媒介方案。

3. 第三阶段:撰写媒介计划

撰写媒介策划报告是媒介策划的核心部分,内容大致分为五部分。

(1)前言。对媒介计划的基本策略和要素进行评述。

(2)计划主题。主要阐述广告产品情况分析,简明扼要地描述产品的市场情况,包括目标市场分析、产品分析、竞争环境分析。

(3)广告媒介策划目标。制定基本的广告战略,说明创意的方向,明确广告目标,以及广告预算和媒介工具的费用分配金额及比例。

(4)媒介策略。主要考虑产品与目标市场媒介偏好的匹配程度,进行媒介选择,制定媒介投放规则,包括需要的到达率、有效到达率和平均到达频次,广告投放的区域及其比重,广告投放的时间及其持续性与广告力度,广告投放开始时间、结束时间、持续时间等。

(5)策划方案预测评估。对广告效果进行预测,评价方案可行性。力求做到以下三个方面:第一要覆盖所有的目标消费者;第二要注意选取媒介影响力的集中点;第三要与企业进行信息交流。

4. 第四阶段：信息发布与传播管理

与广告主确认媒介形式并与广告主达成一致后，进行信息发布和管理，不定期以问卷、座谈会等方式做广告效果测定，以随时修正广告媒介策划案。监测广告效果，如电视广告可一周测定一次，杂志可两周测定一次，每个月举办1次消费者座谈会。

二、品牌传播媒介选择的三大原则

传播媒介的选择直接影响到传播的效果。而选择的目的毫无疑问就在于使既定的传播预算获得最好的传播效益，选择媒介最重要的标准是适合，那么适合的标准是什么？

1. 受众吻合

不同的媒介有不同的受众，例如老年刊物自然主要读者是老年人，少儿读物自然是面向少年儿童，这些是显而易见的，在这个媒介多元化、分众传播的时代，这种情况将会越来越明显，也必将进一步细分。如果品牌的目标受众不从属于媒介的受众，那么这个媒介有多大的影响力和覆盖面都是白搭，因此，品牌传播媒介的选择首先要考虑品牌的目标受众与媒介的受众是否相吻合。

比如，综合报纸的汽车版，一些老人也许根本就不会看。如果他们买了这份报纸，那么，汽车版的所有信息对他们而言都是浪费。

比较图4-9的两张图，哪个受众群体更加吻合？

图4-9 不同的媒介对应不同的受众群体

2. 背书效应

媒介本身就是一个品牌，任何媒介在社会上都有自己的影响力和影响范围，可以简单地看作媒介自身的知名度和美誉度。如果媒介的影响度越高，它在受众中的威信也就越高，它可传播的信息的可信度也就越强，通过它们进行品牌传播就能起到背书效应。

因此，品牌选择媒介时要考虑媒介是否能够对品牌起到有效背书的作用，倘若不能，即使是再便宜不过的购买价格，都要考虑放弃，或者改变传播主体，以传播信息的角度发出，否则就是自掉身价。通常，越强势的媒介所起到的背书效应越大，当然购买的价格就越高。

思考：比较一下央视与湖南卫视的广告背书效应（图4-10）。

图 4-10　央视与湖南卫视的 LOGO

3. 多元互补

媒介的丰富已经使人们获得资讯的方式越来越多,也必然会增加受众对媒介的选择,因为不同的媒介有各自不同的传播优势和劣势以及受众群体。例如,电视对于吸引消费者的注意力有所帮助,但不能传递太大的信息量,报纸、杂志就可以传递较大的信息量。

比如,让品牌传播的强制力留在电视上发挥,让报纸保有高曝光度的优势,把精美的产品图片印在杂志和 POP 上,然后充分利用网络媒介,全面展示品牌所有的公开信息,建立起与客户如同情人一般的互动关系。

对于低关心度的商品,由于消费者不关心,连带对该品类广告的所投的注意力相对较低,可选择覆盖范围广泛,传播速度快,能承载情节性、故事性信息的电波媒介。

高关心度的品类,一般其价格高,产品或者服务的功效复杂,消费者是特定的群体,对购买决定所需行程较长,消费者会主动找信息,可选择印刷和网络这种能承载复杂信息的广告媒介。

思考:某品牌的饮料即将上市前,如何做一个品牌推广的媒介组合?

第四节　广告媒介组合

广告媒介组合是媒介策略决策的一个重要内容,是指根据广告的目标市场策略、诉求策略的要求,对可供选择的广告媒介进行评估,从而选择出最符合要求的媒介进行合理的时间、版面的配置,以提高广告的传播和诉求效果。

一、媒介组合策略的主要方式

媒介组合可有多种方式,最主要的方式有三种。

1. 同类媒介组合运用

即把属于同一类别的不同媒介组合起来运用。例如将属于印刷品媒介的报纸、杂志、挂历、小册子配合起来,将几家报纸组合起来,或者将中央电视台与地方电视台组合起来。

2. 异类媒介组合运用

即把属于不同类型的媒介组合起来运用。比如将视觉媒介与听觉媒介加以组合,有利于从多方面利用人的感官功能以增加记忆,争取收到较为理想的传播效果。

3. 自用媒介与租用媒介组合运用

即广告主企业在花钱购买媒介进行组合运用的同时,也利用自有的媒介进行相同内容的配合性广告宣传,如企业网站、微博、微信公众号、POP、产品订单、包装等。

【拓展案例】

江小白：一个表达瓶燃爆了整个营销领域

在江小白之前，卖白酒是一件高大上的事情，各大白酒品牌不是谈国学古典就是品味历史，动辄砸几个亿到央视拼硬广告，来争夺市场地位。

2012年3月在成都的春糖会上江小白的产品还曾遭到了白酒同行的耻笑，说白酒怎么能是这个样子呢？然而之后5年江小白从0元到10亿元的业绩，又真真实实刺痛了各位白酒大佬的心。

特立独行的江小白以青春的名义创新，以青春的名义创意，以青春的名义颠覆，深刻洞察了中国酒业传统保守的不足，不拘泥于千篇一律的历史文化诉求，致力于引领和践行中国酒业的年轻化、时尚化、国际化。

江小白系列产品的面世，给老气横秋的中国酒业增添了一股时尚清新的感觉，它没有借助传统的媒体投放方式，而是敏锐地捕捉到年轻人的孤独、对理想的迷茫、对真实情感的渴望，把自家的白酒瓶变成表达瓶，配上简约的文案，充满文艺的表达，直抵消费者的内心，说出了他们的心声，使得每一个人都觉得自己就是江小白，"哥喝的不是酒，而是寂寞"。把江小白打造成一个懂年轻人的个性人物形象，用一个表达瓶燃爆了整个营销领域，也使得江小白从一个名不见经传的小品牌，一下跃变为一个红遍全国的酒类黑马，更是俘获并牢牢抓住了80后、90后年轻人的心（图4-11）。

图4-11　江小白广告图片

江小白白酒瓶文案赏析：

1. 我是江小白，生活很简单。

2. 亲爱的@小娜：成都的冬天到了，你在北京会冷吗？今天喝酒了，我很想你，一起喝酒的兄弟告诉我，喝酒后第一个想到的人是自己的最爱，这叫酒后吐真言吗？已经吐了，收不回来了。

3. 吃着火锅唱着歌，喝着小白划着拳，我是文艺小青年。
4. 有的时候，我们说错话，我们做错事，是因为受了江小白的诱惑。

二、广告媒介组合的作用

广告学者对广告媒介组合进行研究实验后发现，广告媒介的交叉使用可以产生额外的效果。

1. 媒介组合可以使媒介及创意产生交互作用，达到1＋1＞2的效果

报纸、杂志、户外广告、交通广告等是视觉媒介，主要通过直观的视觉来影响目标受众；广播是听觉媒介，受众主要通过听觉器官来接收广告信息，虽然比较抽象，但是可以给人丰富的想象空间；电视、互联网、手机是视觉、听觉完美结合的媒介，能够给受众直观、生动的感受。如果把三者结合起来，在视觉、听觉上对受众的不同感官进行刺激，可达到加强记忆的作用，有利于产品在消费者心中占有一席之地。

2. 媒介组合能够提高广告到达率

传统的报纸、杂志、广播、电视等公共媒介具有社会公信力，影响力大，覆盖面广，到达的群体多。而一些促销媒介，比如现场发放的传单、DM直邮广告、展销会广告等直接发放到受众手上，达到点对点传播的效果。如果把大众媒介和促销媒介两者结合起来，就起到了"点""面"结合的效果，大大提高广告的到达率。

3. 媒介组合能够以其平均频次及讯息沟通强度、深度来补充其他媒介的不足

消费者对广告信息产生记忆、兴趣、购买欲望，需要广告有一定的频率来提醒消费者。因为受众对于一则广告在一个媒介上重复刊播的注意力会随时间而减少，因此需要多种媒介配合，延长受众对广告的注意时间。

电视、广播、网络视频广告播出时间较短，属于短效媒介，很难给受众留下深刻的印象；而一些纸质媒介如报纸、杂志和户外广告、交通媒介，因为保存时间较长，可以让受众反复阅读，所以称为长效媒介。长效媒介播出时间长，但是传播范围有限；短效媒介播出时间短，但是传播范围较广，若把两者结合，可以加强广告信息沟通的强度，弥补其他媒介的不足。

4. 媒介组合能提高媒介的利用效率

传统媒介对受众是单向传播，广告主很难直接从传统媒介上获知受众对广告的认知反馈，只能通过一段时间的广告投放来了解广告效果，但是互联网媒介后台可以实现在线统计受众对广告信息的交流状况，实现互动，即时了解广告信息的接受程度，监测广告效果，即时调整广告媒介方案，提高媒介利用率。

三、广告媒介组合的原则

媒介播放广告的次数是不是越多越好？怎样使用两种以上的媒介，才能达到理想的传播效果？一般来说，在进行广告媒介组合时有以下几个原则。

1. 受众最大化原则

任何一种媒介都不可能与企业产品的目标客户完全重合，因此，没有包含的那部分消费者

群要借助其他媒介来完成，形成互补，覆盖最大的目标消费群。

2. 信息播放量适当原则

消费者接受广告信息形成知觉，但是受众对于一则广告在一个媒介上重复刊播的注意力会随时间而减少，因此需要多种媒介配合，延长受众对广告的注意时间。当然广告信息过多的暴露也会导致消费者的反感，因此要符合广告信息播放量适当原则。

3. 符合媒介周期性的原则

不同的媒介有不同的时间特征，比如广播、电视、报纸信息发布周期短，可以连续进行宣传，多次重复，加深消费者印象。杂志的发行周期长，最短的需要一个星期，最长则需要一个月，所以不宜发布即时的广告信息，比较适合做品牌形象宣传。在媒介组合中，应该考虑时间上的配合，以达到品牌和促销相结合的目标。

4. 效益最大化原则

在多种媒介上同时发布大版面、长时段的广告不一定达到最佳的效果，因此要对在各种媒介上发布的广告规格和频次进行合理的组合，以保证在达到广告效果的情况下，节省广告费用。

四、广告媒介组合的创新运用

各种媒介的功能、特点各异，在进行广告活动的时候，有创意地使用媒介，能为广告带来新鲜感，配合充满创意的广告内容，常常能提供超过正常成本效率的冲击力与效果。

媒介的组合搭配有以下方式。

1. 报纸与广播搭配

报纸的读者一般教育程度较高，目前广播的主要听众是有车一族的中产阶级，它们搭配起来可以使宣传集中在有价值、有购买力的消费者人群。

2. 电视与广播搭配

由于电视和广播的传播特性，能够使目标受众(不论城市还是农村)得到大范围的覆盖。

3. 报纸与电视的搭配

报纸是具有公信力的解释性媒介，适合让受众了解产品信息，取得信任，电视反复播放比较容易产生深刻印象，报纸与电视的搭配运用，产生强力推销的效果。

4. 报纸与杂志的搭配

报纸发行周期短，比较适合强攻市场，而杂志发行周期较长，适合树立品牌形象，杂志与报纸搭配能起到促销和建立品牌的作用。

5. 报纸或电视与直邮广告搭配

直邮广告是点对点的广告形式，直接将广告信息传递给消费者，可以直邮广告为先导，测试市场反馈，然后以报纸或者电视推广，做足宣传面，也可能取得比较显著的成效。

6. 路牌广告与其他广告形式的搭配

路牌有强迫阅读的功能，对建立品牌印象有很好的作用，再借以其他广告形式，比如报纸、电视等，可以起到促销的作用。

【拓展案例】

2018年春节前夕,你还在思考年货该买点啥时,在朋友圈里,你会看到来自百果园的温馨建议:新的一年,除了团圆和爱,还可以,把好吃带回家。

把好吃带回家?当你点开看完了这支由百果园联合二更视频推出的《把好吃带回家》暖心视频广告,就会被这条广告成功套路——"年货就它了!"就在各大企业纷纷重金投放广告,想从春节消费狂欢中分得一杯羹时,百果园却利用互联网共享思维,与其他企业新媒体平台互推品牌。它首先在微信朋友圈发布《把好吃带回家》为主题的推广,解决了大家不知道买什么年货的痛点,接着百果园与二更视频同步首发了带有《把好吃带回家》的预热海报,并在微博中同时提到,百果园将与二更携手打造一支暖心大片(图4-12)。

图4-12 百果园和二更视频同步的微博广告

后期百果园更是一鼓作气,联合京东到家、美的等蓝V进行联合推广(图4-13),双微KOL、主流视频和秒拍、朋友圈广告、微话题等多渠道推广同步跟进。广告视频全网播放量达2800万,微话题阅读量达3300万,最大程度地提高了此次项目的曝光量和知名度。

"过年越来越没意思了,年味越来越淡了"——这是现如今很多人的感受。其实,过年的意义不在于穿新衣服、收红包,而在于和最爱的亲人待在一起,分享快乐、凝聚亲情。百果园也正是基于这点,提出"把好吃带回家",唤醒用户去主动和家人分享美味,一同感受真正的年味。

百果通过走心的故事,建立与用户情感、身份和价值观的认同,通过内容营销和借势,降低用户决策成本,打造"把好吃带回家"这一持续性的品牌事件。它联合大V同步推广,互推话

图4-13 百果园与京东到家、美的空调联合推广

题,不仅可以节约大量广告费用,而且进一步扩大了受众群体,独具创意的媒介组合策略,使人耳目一新。

百果园在全世界遍布100多个水果基地,近3000家门店覆盖全国40多个城市,在门店、APP、第三方外卖平台、小程序都可很方便快捷地享受到高品质水果,结合线上渠道选择和门店春节氛围营造、产品礼盒包装、产品主题式陈列等,充分体现出品牌投放的媒介组合策略和线上线下一体化的营销模式。

(资料来源:Socia Marketing)

第五章　广告策划的执行与效果测评

> **内容提要**
>
> 1. 广告策划的执行包含活动前期准备、活动中期跟进和活动后期追踪三个阶段。在执行过程中,还要注意需求沟通、目标实现、手段组合、资源整合和价值最大化等要点。
> 2. 广告预算由广告调查费用、广告策划创意费用、广告设计制作费用、广告媒介费用、广告执行费用及机动费用六部分组成,其中,广告媒介费用占据广告预算最大的比例。
> 3. 广告效果主要是指广告的传播效果、经济效果、心理效果和社会效果,广告效果的测评围绕这四个方面展开,运用科学的方法和科技的手段进行定性和定量分析。

案例导入:三分钟

【案例详情】

当你和家人的团圆只有三分钟,你会怎么过?

画面中,一辆急速的列车载着一车乘客驶往回家的路,大家向着不同的团圆奔去,但有些人没有终点站。一位因春运坚守岗位的"乘务员"妈妈每年春节都难有机会与家人团圆,今年,她和妹妹约好,在列车停靠家乡站点的三分钟,跟儿子短暂地见上一面。火车到站了,小男孩穿过人海终于看到了妈妈,可见面的第一句不是"妈妈,我想你了!",而是非常认真和执着背着乘法口诀表,因为这是他和妈妈见面的约定,背得出乘法口诀表才能进城里上学,在城里上学才能跟妈妈在一起。所以,他倔强地背完"九九八十一"才喊出妈妈,此时,妈妈早已在开车铃声的催促下回到了车厢(图5-1)。

【案例点评】

产品卖点:用 iPhone X 也能拍大片

产品支撑点:全新镜头　影片成像效果

情感沟通点:春节坚守岗位人员的平凡故事,以点带面

整个片子产品卖点输出十分清晰,多角度的画面均由 iPhone X 完成,通过简单直接的诉求和浓烈的情感故事,形成消费者对 iPhone X 手机的品牌认知。春节有多少人因工作而不能回家?又有多少人为着这场"春节大迁徙"而努力着?平凡而真实的故事,让受众跟《三分钟》

图 5-1　2018 年苹果新春宣传片《三分钟》

里的妈妈一样倍加珍惜这短短的 180 秒。

电影的叙事手法，让故事的每一个情节都牵动人心，尤其是从妈妈和孩子对视开始，屏幕上方就开始倒计时，时间每少一秒，他们团聚的时间就少一秒。观众一方面担心时间过得太快，一方面期待孩子能早点背完乘法口诀表喊上一声"妈妈"。妈妈从一开始就问"你有什么要跟妈妈说的吗？"而孩子的回答深深地融进这个口诀表中，这就是他想见妈妈的决心。

真实、平凡却有起伏的广告片让消费者看到一个有温度的 iPhone，也是苹果广告传播中始终不变的情绪传递——真诚，它并不想用高级让你望尘莫及，或是用创意去惊艳四座，它普通而真实地诉说它想说的故事，就是你生活中真正会遇到的故事。iPhone X 的定位完全可以是未来酷炫，但它选择用最接地气的方式和你对话，整部片子没有任何炫耀和炫技，而是一部用手机在新年拍摄的真实的广告，分享给大家。

（资料来源：数英 APP）

第一节　广告策划的执行要素

广告策划的执行即广告策划案的落地（实施），也就是广告人口中的"战术"。在第三章中，我们学习过广告战略，懂得了战略指导战术、战术实现战略的道理。一个广告策划案从最初的构想到最终的执行，涉及创意、文案、设计、技术、运营、媒介等不同部门，涵盖定位、策略、品牌故事、TVC 脚本、广告语、产品手册、活动实施等不同领域，各种执行落地需要具体负责人去拟定框架、跟进、检查和监督等。而一次优秀的执行也不仅仅是按部就班、照本宣科，它必须根据市场的实际情况进行创造性变通，尤其是遇到突发性事件时。广告策划为企业解决问题提供了方向和思路，是大于未来市场的策略预估，而广告策划方案的执行则直接决定企业竞争的最终结果。

一、广告策划的执行流程

广告策划执行一般包括两个层面的工作，一是将上级或团队的策划思维形成执行文本（即广告策划执行方案）；二是在策划方案的实施过程中对策划活动进行跟进、监控和反馈。为此，很多广告公司专门设立了一个岗位,叫"执行策划",即具体执行方案的策划,一般是策划师的副手,具体职责就是按照策划方案监督和落实每一项工作。具体来说,主要需要进行以下三个阶段的工作。

1. 第一阶段——活动前期准备

广告活动前期准备包含策划准备、场地准备和物料准备。

(1)活动策划。包括方案拟定、活动流程、日程安排、人员安排和风险评估。方案主要指广告活动的目的和主题、主推产品、活动具体安排等,必须经过撰写、讨论、审核等环节方可最终确定。设计活动流程和日程的时候,注意考虑时间、交通、气候等因素,注意分清活动主次,注意控制时间节点。人员安排要充分,并提前进行相关培训。风险评估则通过可行性考察,确定最终方案及预备方案。

(2)广告推广。包括渠道规划、媒介联系、嘉宾邀请。前期推广中充分利用公司官网、官博、官微推广及相关 APP、海报及人员推广,要注意按目标人群的特点进行广告投放。提前与媒介联系,邀请媒介嘉宾到活动现场,媒体推广预热、采访、报道等多阶段进行。提前联系嘉宾,尽量邀请行业有影响力的人物。

(3)合作赞助。包括合作单位和赞助单位。寻找合作单位时可进行强强联合,通过性质和行业关联度高的合作能提升广告活动的吸睛度和效果。合作单位指广告活动的主办方、协办方、联合举办方、合作机构等;赞助单位则指能够提供现金赞助、礼品及服务赞助、资源互换等的单位。

(4)财务预算。包括广告预算申请及 ROI[①] 预估。充足的资金是广告策划顺利执行的前提,而广告预算的金额是企业根据 ROI 预估而制定出来的。另外,企业预算从申请到拨款需要审批,因此需要提前进行。

(5)活动场地及酒店预约。包括场地联系和预定、酒店合作与预约。重要活动的举办场地一般都是要提前数月就进行预约的,尤其是在节假日或大型会议/活动期间。酒店方面如果能选择合作单位为佳,此外,也需要提前预约并做好调整预案。

(6)活动文件及物料准备。包括活动宣传资料、PPT 及视频、活动手册、赠品、物料清单等。首先,所有物料及文件的准备要充足;其次,优秀的广告策划执行还需要使用统一的企业形象识别体系,这也是企业与消费者沟通最直接的平台之一。

(7)场地布置。包括时间安排、设备布置、会场指引等。时间安排要充分,设备布置要提前,会场指引要明晰。大型活动至少提前 2~3 天进行会场布置,中小型活动提前 1 天。活动所需网络、音响设备等要重点检查,桌椅摆放、茶水礼品等要落实到位,现场欢迎牌、指示牌、易拉宝要放在醒目位置,必要的时候需进行中英文双语标注,如国际性广告活动。

(8)交通辅助。包括接机接车和交通指引。细节决定成败,看似不经意的事情有时会影响整个活动的成败。交通辅助的工作不仅是大型活动的必备动作,它还能给予活动来宾尊重与关怀,良好的情绪也有助于活动的推进。

2. 第二阶段——活动中期跟进

广告活动中期跟进包含现场服务与管理、活动直播与跟进等。

---

① ROI 是通过投资而应返回的价值,即企业从一项投资活动中得到的经济回报。

(1)现场服务。包括接待服务、气氛把控、现场维护。现场服务是广告策划执行中与嘉宾、消费者接触最为紧密的环节,也直接决定着他们对广告活动的评价。优质的接待工作、良好的现场氛围、贴心的现场服务(会场引导、同声传译、安保人员、医护人员等)都是现场服务的重要组成部分。

(2)人员签到。包括电子签到、现场签到(参会胸牌/VIP卡)。签到有助于客户管理与统计,不论是传统的现场签到还是便捷的电子签到都要做好细节管理。当然,从效率上来看,电子签到因为快速高效,能迅速提升嘉宾和消费者的体验度。

(3)现场管理。包括流程跟进、会场控制、门禁出入、人流统计。这是广告活动中期跟进中最难、最复杂的环节,流程的跟进和会场控制是整个策划顺利执行的保证和关键,门禁出入是安全的屏障,人流统计有助于后期追踪。

(4)其他。包括嘉宾专区、摄影与摄像。嘉宾是活动的主角,无论是演讲嘉宾还是表演嘉宾,应设置专门的观看区、休息区及引导人员。摄影与摄像是对广告策划执行的全纪录,不仅可用于后期总结与分析,也可用于新闻报道、直播互动等环节。

3. 第三阶段——活动后期追踪

广告活动结束后的跟踪与服务主要包含活动策划方案存在的问题与建议、产品陈列与储备的合理性、活动进程的优劣势、客户需求的改变等。

(1)后续追踪。包括后续回访、活动报道。回访能够有效地追踪广告活动效果,而报道能进一步延伸广告活动效果。通过收集参与人员的体验信息,如对本次活动是否满意、哪些地方特别需要改进等问题来了解策划执行水平;通过媒体记者的撰文报道,能迅速提升主办方与合作方的新闻效果。

(2)数据统计。包括人员数据、财务数据。一次广告策划的执行落地需要多方人员的协作努力,因此对人员的统计有利于下一次活动的高效率开展。另外,要将多次参与到广告活动中的消费者罗列出来,他们是品牌的忠实粉丝。广告策划的最终目的是提升企业的品牌形象或产品销量,所以财务数据主要是指一次落地执行支出和收入的全部费用,具体就是营收数据、盈利率、活动开销等。

(3)活动总结。包括总结报表、品牌效益。广告策划执行后,应及时进行活动的回顾、总结与分析,除资金收益外,还要注意广告策划为主办方与合作方带来的品牌收益。

二、广告策划的执行内容

从流程上看,广告策划的执行包含前期、中期和后期三个阶段;从内容上看,广告策划的执行包含以下八个方面。

1. 广告目标的确认

广告策划的执行是依照广告策划书进行的,因此,广告目标的确认是策划落地执行的首要条件,一旦确立,不能轻易改变,因为它是广告策划执行的方向,也是企业问题正确解决的保障。

2. 推广主题的确认

推广主题在广告策划书中会明确写出来,在策划执行阶段进行确认和落实,并通过各种形式与目标受众见面。

3. 推广渠道的落实

广告媒介策划也是广告策划书中必不可少的环节,会针对目标受众进行有效的媒介组合。在广告策划的执行中,要一一确认媒介的通畅,如时间、版面的保证等。

4. 设计内容形式的落实

广告策划书中会有具体的广告形式、广告创意、广告文案和广告设计等,那么,在执行阶段,策划书中TVC广告脚本必须转化为电视中播放的视频广告,报刊广告必须转化为印刷在纸媒当中的平面广告,新媒体广告则可以通过H5广告、公众号推文等方式展示出来。

5. 推广时间的跟进

排期表一般也会直接呈现在策划书之中,在广告策划执行阶段,相关人员按照具体的时间、任务进行执行即可,但务必做好各部门人员之间的沟通,线上、线下会议是确保推广进度和效果的方法之一。表5-1清晰地展示了MINI中国总部和合作伙伴的宣传脉络与节奏,以及经销商的同步配合。

表5-1 新一代MINI CLUBMAN明星平面大片拍摄宣传排期表[①]

时间节点 \ 宣传平台	MINI中国（微信平台为主）	《时尚先生》及时尚集团（微博平台为主）	经销商合作伙伴配合宣传
阶段1：5月12日	"绝对MINI"正式宣布四位全新代言人：井柏然、阮经天、秦昊、杨祐宁,发动MINI车主和粉丝提交与明星互动的问题	《时尚先生》及芭莎娱乐、芭莎男士、时尚健康等时尚集团账号推后发布微博、微信消息	转发微博、微信文章,激励MINI车主参与,并导流到"绝对MINI"提交互动问题
阶段2：5月14日	"绝对MINI"发布"用影像定义新绅士"的拍摄预告,为该车定位为颜值、实力、外表和内涵兼具。同时宣布网络直播渠道	发布微博、微信消息	转发微博、微信文章
阶段3：5月15—17日	"绝对MINI"平面大片拍摄及网络直播	《时尚先生》通过微博实时发布幕后花絮	转发微博并请大家关注网络直播
阶段4：5月18日或19日	"绝对MINI"发布拍摄期间的幕后花絮和边角料		转发微信文章
阶段5：5月25日	"绝对MINI"正式发布平面大片	通过微博、微信发布	转发微博、微信文章

[①] 该资料来源于《MINI中国》2016年5月刊中的《新一代MINI CLUBMAN明星平面大片拍摄经销商行动指南》。

续表 5-1

宣传平台 时间节点	MINI 中国 （微信平台为主）	《时尚先生》及 时尚集团（微博平台为主）	经销商合作伙伴 配合宣传
阶段 6： 5 月 30 日	"绝对 MINI"发布井柏然谈车采访视频	通过微博、微信发布	转发微博、微信文章
阶段 7： 6 月初	微信朋友圈广告；特别户外大牌配合；《时尚先生》6 月刊别册寄往各经销商	《时尚先生》在北京、上海、广州三地进行大范围灯箱广告配合；《时尚先生》6 月刊别册随正刊出街	转发微信、微博文章；利用《时尚先生》别册提高展厅客流量
阶段 8： 6 月中旬	提供"绝对 MINI"影展物料，每个区域 1 套		利用 MINI 中国提供的物料和话题，邀约客户进店，创造活动机会；转发微博、微信文章
5 月底—6 月底	在新闻类 APP、微信大号进行持续推广		

6. 广告预算的跟进

根据广告策划书中广告预算的分配，跟进相关资金是否到位，从而保证广告活动的顺利进行。需要与企业及广告公司负责人进行联系。

7. 活动数据的收集与分析

对广告策划书中所制定的广告效果评估的方案进行跟踪记录，从而评判策划活动是否完成既定目标。

8. 活动总结与结果反馈

广告策划全部执行完毕后迅速与各部门人员及客户取得联系，进行活动总结与结果反馈，分析活动效果，总结经验教训。

具体内容在教材第三章已进行学习，这里我们仅仅做一下回顾与梳理。另外，可通过附录 1 中今日头条抖音 APP 项目推广《世界名画抖抖抖起来了》进行更完整和系统的广告策划执行的学习。

三、广告策划的执行要点

1. 沟通需求

无论是在策划构想阶段还是策划执行阶段，"沟通"永远是一切工作开始的基础。通过与客户的不断沟通，了解客户的真实需求，从而设计出客户喜欢又能真正解决问题的策划方案。在策划执行时，会面对不同的市场变化，除了广告公司专业的经验与判断外，适当的沟通能确保方案的有效进行，必要的时候应根据市场现状进行调整。

2. 实现目标

每一次广告策划都对应着一个具体的广告目标。客户之所以进行广告策划并给予相应的广告预算，是希望通过广告活动实现一个具体的目标。因此，广告目标的实现是广告策划执行的方向。一切策略与创意的落地都是基于这一目标而进行。

如案例导入中苹果公司新年广告在投放时间的选择上是其执行策略中的重点。2018年2月初,离农历新年将近半个月的时间,此时,不少人已经放假回家,还有不少人可能要坚守岗位到除夕夜,这个时间点发布广告思想的情绪最旺盛,对春节的期盼最强烈,容易引发大众思乡情绪的共鸣。另外,此时也是目标受众的公司开年会、发年终奖较为集中的时间,而春节又是手机销售的旺季,消费者受到广告的感染购买手机的可能性更大。在广告的投放上,除了CCTV的电视广告在朋友圈引发了集体刷屏,在腾讯视频和腾讯音乐进行首页推送、在爱奇艺进行片头植入、在微博进行画面开启推送,全方位的网台互动,让iPhone X的这则新春广告受到了全国人民的关注和喜爱。

3. 组合手段

广告策划的最终执行意味着不同广告手段的组合,大到框架,小到细节,每一项工作的配合、每一个环节的落实都决定着广告策划执行的质量和效果。在不同的广告创意、不同的广告形式、不同的广告活动和不同的媒介投放中,针对企业的目标受众进行组合与实施。

4. 整合资源

广告方案确认后,广告执行部门要对相关单元的供应能力作出评估与选择,从而确保从负责人到执行人工作的顺利开展,通过优势资源的整合,组建"最强战队",更好地完成广告策划的执行工作。

5. 价值最大化

每一次广告策划的执行都是一次全新的旅程。因此,在策划执行过程中,我们应该尽力去打造活动的亮点,让客户认可、让消费者满意,最终形成经济效益和记忆价值的最大化。

通过上述内容,我们对广告策划的执行有了较为全面的学习,但市场的千变万化要求我们在实际的广告策划执行过程中,耳听八方、眼观六路,练就全面而专业的执行能力。我们在进行广告策划执行时,要学会"三问三思","三问"即:为什么要做这个广告活动?它能为企业带来什么好处?这类活动最常见的类型有哪些?"三思"即:广告策划执行思路、互动模式和效果预估。

总的说来,在广告策划的执行中要加强对客户需求的理解与引导,加深对客户所在行业市场及竞争对手的了解,精通项目组管理和团队协调,站在客户角度、公司角度和项目角度开展执行,提升格局,成为一个有统筹能力、组织能力、专业能力的广告策划执行者。

第二节 广告策划的执行预算

一、广告预算的概述

企业在确定营销战略目标时,通常会划分与之相应的广告活动资金,并规定在广告实施阶段内从事广告活动所需要的经费总额、使用范围及使用方法。广告策划的中心任务是以尽可能少的经费达到最佳的广告效果,广告预算的作用就是使广告经费得到科学、合理的使用。因此,广告预算也是广告策划的一项重要内容。

1. 广告预算的含义

广告预算是在一定时期内,广告策划者为实现企业的战略目标而对广告主投入广告活动所需经费总额及其使用范围、分配方法的策划。

合理而科学地确定广告投资方向,使广告获得预期的经济效益和社会效益,是广告预算的主要任务。

2. 广告预算的内容

广告预算的内容包括广告活动中所需要的各种费用。具体包含以下六个方面。

(1)广告调查费用。包括市场调查方案设计、调查实施、数据处理与分析、向专业咨询机构购买市场信息等。

(2)广告策划创意费用。包括广告策略制定、广告创意发想、广告文案撰写等。

(3)广告设计制作费用。包括平面广告设计、视频拍摄与剪辑、H5广告制作等。

(4)广告媒介费用。包括购买广告传播媒介的版面和时间等费用。

(5)广告活动执行落地费用。包括人员、场地、设备、宣传物料等费用。

(6)机动费用。包括人员出差、通信等费用。

其中,支出比例最大的就是广告媒介费用,占到总费用的70%~80%,其次是创意与执行。通过表5-2可以清晰地了解广告报价内容与方式。

表5-2 广告预算报价方案

媒介		活动	创意
传统媒介	①电视和电台按时间长短(如15秒、30秒、60秒)及时间位置(如黄金时间)来收费; ②报刊媒体按版面来收费(如封面、扉页或中缝,整版、1/2版、1/4版)	具体到活动场地、执行人员、物料落实等事实发生的项目,逐个收费	长期合作的客户一般按月、按年收费;首次合作的客户可以按项目收费
新媒介	通过相关网络参数进行收费: ①CPM:广告曝光千次收费; ②CPC:广告点击收费; ③CPA:客户行动次数收费		

注:以上各种费用生成相加后+代理费(一般为5%~15%)+税费=最终收取客户的费用。完整的广告预算还需包含调查、制作和机动费用,各个环节的价格也因媒介地位的差异、执行人员能力的不同而有所区别。

二、广告预算的方法与分配

1. 广告预算的方法

合理的广告预算必须与科学的预算方法相结合。广告预算的方法众多,常见的有六种。

(1)销售百分比法。以一定时期内销售额的一定比率预算广告费用的方法。其计算公式为:

广告费用=销售总额×广告费用与销售额的百分比

如某公司上年度的销售总额为1000万元,今年拟投入广告费用占销售总额的5%,那么,该公司今年的广告预算为:

广告费用＝1000万元×5%＝50万元

这种方法的优点是简单易行,广告支出与产品销售状况直接挂钩,企业不会感到财务压力;缺点是因果倒置,广告活动的目的就是创造消费、提高销售额,而不是以销售来决定广告,若市场不景气时,企业经营状况本来就不好,此时再压缩广告费用,只会进一步恶化企业的市场形势。

(2)利润百分比法。根据一定时期内利润总额比率预算广告费用的方法。这里的利润包括上年度已实现的利润、本年度计划的利润、公司获得的毛利润或纯利润等。其公式同销售百分比法:

广告费用＝利润总额×广告费用与利润的百分比

如某公司今年预计实现的毛利润为2000万元,广告费用占毛利润的3%,那么,该公司今年的广告预算为:

广告费用＝2000万元×3%＝60万元

这种方法的优点是把广告费用和利润直接挂钩,适合于不同产品之间的广告分配;缺点是没有以广告促进销售作为出发点,而是首先考虑利润的多少。利润多,便多支出一些广告费;利润少,便少支出一些广告费。如果企业没有利润,停止广告宣传,这显然是不适合的。如新产品上市初期,尽管利润尚未实现,却仍需支出大量的广告费,以宣传和推销新产品。

所以,利润额百分比法和销售百分比法一样,都是比较被动的预算方法,要慎重使用。

(3)销售单位法。按照一个销售单位所投入的广告费进行广告预算。其计算公式为:

广告费用＝每件产品的广告费×产品计划销售数量

如某产品每件的广告费用为0.1元,计划销售数量为50 000件,其广告预算为:

广告费用＝0.1元/件×50 000件＝5000元

这种方法的优点是简单易行,容易掌握,便于了解产品广告的平均费用,能较为精准地预算出商品被均摊后的广告费用,尤其适合薄利多销型商品;缺点是计算手续复杂,灵活性较差,将广告支出和销售情况倒置,没有考虑到市场上的变化因素。

(4)目标达成法。根据企业的市场战略和销售目标,确立广告目标,再根据广告目标的要求制定相应的广告战略和策略,进行具体广告计划和广告预算的拟定。目标达成法是以广告计划来决定广告预算,其计算公式为:

广告费用＝目标人数×平均每人每次广告到达费用×广告次数

这种方法的优点是比较科学,尤其对新上市产品非常有利,可以灵活地适应市场营销的变化。根据产品不同生命周期对广告费用的不同需求,适时调整广告预算。缺点是计算相对复杂,数据的取得也有一定难度。

(5)竞争对抗法。根据竞争对手的广告费用的支出来确定本企业的广告预算。在此方法中,广告主将广告作为市场竞争的工具,强调在与对手竞争和比较中动态地确定广告预算。具体计算方法细分为市场占有率法和竞争比照法。一般来讲,企业会尽可能与竞争对手保持广告预算的平衡,从而避免过多地刺激竞争对手。

(6)支出可能法。根据企业自身经济实力或是前期广告费用的数额,来确定广告费用总额的方法,许多中小企业都采用这种方法。

2. 广告预算的分配

广告预算方法着重解决企业对广告活动的经费投入,广告预算分配则重点解决企业对广告经费的使用,它的恰当与否直接影响到广告战略的实现。广告预算总额确定之后,要制定合理的预算分配方案,将广告预算总额分配到各个广告活动项目当中。

(1) 影响广告预算分配的主要因素。

• 产品因素。广告预算首先应该考虑的就是产品因素,根据产品的实际状况作出广告经费的合理分配。如是新产品还是老产品?是生活必需品还是奢侈品?是小商品还是大宗商品?从产品生命周期的角度出发,处于引入期和成长期的产品会投入较多的广告经费,处于成熟期和衰退期的产品则可适当减少广告经费。

• 销售因素。广告预算的分配要考虑销售目标、销售对象、销售时间和地点等因素。一般来说,销售额高、利润高的产品分配的广告经费较多,高消费群体分配的广告经费较多,媒介黄金时段或是节假日分配的广告经费较多,外地销售及国外销售分配的广告经费较多。实际广告预算分配时,需要综合考虑上述因素,进行科学分配。

• 媒介因素。广告预算的分配必须考虑媒介因素。媒介费用是广告预算中所占比例最高的,因此合理的分配媒介预算对广告策划的效果有直接影响。就目前的媒介价格来说,电视广告依然是费用最高的,其次是网络广告、户外广告和报刊广告等。由于新媒体广告的发展,媒介对广告预算的影响也发生着改变,广告的形式有了更多的新花样。如网易的三大收入构成中,广告服务所占比重并不大,但网易广告收入的转型让人眼前一亮,优质移动产品矩阵已成为网易吸引海量广告主的方式。

(2) 广告预算分配的主要方法。

• 按商品类别分配。即将同一企业的不同产品分为几大类,能够一起做广告的产品归为一类。如统一旗下的方便面广告、宝洁旗下的洗发水广告采用的就是这一分配方法。统一的广告策略甚至统一的广告代言人,不仅能加深消费者对产品的印象,也能直接降低广告经费的投入。

• 按传播媒体分配。即根据不同媒体的需求和特性分配广告经费或同一媒体在不同时期的需求来分配经费。需要指出的是电视依然是广告费用最高的媒介形式,此外,新媒体也日益成为广告主争相选择的平台,且由于技术的进步,广告公司可以准确计算广告露出状态和效果。

• 按广告对象分配。即按目标受众的具体情况进行广告预算分配。针对以工商业、团体用户为对象的广告应多分配广告费,如元祖月饼的广告预算重点集中在大型企业集团,这样不仅能降低广告费用,还能提升广告效果。

• 按广告时间分配。即按广告活动的时间进行广告预算分配。可以分两种情况来看,第一种,广告预算按年、按季度、按月或者按项目进行分配,以年为单位的广告预算最多;第二种,广告预算按广告信息传播的时机进行分配,节日性商品广告预算一般比较高,这样有助于抓住广告时机,抢占市场位置。

• 按广告区域分配。即按广告信息传播的地区进行广告预算分配。在广告策划中按不同的市场需求、竞争状况等合理分配广告经费。一般来说,高密度人口地区广告预算分配多于低密度人口地区,产品高销量地区广告预算多于产品低销量地区,全国性市场广告预算分配多于地方性市场。

广告预算的分配是一个不断尝试和优化的过程,如何将既定的经费合理地分配到广告活动的每一个环节,如何在确定好的渠道上达成最优预算组合,是广告策划与执行阶段共同的难题。通过执行经验的积累,与各渠道积极沟通,清晰地了解价格、曝光位置和预估效果。如某新闻门户网站首页 Banner 是 7000 元/天;某视频网站视频前贴片广告是 10 元/每曝光千次……通过对广告媒介费用的了解和广告策划执行的跟进,对比计划预算与实际费用的数据,得出效果最好、花钱最少的渠道,从而在下一次广告策划时优先选择。此外,在广告预算分配的时候,要留出紧急预备金,一方面应对突发状况;另一方面有适当的剩余会体现广告策划的执行水平,同时有利于下一次的预算申请。表 5-3 为广告预算分配方案,既体现了广告预算的主要内容,又展示了广告预算分配的思路。

表 5-3 广告预算分配方案

项目名称: 费用单位: 计划日期:

内容＼时间	第一季度			第二季度			第三季度			第四季度		
	1	2	3	1	2	3	1	2	3	1	2	3
资讯、调研费												
创意设计												
制作费												
媒体发布												
售点促销												
公关新闻												
代理服务费												
管理费												
其他												
合计												

第三节 广告策划的效果测评

一、广告效果的概念

20 世纪的成功企业家瓦纳梅克曾说:"我明知道我花在广告方面的钱有一半是浪费了,但是我不知道我浪费的是哪一半。"为了查明究竟是"哪一半"在起作用,"哪一半"被浪费了,广告人每年要花费大量的时间和金钱进行调查研究。这就是广告效果最初的理解,即广告作品在何种程度上实现了预期的效果,广告效果测评可以直接体现广告实施结果与预设目标的吻合程度,也决定着下一次广告活动的效果。因此,广告效果的测评①与广告调查在广告策划中具有同等重要的作用。

那么,广告效果是什么呢?广告学著作中,对广告效果的描述众说纷纭,其中包含:

"广告效果是指广告活动的产品,也就是广告对企业经营活动产生的作用。"

"广告效果是指广告作品通过广告媒介传播之后所产生的作用。"

"广告效果是指广告达到消费者的时间、被注意的时间;广告影响消费者态度变化的时间;广告影响消费者行动变化的效果。"

……

综上,我们认为广告效果是广告信息通过广告媒介传播之后,对消费者产生的所有直接和间接影响的总和。具体来说,广告效果的内涵表现为四个层次。

1. 传播效果

这是广告效果的第一表现,即受众接受广告的程度。它是广告作品的直接效果,反映了消费者接触和接受广告的基本情况,如广告主题是否准确、广告创意是否新颖、广告媒介选择是否得当等。这些体现广告作品水平的指标就是广告效果中的传播效果。如2018年1月19日正式上线的《偶像练习生》,作为爱奇艺2018年第一季度重点推出的"超级网综",节目卖点在于它是中国首档偶像男团竞演养成真人秀节目,并集结了全民制作人张艺兴、音乐导师李荣浩、Rap导师王嘉尔和欧阳靖、舞蹈导师程潇和周洁琼等众多年轻人喜爱的偶像。此外,有完整的产品形象包装,如节目Slogan"越努力,越幸运"、节目LOGO"9/100"、节目主题曲《EI EI》、海报、队服等。产品宣传除爱奇艺广告宣传,练习生背后的经济公司也是良好的宣传资源,旗下明星大咖为练习生录制加油视频也为这档全新的节目带来了大量粉丝导流。节目开播1小时,播放量破1亿,当晚拿下18个微博热搜关键词,"张PD""Balance""C位"等词汇迅速成为网民关注热点。

2. 经济效果

这是企业在广告活动中所获得的经济利益,也是测定广告效果最重要的内容。经济效果是广告主做广告的动力,它直接反映广告投放后产品销量及品牌美誉度的变化。再有创意、再华丽的广告,如果不能触动消费者的心并引起他们心理及行为上的变化,不能为产品和品牌带来收益,它都是一则失败的广告。《偶像练习生》传播效果不容小觑,经济效果也十分明显。首先是节目赞助商小红书和农夫山泉维他命水的硬广与软广,其次是节目周边产品的开发与销售和各种"同款"的热卖,还有投票通道所产生的价值。当然,最直接的经济效果就是节目点击量的不断攀升。

3. 心理效果

这是广告对受众的各种心理活动影响的程度,即消费者对广告态度的测定。它包含消费者对广告的注意度、记忆度、兴趣度等,广告播出后消费者购买行为的变化。《偶像练习生》旨在从国内外经纪公司推荐的100名练习生中,通过4个月的封闭训练和舞台比拼,由全民投票的方式决选出9位优胜者组成全新偶像男团出道。数字上巨大的落差,激发了观众强烈的好

---

① 测评,是以现代心理学和行为科学为基础,通过心理测验、情景模拟等方法对人的价值观、性格特征及发展潜力等心理特征进行客观测量与科学评价。

奇心,此外,线上线下全民投票的方式让以往被动观看节目的观众被赋予"全民制作人"的身份,不仅增加了观看积极性,更打通了粉丝与偶像的互动渠道,粉丝与偶像、粉丝与节目的大规模、多层次互动,有效提升了节目的影响力和传播声量。与此同时,粉丝对偶像的追逐心理也加深了他对节目的品牌忠诚度。

4. 社会效果

这是广告作品中广告构思、广告表现、广告语言所反映出的道德、文化、审美等方面对社会经济、教育、环境等的影响程度。相对前三个层面,社会效果是广告作品的高层次追求,同时也反映着社会的文明程度。公益广告是体现广告社会效果最典型的广告类型,公益广告创意的出发点就是其社会效果,比如孝顺、环保等。而《偶像练习生》以"养成"为落点,定义新时代偶像,节目反复强调的"努力才能实现梦想"的理念也具有满满的正能量。158 个机位、112 天的不间断拍摄,反映了普通练习生从素人到偶像蜕变的成长弧光,通过练习生为梦想努力拼搏的状态,为粉丝树立积极向上的榜样力量。此外,节目让练习生这个群体正式走进中国观众的视野,也为众多怀有出道梦想的练习生提供了机会。

二、广告效果的特点

广告效果的形成是十分复杂的,它是质和量的总和。质是指广告表现的程度,量是指广告刊播的次数,优秀的广告传播是质与量的结合。我们从以下几个方面来理解广告效果的特点。

1. 推移性

由于时间、地点、经济条件等因素的不同,消费者在接受广告时,所受到的影响程度是不一样的。1898 年,美国广告人 E.S. 刘易斯提出的消费者行为模式"AIDMA 法则"指出消费者从看到广告到产生购买行为有一个复杂的心理过程,即引起注意、产生兴趣、激发欲望、强化记忆和促使行动(图 5-2)。广告效果可能是立刻生效,也可能是迟效的、不连贯的,因此,广告效果的测评不能仅从广告发布后的短期传播效果和销售效果来看。虽然在移动互联网时代,这一法则已转变为"AISAS",消费者对广告的好恶会更快速地反应出来,甚至直接呈现在网络媒介上,但对广告效果的测评仍然需要考虑其推移性。

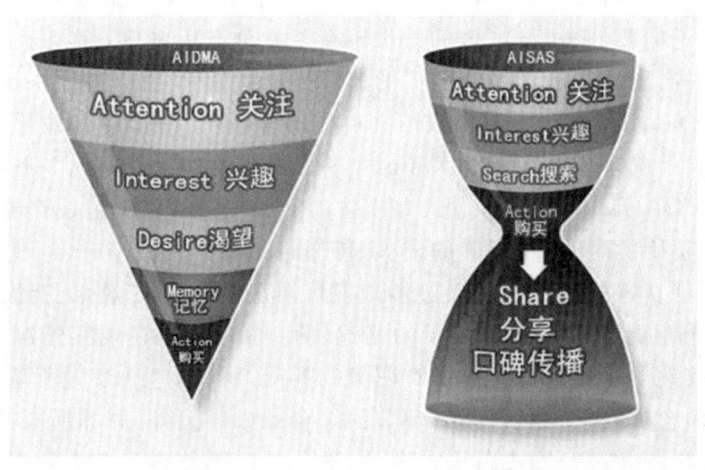

图 5-2 AIDMA 法则与 AISAS 法则

2. 累积性

一次完成的广告运动中,广告的发布通常是反复进行的,它会涵盖不同媒介的不同时间段和版面,即以媒介组合的形式分阶段发布。广告每发布一次,就是一次效果的累积,从而不断加深广告对消费者的影响。消费者在购买商品前,也许是刚看完广告受到触动就立刻去购买,也可能是在不同媒介上看到该产品广告从而产生极强的信任之后作出的购买行为。因此,广告效果的测评要注意广告影响力的综合效果。

3. 抵消性

随着越来越激烈的市场竞争,商品之间的广告大战愈演愈烈。当 A 公司的广告取得成果后,B 公司、C 公司很快就会跟进。原本良好的广告效果会因为竞争者的大量投入打了一些折扣。因此,广告效果的测评要充分考虑这一点。

此外,广告效果还具备间接性、两面性等特征,对广告效果的测评是一件复杂而困难但又意义重大的事情。为了保证广告效果测评的有效进行,必须遵循目标性、经常性和综合性三大原则,从而适应广告效果所具备的时间推移性、效果累积性、效果抵消性三大特点。只有这样,广告效果测评才能有利于加强企业对广告的认识,为广告效益的最终实现提供可靠保证的同时促进广告活动朝着正确的方向发展。

三、广告策划效果测评的方法

广告效果的测评,是运用科学的方法和科技的手段对广告效果进行定性和定量分析,以判断广告传播效果和销售效果。它涉及心理学、社会学、传播学、统计学等多种学科,并促使广告策划与创意、广告设计与制作、广告作品传播水平的提高。

在学习广告效果的测评方法之前,我们必须先了解广告效果测评的标准。因为广告效果的显现具有累积效应和滞后效应,且影响广告效果的原因错综复杂,如社会经济、政治环境、市场变化、销售策略等,所以要准确地测定广告效果,首要问题是为广告效果的测评制定客观而科学的标准。

第一个标准,传播尺度。从传播学角度来分析广告效果,则不难发现,广告效果的显现往往不是直接产生购买行为,而是在消费者心中留下深刻印象,然后通过各个阶段逐步实现,众多传播效果测定理论向我们显示:广告的力量不在于立刻产生销售,而在于逐渐增加选择该品牌的消费者,从第一次看到广告到最终购买的连续性心理过程是广告效果测评在传播尺度中需要考察的。1961 年,美国广告学家 R. H. 科利在其著作《为衡量广告效果而确定广告目标》中提出"为度量结果而确定广告目标"(Defining Advertising Goals for Measured Advertising Results)的方法,即 DAGMAR 模式,他认为广告的成功与否,应视它是否能有效地把想要传达的信息与态度在正确的时间、花正确的成本、传递给正确的人。

此模式显示了消费者的心理变化经过多个发展阶段。在广告效果测评的工作中,可通过 DAGMAR 模式进行各层级广告传播效果的测定(图 5-3)。但在现实情况中,确信与行动往往是同时发生的,其他层级间有时候也没有明显的界限,所以,这一模式所认为的传播效果,不仅是广告效果,还包含广告、促销、公关等环节的综合效果。另外,并非所有消费者都会按部就班地完成上述四个步骤才进行购买行为。因此,这一指标不能作为广告效果测评的唯一指标,而必须建立在长期的大规模调查的基础之上。

图 5-3 DAGMAR 模式

第二个标准,销售尺度。从销售的角度来分析广告效果依然不能作为唯一标准。因为决定产品销售量的因素很多,想要研究广告与销售量的直接关系,困难较大。除非,本次销售活动的促进只采取了广告这一种形式,广告对销售起决定性作用,而这种情形十分稀少。因此,实际的广告效果测评中往往会将传播尺度和销售尺度进行有机结合,从而保障广告效果测评的科学与准确。

通过对广告效果测评标准的阐述,我们清楚地了解了广告效果测评的两个维度。接下来,将具体学习广告效果测评的方法。

1. 广告传播效果测评的方法

(1)广告的媒体到达效果测评。

在广告预算中,通常有 80% 的经费被用来购买媒介时间与空间,因为广告信息的传播绝大部分需要通过媒介向消费者传递,因此,媒介的选择与组合将直接影响广告效果。基于这一前提,广告传播效果的测评主要是指广告的认知效果,包括试听率、阅读量、曝光率等参数。

· 试听率。试听率主要是针对电视广告或广播广告,测评方法主要是固定样组调查法,具体包含以下两种。

第一,日记调查法(即卡片记录)。通过调查对象每天记录所视听节目的结果进行广告效果测评,公司会安排专门的调查人员定期发放及回收记录卡片,主要记录所视听频道、节目、时长的具体情况。

第二,机械调查法(即机器记录)。通过在固定的调查对象的电视上安装自动记录仪器进行广告效果测评,机器会客观而真实地记录调查对象视听频道、节目和时长的具体情况。

两种方法往往会结合进行,从而保证更准确的调查结果。

· 阅读量。阅读量主要针对报纸广告和杂志广告,测评方法主要是电话调查法。阅读报刊的读者数量可以从发行量中获取,但报刊广告效果的测评必须进行具体的调查,即通过打电话的方式询问调查对象对报刊广告的阅读和认知情况,包含广告的版面、广告的表现方式、广告对读者的影响等。

· 曝光率、点击量和转化率。曝光率、点击量和转化率主要针对网络广告,尤其是手机广告。上文我们已经了解到 CPM、CPC、CPA,这里我们把概念具体化,并进行相关补充。

第一,CPM(Cost Per Mile)每千人成本。它是一种展示付费广告,只要在网络平台展示了广告主的广告,广告主就必须付费。

第二,CPC(Cost Per Click)每点击成本。它是一种点击付费广告,只要受众点击了广告主的广告,广告主就必须付费。

第三,CPA(Cost Per Action)每行动成本。它是一种按实际广告效果计价的广告,即按注册、互动、下载、下单等来计费。

第四,CPT(Cost Per Time)每时间段成本。它是一种以时间段来计费的广告。

第五,CPS(Cost Per Sales)每销售成本。它是一种以实际销售产品数量来计费的广告,特别适合购物类、导航类网站,需要精准的流量才能带来转化。

以上参数分别反映网络广告不同层面的效果,因此对网络广告效果的测评要把握好上述五种参数。

(2)广告的态度改变效果测评。

如果说媒介计划是影响消费者对广告认知的主要因素,那广告作品的创作表现则是使消费者产生心理变化并影响其购买行为的主要因素。

广告的态度改变效果测评可采用"科利法",即前文提到的DAGMAR模式,也被称为"层次效果模式"。科利把沟通任务作为广告目标的核心,极力说服广告主以传播效果衡量广告效果是合理的基础,建立广告传播的效果层级模式,主张每一阶段都必须确立能够加以科学测定的量化指标,以便最后测定和衡量广告效果。把处于各心理阶段的消费者人数比例统计出来即可得到广告效果的测评,即交流指数,它包含知名度、好感率、购买意图等。观察广告发布前后的交流指数变化便可得出消费者心理变化的有关广告效果的数据,具体参见下面的公式[①]:

- 测定知名度。

$$知名度 = \frac{知道该品牌的人数}{被调查的总人数} \times 100\%$$

- 测定好感率。

$$熟悉度 = \frac{把该品牌作为理想品牌的人数}{被调查的总人数}$$

$$偏好度 = \frac{把该品牌作为购买首选品牌的人数}{被调查的总人数}$$

统计每一则广告发布后的交流指数,不仅可以获得本次广告效果的测量结果,也有利于合理制定下一次的广告目标。

而在具体的广告作品创意、制作和表现过程中,为了达到广告目标,使广告产生预期效果,可以通过一系列调查对广告作品进行事前测评。

第一,广告主题测试。广告创作的第一步是广告主题的制定,因为广告主题是贯穿整个作品的主线,要求主题鲜明、诉求有力、针对性强,当产品广告中被强调的特性符合消费者的需求,这种产品将会吸引消费者的关注。因此,在广告主题测试中,会关注产品有何种优点、产品处于何种市场地位、对产品有何期待等问题,即消费者购买动机调查,并以此为依据制定突出产品特点及效果的广告主题。

第二,广告创意测试。有了正确的主题,广告作品的构成内容则是广告作品事前测定的第二步。广告创意测试的目的是评价广告创意是否可行,主要围绕创意有无新意、是否能够准确而生动地突出广告主题、是否表现了产品效用来进行,具体为:是否唤起了关注和兴趣?是否采用了合适的广告表现形式等。

第三,广告作品测试。将广告作品展示给消费者代表,以考察其视听后的反应。它包含视频广告样片、平面广告样稿、广告文案等的测试。具体包含四种做法,分别是:残象测试法,将设计好的广告作品暴露在被测试者面前,短暂停留后立刻拿走并迅速询问他对广告作品的印象;专家意见综合法(德尔菲法),将设计好的广告作品逐个交给10名左右的专家进行评审,请

[①] 参考蒋旭峰、杜骏飞的《广告策划与创意》,第170-173页。

他们在规定时间内将作品的评判填在相关表格中,并进行反复评审,直至专家意见逐渐一致的这轮评分将作为广告作品的最终评判标准;仪器测试法,让测试者进入实验室,向其展示广告作品并进行提问,通过他回答时的生理反应(皮肤电流、视点、瞳孔径、脑电波等)和行动观察来测试广告效果;检测表法,事先设计一个要点采分表,然后邀请测试者对不同的广告作品以分值高低进行评判。

2. 广告销售效果测评的方法

广告销售效果的测评也是广告效果的事中测评,主要是验证广告策略与实际情况的吻合程度,为广告策划的调整提供依据。一般包含下列两种。

(1)统计法。

- 广告费比率法。

$$广告费比率 = \frac{广告费的投入}{销售额} \times 100\%$$

- 广告促销效果法。

$$广告费促销效果 = \frac{销售额增加率}{广告费增加率} \times 100\%$$

此外还有多元平均广告效益法、线性回归法,均可通过现有的销售量预测未来的广告销售效果。

(2)实验法。

实验法就是进行实地的计划性广告实验,以考察广告销售效果的测评方法。主要包含两种做法。

- 区域比较法。即选择两个条件类似的地区来检验广告所引起的销售效果差异的方法。如测评某产品在武汉市的传单广告效果,选择武昌、汉口和汉阳三个市场做实验,在武昌进行大量传单广告投放,在汉口进行少量传单广告投放,在汉阳不进行传单广告投放,然后比较三个区域的产品销售量的变化,以测定其广告效果。
- 分割接触法。即对同一广告商品设计两套广告文案,选择同一时间的同一报纸的同一版面进行交互刊登,然后将印刷有不同版本文案的报纸平均分给测试者,记录其反应,最后通过反馈信息的统计得出哪则文案更受欢迎。分割接触法的目的是判断同一媒介上只改变一种因素时广告效果的差别,从中选出最有效的那一个。

3. 广告心理效果测评的方法

广告心理效果测评是广告效果事后测评中最重要的指标,事后测评是广告活动结束后对广告效果做出的综合评价。虽然此时已改变不了广告策略,但可以分析此次广告活动的亮点与不足,为下一次广告活动的策划提供宝贵的经验和一手资料。广告效果的事后测评一般通过与事前和事中的对比来展开,主要包含传播效果测评、销售效果测评和心理效果测评。其中,心理效果是测评广告效果的落脚点,它反映着传播效果,并影响着销售效果的好坏。因此,我们着重对广告心理效果的测评进行讲解。

心理效果是指广告运动实施前后消费者对企业形象的认知改变程度,在广告效果中属于需要累积的长远效果,包括形象测评和人类行为三向度测评①。

(1)形象测评。

• 总体形象。即广告投放后企业(产品)在消费者心中留下的综合印象。一个组织的形象好坏,通过知名度和美誉度两个指标来衡量。将调查获得的数据纵横交错,就构成了一个组织形象四象限图,即组织形象地位图,它是公关专家测定组织实际社会形象的主要工具。

组织形象地位图中(图5-4),A区表示高知名度、高美誉度,说明企业形象处于最佳状态,企业要做好维护工作;B区表示高美誉度、低知名度,说明企业形象较为稳定,但需要在知名度上进一步提升;C区表示低知名度、低美誉度,说明企业形象处于不良状态,这种情况下,企业首先要完善自己,争取较高的美誉度,而在传播上暂时保持低姿态,待美誉度好转后再提升知名度;D区表示高知名度、低美誉度,说明企业信誉差、口碑差,应降低负面知名度,减少舆论注意,并努力改善自己,再谋求发展。

组织形象地位图不仅直观显示了企业在公众心目中的总体形象,也为企业进行广告策略的制定提供了必要依据。

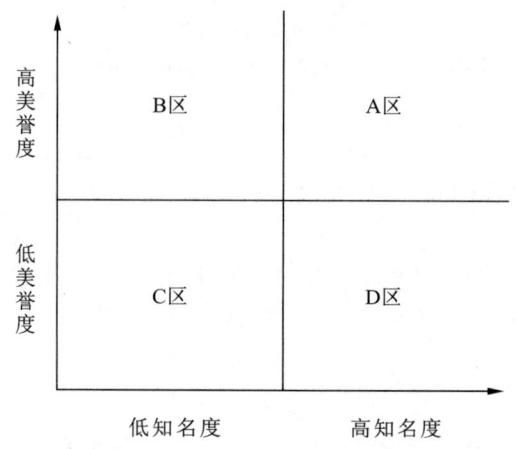

图5-4　组织形象地位四象限图

• 具体形象。即广告播投放后消费者对企业(产品)细节的具体印象和评价。一般用企业或产品形象的各项指标来衡量。具体做法如下。

第一,对公众意向进行调查。采用"语义差别量表"②,对选定的具体形象指标进行意向调查,在他们认为适当的栏目里打"√",通过统计形成"公众意向汇总表"(表5-4)。

---

① 参考余明阳、陈先红的《广告策划创意学》,第158-160页。
② 语义差别法由概念和若干量尺构成,1957年由美国心理学家C.E.奥斯古德提出,又称SD法。他认为人类对概念或词汇具有颇为广泛的共同情感,不因文化和语言的差别而有太大变化。语义差别量表是一种态度测量技术。

表 5-4 公众意向汇总表

项目 \ 权数 评价	很好 80	较好 60	一般 40	较差 20	很差 0
产品	70	25	5		
服务		40	50	10	
效率		30	40	30	
道德		30	50	20	
规模		50	50		

第二,根据上面的公众意向调查,计算出各项指标的相对数值,并画出形象间隔图①。

(2)人类行为三向度测评。具体为:

- 认知向度(意识和了解):要求广告能对潜在消费者提供资料和消息。
- 情感向度(喜爱和偏好):要求广告能改变潜在消费者对产品的情感和态度。
- 动机向度(决心和购买):要求广告能刺激潜在消费者的欲望,并引导其购买方向。

针对人类行为的三个向度,广告大师们提出了广告效果测定模式。

通过本节的学习,我们了解到广告投放前、投放中、投放后的效果监测和评估是对一次广告运动的系统测评,测评结果不仅用于调整本次广告的方向,还会被录入到历史投放效果中,对下一次广告投放提供借鉴与参考,也会对企业广告的健康发展起到指导作用。

【课后练习】

1. 简述广告策划执行的流程。
2. 简述广告预算分配方案的内容,并指出广告预算中比重最大的组成部分。
3. 选择一组感性广告,在全班进行广告传播效果测评。如雀巢《我们一生会遇到多少人》、方太《油烟情书》、999《有人偷偷爱着你》。

---

① 形象间隔图是一种用形象曲线表示企业各具体形象指标在广告前后变化的情况。

下篇 广告创意篇

第六章 广告创意概论

内容提要

1. 广告创意是将抽象的广告诉求转化为具象化广告表现的艺术构思,它是广告成败的关键,它具有一般新时代的种种特征。

2. 广告创意并不神秘,它的生成有章可循。首先是学习广告创意基本理论,如 USP 理论、BI 理论、ROI 理论、定位理论等。其次是知晓广告创意的两个基本原则:创意是旧元素的新组合;创意依赖于能够洞察不同事物之间的相关性。再次是熟悉创意生成的三个阶段:储备、孵化和优化。最后,掌握创造性思维和创作技法。

案例导入:Block Out The Chaos(拒绝烦躁)

【案例详情】

为了推广 JBL 品牌旗下的全新降噪耳机,让它能在竞争激烈的电子用品市场中突围而出,Cheil(代理商)制作了"Block Out The Chaos:Babies / Dogs / Wife & Daughter"平面系列广告。作品获得了 2017 One Show 中华创意平面类金奖及户外类银奖。

通过夸张而不失细致的画风,呈现婴儿哭闹、恶犬相争以及妻女吵架的乱象。而周遭极致的混乱,却与画面中心的主人公闭眼享受、悠然自得的表情形成极强反差。是什么让主人公深陷混乱,却又完全不受侵扰呢?秘诀就是——JBL 主动降噪耳机。设计师巧妙地在噪音源与主人公中间留白,而呈现的正是降噪耳机的形状,让人瞬间能够感受到 JBL 主动降噪耳机惊人的降噪功效(图 6-1)。

(资料来源:数英 APP)

【案例点评】

好的创意就像直达消费者内心的桥梁,总能巧妙地传达广告信息,吸引消费者注意,引发情感认同与行为倾向,最终实现广告效果。如果没有好的创意,广告将丧失灵魂与生命力,变成惹人生厌的垃圾信息。因此,如何获得好的创意是广告行业不朽的话题。本章将从广告创意的概念入手,讲解广告创意的特征、原则以及新媒体时代的特质,介绍广告创意的基本理论和生成过程,最后罗列部分创意的思维方法和创造技法,期望能够传达以下内容:广告创意并不神秘,生成它有章可循。

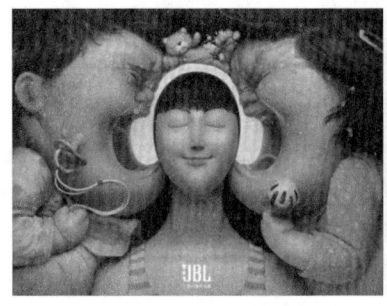

图 6-1　2017 年 One Show 中华创意节平面及户外类金奖作品

第一节　广告创意的再认识

一、创意的概念

创意一词根据《现代汉语词典》有两种解释。第一,作为名词,是有创造性的想法、构思等。第二,作为动词,是提出有创意性的想法、构思等。而创造则是想出新方法、建立新理论、做出新的成绩或东西。因此,简单理解,创意静态上是新的想法,动态上是提出新想法,即创新的过程。

创意在生活中无处不在。我们可以足不出户地淘尽世界精品,我们可以在家点外卖吃到想吃的美食,我们可以安排网约车顺利出行,我们可以用人工智能机器人扫地、洗碗,我们还可以通过各种社交软件沟通交流……这些以往不可想象的新生活方式,都来源于人们为了便捷生活的新想法,借助新技术、新科技、新应用来实现的。因此,创意是一种从无到有或推陈出新的想法,是创新的过程,更是一种向上的推动力,它源源不断生产、输送、作用于生活。

创意不仅存在于生活中,还作用于各行各业。如广告、体育、建筑艺术、古董收藏、手工艺品、时尚设计、传媒、影视、音乐、表演艺术、出版、软件及计算机服务等,还包括旅游、博物馆、美术馆、非物质文化遗产等行业。创意以创新为核心推动力,串联起人、文化、科技、经济,逐渐形成为一个产业,纳入我国"十三五"发展规划,已经成为各省市着力打造的新兴产业,更将是未来拉动经济、社会发展的先头产业。

二、广告创意的不同理解

广告界对于广告创意到底是什么有许多不同的认识,笔者罗列以下几种,便于大家理解。

1. 静态创意与动态创意

和创意的定义一样,广告创意也可以从静态和动态两方面定义,静态上,是为了达到广告目的,对未来广告的主题、内容和表现形式所提出的创造性的想法;动态上,就是广告人对广告活动进行的创造性思维的活动。

2. 大创意和小创意

广告界大致分为"艺术"和"科学"两派,对于广告是一门艺术还是科学,争论不休,由此,对广告创意形成了不同看法。

以大卫·奥格威为代表的"科学派"认为广告是一门科学,不能仅凭"感觉"和"艺术"美感来创作广告。广告创意应该强调"如何科学地引发消费者购买",作用于广告整个过程,是个系统工程,而不仅是"引起消费者注意",强调创意表现。由此形成"大创意"观点,即广告创意是广告活动中涉及创新性的所有环节。比如广告战略创意、广告策略创意、广告主题创意、文字创意、插画创意、视觉设计创意等。

而以威廉·伯恩巴克为代表的"艺术派"则认为广告本质是说服的艺术而不是科学。因此,广告创意是强调"怎么说(表现形式)",以创新的具象化的表现来传达广告信息,并征服消费者,而不强调"说什么(广告内容)"。由此形成的"小创意"观点,即广告创意是为传达广告信息而提出的创新想法和表现。比如新的文案、新的画面等。

笔者理解,上述对创意的大小之分,主要是从不同角度说明创意的创新推动力的存在,"大创意"看重创意在广告活动全过程的推动力,而"小创意"则是强调表现形式的创新推动力。两派虽观点不同,但是都强调创意在广告中的核心地位。艺术派的广告大师威廉·伯恩巴克曾经说:"广告创意是赋予广告生命和灵魂的活动。"科学派的广告教父大卫·奥格威也曾说过:"没有好的创意,广告充其量是二流作品。""若你的广告的基础不是上乘的创意,它必遭失败。"

特别提醒,被称为史上最叛逆另类的广告大师乔治·路易斯曾经出版一本畅销20余载的行业著作——《BIG IDEA》,中文版又名《蔚蓝诡计》,他在里面就将创意idea定义为Big Idea(大创意),难道他是"科学派"?事实上,他是虔诚的"艺术派"的信徒,公开宣称"如果广告是门科学,那我就是个女人",其实他是个不折不扣的男性。他认为"广告是一种有毒的气体,他能使你流泪,他能使你精神错乱,能使你神魂颠倒……定位简直都是废话……我的工作就是让100万看起来像1000万"。不难看出他所提出的广告创意是一种创新思想和表现形式,用big(大)来修饰idea,是放大创意的作用,强调魔性的表达会具有极强的影响力。这刚好和上述的"大创意"的科学派观点相反,因此,此"Big Idea"非科学派的"大创意"的观点,提请读者区分。

3. Idea & Good Idea

广告界习惯将创意与英文单词idea等同,但4A奥美公司创始人大卫·奥格威认为,创意应该是good idea,大致可理解为:要吸引消费者的注意并购买产品,要么产品有好的特点,要么广告有很好的点子,要不然就会是很快被黑夜吞噬的船只。为什么奥格威说广告创意不仅是idea,还应是good idea?因为idea英文原意是思想、意见、想象、观念,good idea则可理解为有创造性、原创性的好创意。创意是广告的灵魂,光有idea(想法)远远不够,要是good idea(创造性的好想法),用新颖、有趣、突破或其他别具一格的广告表现,才能克服大量同质广告的无聊,征服消费者,这才是好创意的最大魅力所在。

4. 创意的实质

笔者认同"小创意"的艺术吸引力,也尊重"大创意"的科学来源,结合两学派核心要素和创意的来源、生产过程,尝试重新定义广告创意,它是广告的核心,为实现与受众有效沟通,广告人员根据已有储备,综合调研结论,运用创造性思维方式,将抽象的广告诉求转化为具象化的表现的创新的艺术构思。根据此定义,我们可以理解广告创意的实质为以下几点。

(1)广告创意的根本:实现与受众的有效沟通。广告为广告主服务,但广告效果最终实现在受众端,创意是否能"虏获"消费者的心是广告成败的关键。因此,广告创意应该以如何有效地实现与受众的沟通为根本。

(2) 广告创意的前提：储备与调研。有效创意有两个前提：第一，创意储备。创意不会凭空产生，需要创意者拥有不断丰富的专业知识和素材的储备库，还要有创造性的思维方法和能力。第二，科学调研。广告创意不是闭门造车，需要参考科学的调研结果，内容涉及产品或服务的属性、广告主宣传意图、行业背景、市场竞争、消费者心理需求等。

(3) 广告创意的本质：创新的艺术构思。对"真、善、美"的追求，对"新、奇、特"的好奇是受众不变的心理。广告创意本质应该是创新的、艺术的构思，帮助广告诉求转化为与众不同的具象化的表现，给受众以感官冲击与心灵触动，实现有效沟通。如单纯只传达产品特点，只能称为千篇一律的说明书。笔者强调"创意是艺术的构思"是强调创意要有艺术设计的美感，还要有巧妙传达广告诉求的功能。如何实现美观与功能的并重，本身就是一门艺术。

三、广告创意的特质

文豪托尔斯泰说："幸福的家庭都是相似的，不幸的家庭各有各的不幸。"笔者理解为美好的事物有共性，不好的事物各有各的表现。寻找好的创意共性，盘点失败创意的表现，是广告人的基本功课。

1. 好创意的特质

广告大师威廉·伯恩巴克 ROI 理论基本主张，好的广告必须具备三个基本特征，即关联性(Relevance)、原创性(Originality)、震撼性(Impact)。

(1) 关联性。

所谓关联性就是广告创意必须与商品、消费者密切相关，这是创意的根本。威廉·伯恩巴克说："如果我要给谁忠告的话，那就是在他开始工作之前要彻底地了解广告代理的商品，你的聪明才智，你的煽动力，你的想象力与创造力都要从对商品的了解中产生。"詹姆斯·韦伯·扬说："在每种产品与某些消费者之间都有其各自相关联的特性，这种相关联的特性就可能导致创意。"这说明好的创意一定是找到了商品特点与消费者需求的交叉点，将两者有效关联。

2017年戛纳创意节，Twitter内部创意团队打造了一系列涵盖了政治、文化、社会等意味的户外作品，包括美国大选期间的特朗普和希拉里，还有普京等政治人物，甚至还有大麻、枪支等在美国语境中充满话题和争议性的画面元素，配上Twitter的LOGO以及标志性话题符号"#"，创造出了巨大的话题性。最终这组作品(图6-2)获得2017年户外狮(Outdoor)。

图6-2　2017年戛纳户外狮《campaign》

(2)原创性。

所谓原创性就是广告创意要求创新、与众不同、别出心裁。国内著名广告人叶茂中曾说:"没有新的创意,就去死吧。"广告的世界里,只有第一,没有第二,抄袭、复制只有死路一条。好的创意总是能够突破常规,以新颖的方式区别于其他产品或广告,这是它的致命吸引力。

泊车是司机每天都会遇到的问题,汽车如果具有精准泊车功能则会大大提升销量。因此许多汽车广告都在泊车功能上面做创意,但都离不开汽车与泊车情景(图6-3)。2017年,德国的DDB Tribal Berlin广告公司,别出心裁地选用动物元素为大众汽车做广告(图6-4),画面中装有金鱼的三个水袋依次排开,不能动弹,中间却安全插入了一个满身尖刺的刺猬,巧妙、生动、有趣地表达了"精准泊车"的主题。

图6-3 道奇汽车广告

图6-4 大众汽车泊车广告

(3)震撼性。

所谓震撼性指广告作品在瞬间引起受众注意并在心灵深处产生震动的能力。好的创意总是能给人眼前一亮、为之一振的感受,也是能深入人心,留下深刻印象的原因。

2017年底一则由CCTV和小儿葵花药业共同推出的电视广告《妈妈不哭,妈妈笑》(图6-5),讲述一个丧失听力的5岁小姑娘,总是因沟通不畅惹妈妈不高兴,自己委屈到哭还自愿向妈妈道歉,真心希望妈妈开心的真实故事。画面中小女孩用手语讲述着无声的故事,无助的哭泣与悲凉的乐曲,都在讲述一个事实:我们关注孩子的衣食住行,无微不至地呵护他们的成长,却忽略了孩子生病科学用药的问题。孩子生病了,家长就拿成人药减量给孩子吃,我国每年因用药不当,约有30 000儿童陷入无声的世界,造成肝肾功能、神经系统等损伤。震撼的事实警醒世人:"孩子不是你的缩小版,儿童要用儿童药。"这则广告被网友评为:"2017年底最扎心的广告,没有之一。"小女孩儿的遭遇让人心碎,视听觉的冲击让人落泪,不为人知的事实让人震撼,既普及了医学常识也宣传了品牌理念,兼具公益广告与商业广告的双重功效,确实是不可多得的优秀的作品。

(4)易懂性。

易懂性是指广告创意的内容与形式适于目标受众快速认知。威廉·伯恩巴克认为:"在创意的表现上光是求新求变、与众不同并不够。杰出的广告既不是夸大,也不是虚饰,而是要竭尽你的智慧使广告信息单纯化、清晰化、戏剧化,使它在消费者脑海里留下深刻而难以磨灭的记忆。"所以好的创意通常具备关联、原创、震撼等特性外,还具备易懂的特性。广告创意还有

图 6-5 《妈妈不哭,妈妈笑》视频截图

一个"KISS"原则,就是"keep it simple stupid",意思是:"使之简单笨拙"。于是有人总结易懂就是 10 岁小朋友也能看懂。笔者认为易懂不等于低龄、幼稚,而是简明扼要,让目标受众清晰易懂。

比如 2018 年 1 月 31 日出现月全食和超级月亮,是 152 年难得一见的天文奇观,众多品牌纷纷借势营销。而自由点品牌卫生巾却力压热点营销老牌杜蕾斯、蓝月亮、360 等品牌,成为当晚网友热评的广告,正是因为它足够简单易懂。如图 6-6 所示,画面中超级月亮左下角贴着一片卫生巾,下方配以"我要陪你走过每一个'血月'"广告语和自由点品牌 LOGO,意为:"自由点守护你,月经必备。"极少的元素、精简的语言、点睛的品牌 LOGO 配以简单的布局,重点突出,意图明显,让受众一目了然、心领神会。

2. 失败创意的表现

成功的广告有相似的特点,失败的广告也各有表现,比如千篇一律、哗众取宠、自以为是、莫名其妙、狂妄自大等。

(1)千篇一律。

图 6-6 自由点《血月》

"千篇一律"字面理解为一千篇文章都一个样,也比喻办事按一个格式,非常机械,现泛指事物形式陈旧呆板、呆滞的意思。据统计一个成年人每天都要受到 2000 多次广告和品牌内容的"饱和攻击",许多广告不具备创新的 DNA,千篇一律,不仅不能抢夺受众的注意力,还会被自动忽略,最终淹没在信息流中。试想满眼都是长得差不多

的广告,谁又会记得谁呢?

(2)哗众取宠。

"哗众取宠"是以浮夸的言行迎合群众,骗取群众的信赖和支持的意思。某些失败的广告就是以浮夸的方式引起受众注意,或以虚假信息骗取受众信任,但都属于短期效果,一旦谎言被戳穿,反而引起受众反感。摩拜单车在众多共享单车中,外观设计较为出众。2017年夏天,摩拜单车在其官方微博发布一系列广告,配以摩拜单车"美学设计""天生靠得住"等关键词,强调设计是摩拜品质的保障,期望赢得更多人的喜爱与使用。但细心的网友发现,这几则广告与其他品牌的广告十分雷同,并在网上贴出对比图,一个以设计感自居的品牌,广告创意设计居然"偷桥",让人唏嘘不已(图6-7~图6-9)。

图6-7 摩拜新浪微博截图

图6-8 摩拜与爱马仕广告对比

图6-9 LACOSTE与摩拜广告对比

(3) 自以为是。

"自以为是"是指以为自己是对的,形容过分主观,不谦虚。预判受众心理需求是广告创意定位的基础,但某些失败的创意却因为错判受众需求心理,"自以为"创意"是"消费者所需要的,结果适得其反。2014年百合网投放了一则名为《爱不能等》的视频广告,30秒的描述中,孙女长大成人,而外婆逐渐老去,却始终放不下孙女婚事,三次问道:"结婚了吗?"孙女为了尽孝,到百合网实体店相亲成功,终于披上婚纱将爱人带到了外婆病榻前,完成了外婆的心愿。创意原本是期望借"外婆亲""祖孙情"宣扬爱不能等的主题,推广百合网实体店服务。结果广告一出,万人吐槽,因为大龄剩男剩女早已在家人的逼婚中不胜其烦,一看到这种桥段,更是抵触至极。而且广告中传达"为尽孝将结婚草草了事"的态度,更是遭受这群"爱情至上"的"剩斗士"的鄙视。该广告的失败典型就是错误预判受众需求,宣扬错误婚恋观,挑战道德与伦理所致(图6-10)。

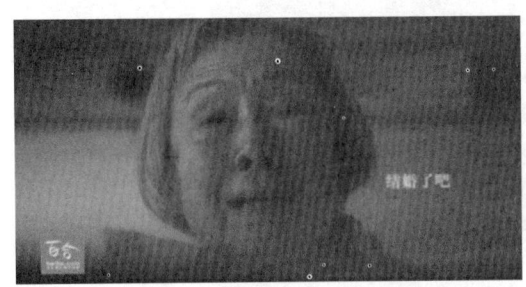

图6-10 百合网《爱不能等》视频截图

(4) 莫名其妙。

"莫名其妙"是指发生的事情很奇怪,说不出解释的道理来。广告的成败在于是否将信息有效传达给受众,并被有效认知。所以信息的内容与传达的质量影响受众认知效果。有些失败的案例就是因为信息质量不佳,含糊不清,让受众不知所云,莫名其妙。太极集团的急支糖浆广告《猎豹篇》,一头豹子追着女主角要急支糖浆,豹子喝了糖浆恢复了人形,美女用急支糖浆战胜了豹子(图6-11)。创意信息是想表达喉咙上火的人会发狂如野兽,急支糖浆可以止咳、化痰、消炎,帮助人们去除病痛。但是广告只有15秒,一闪而过,不仔细看,真不知道野兽要吃人和糖浆有什么关系,图6-12中一位网友在知乎上的评论正表明了这样的尴尬。

广告创意失败还有可能是内容恶俗或形式无聊,让人反感。恒源祥2008年"十二生肖"的广告制作其实很简单,在长达1分钟的时间内,由北京奥运会会徽和恒源祥商标组成的画面一

图 6-11 太极急支糖浆《猎豹篇》视频截图

图 6-12 网友对太极急支糖浆《猎豹篇》的评论

直静止不动,广告语用童声旁白:"恒源祥,北京奥运会赞助商,鼠鼠鼠"(以下依次将十二生肖叫了个遍,直至猪猪猪),这种机械的内容和高密度的播出,遭到许多观众炮轰,还有观众甚至怀疑是不是家里电视坏了。

(5)狂妄自大。

"狂妄自大"是指十分骄傲自满,自以为了不起。广告创意的失败有些在于说不清或说不对,但有些属于说错了,而且是故意为之,明显具有"狂妄自大"的特点。

2004年9月《国际广告》48页刊登了一则名为《龙篇》的立邦漆广告(图6-13),画面中一条龙在涂过立邦漆的柱子上滑落,《国际广告》还在作品旁点评:"这是一个非常棒的创意,非常戏剧化地表现了产品的特点,这种方式在同类产品的广告创作中是一个突破。结合周围的环境进行贴切的广告创意,在这一点上这幅作品是非常完美的例子。"此创意虽然凸显了立邦漆的顺滑特点,但让中国图腾在日本产品上滑落,明显是不顾民族情感,故意借民族矛盾来做创意。该广告让中国网民难以接受,专家驳斥。最终影响了产品销量,刊登的杂志道歉,还成为广告伦理的典型失败案例。

图6-13　日本立邦漆《龙篇》及《国际广告》杂志评语

四、广告创意的一般原则

原则是说话或行事所依据的法则或标准,是可以从无数的事实中概括出来的规律,也是可供分享与遵照执行的法则。从上文广告创意好的特质与失败的表现中,我们可以总结广告创意的一般原则,即目标原则、存在感原则、简单原则、情感原则、合规原则。

1. 目标原则

在讲此原则前,先区分比较容易混淆的两个概念:目的与目标。目的比较抽象,是某种行为活动的普遍性的、统一性的、终极性的宗旨或方针。目标则比较具体,是某种行为活动的特殊性的、个别化的、阶段性的追求。某一行为活动目的的最终实现有赖于许多隶属的具体行为活动目标的实现,目的内涵的精神贯穿于各个具体目标之中。

广告大师大卫·奥格威说:"我们的目的是销售,否则便不是广告。"明显强调广告创意应该围绕广告的目的展开。广告从用途可分为商业广告和公益广告,商业广告的目的在于带动销售,提升品牌形象;公益广告的目的在于履行社会责任,关注公众利益,普及知识或引导道德风尚。明确广告目的,可以为广告定性,并为创意指明方向,但需要通过实现细化的目标,分层解决创意说给谁、说什么、怎么说等一系列问题,最终才能总体实现广告目的。因此,广告创意应立足于广告目的,实现广告目标,即广告创意应遵守目标原则。

2. 存在感原则

所谓存在感原则指广告创意的跳出特性,以独特的表现形式,容易被受众感知,并形成印象。信息流时代,人们在被动接受信息时,会自动忽略掉没特点、不感兴趣的内容。广告与受众的首次谋面效果,影响广告后期命运。别具一格的创意能够以极强的存在感脱颖而出,进入受众知觉领域,激发兴趣,引发关注;而表现平平的创意往往不能刺激受众感官,会被自动屏蔽,如同溶解在信息流中一般,毫无存在感。因此,好的创意必须具备存在感,这是与受众有效沟通的第一步。存在感是通过听觉、视觉等感官的刺激来实现的。日本广告心理学家川胜久曾说,"抓住大众的眼睛和耳朵是广告的第一步作用",这也印证了此原则。如图6-14中为什么蚂蚁会绕开棒棒糖?因为无糖!有趣的画面,蚂蚁一反常态的绕道举动,巧妙地表达了珍宝珠新产品无糖的特性。

图6-14 珍宝珠无糖棒棒糖

3. 简单原则

广告创意有"KISS"原则,前文曾分析过好的创意具备易懂性的特质,它总是能够让受众很容易就能理解广告所传达的意思,这是形成认同的前提,也是实现有效沟通的第二步。如图6-15本该是黄色的香蕉、鸭子、鸡蛋、柠檬为什么变成白色?因为"We don't like yellow"——法国牙医中心的系列广告。画面简洁,主题突出,简单易懂。

4. 情感原则

所谓情感原则,是指广告创意以情感诉求为突破点,营造感同身受的共鸣、触目惊心的震撼、感人至深的情境,触及受众内心,引发情感与价值观上的认同,这是实现有效沟通的第三步。如今,广告及营销活动铺天盖地,购买渠道也较多,受众消费趋于理性,如果不能真正被感动,就难以激发深层次购买欲望,人们是不会买单的。因此,广告创意要遵循情感原则,将产品卖点与受众情感需求结合,以情动人。

在2018年2月,平昌冬季奥运会开幕之际,作为国际奥委会全球合作伙伴的阿里巴巴第一次以集团的形象发布宣传片,分别为阿里巴巴首支全球官方形象宣传片《相信小的伟大》,以及基于真实故事改编的短片《皮划艇篇》和《冰球篇》。三支视频面向全球展现阿里巴巴"相信小的伟大"的品牌形象,为小人物、小力量、中小企业发声。视频一出,引得一众在梦想路上苦苦坚持的人们热泪盈眶,因为那是小的伟大,是成功的希望!《相

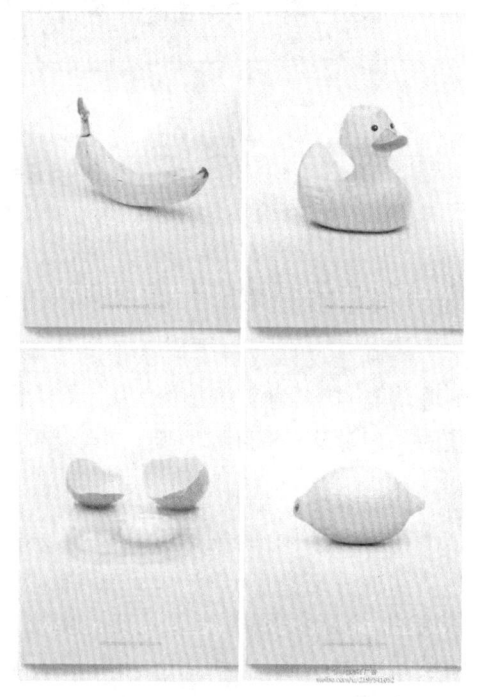

图6-15 法国牙医中心的广告

信小的伟大》部分文案如下:

99%的人认为自己渺小
97%的企业是小企业
92%的国家是小国家
95%的运动员不被看见
小可以被计算
但不可以被小看!
对于"小"我们有不同的看法!
我们相信
一个小角色　有无法撼动的能量
一个小举动　感动亿万用户
一个小进步　也能打破纪录
一个小改变　足以颠覆未来
一个小角落　也能影响全世界
一个小国家　可以感动全人类

《皮划艇篇》的故事原型发生在1928年阿姆斯特丹奥运会皮划艇比赛,澳大利亚选手亨利·皮尔斯为保护意外游到赛道中的小鸭子而停止划桨,反被对手赶超,等小鸭子们安全集体通过后,他才奋起直追,最终晋级决赛取得冠军并打破世界纪录。皮尔斯细小的举动是对生命的尊重,是对奥林匹克精神的最好诠释。这就是"小的伟大"。

《冰球篇》讲述非洲国家的业余冰球队成功登上奥运赛场的故事。肯尼亚是一个终年都不会有冰雪的非洲国家,冰球几乎是一项不可能的运动。没有专业的教练,冰球队只能跟着YOUTUBE视频练习;没有固定的守门员,冰球队只能用一个木质的小雕塑充当;甚至在收到友谊赛邀请时,没有出行经费只能遗憾地拒绝。面对如此捉襟见肘的条件,这支"业余"的冰球队没有放弃,始终为梦想倾尽全力,因为他们相信"终有一天"梦想可以实现。这就是"小的伟大"。

5. 合规原则

所谓合规原则是指广告创意必须遵守一定的规范,即道德伦理和法律法规。前文提及的"自以为是"的百合网的案例和"狂妄自大"的立邦漆的案例,都是创意在伦理道德上出现了偏差而导致的广告失败。而另外一些广告失败则是因为违反法律,造成极其不良的社会影响。2017年"双11",绝味鸭脖天猫店的营销海报上,一个女性动漫人物形象,只穿着红色内裤躺着,双脚却带着锁链,广告文案充斥着"鲜·嫩·多汁,想要吗?"等字样。这种低俗的广告,不仅网友批驳,也受到法律的严惩。

五、广告创意的新时代特征

根据CNNIC中国互联网络信息中心2018年1月31日公布的《中国互联网发展状况统计报告》显示,截至2017年12月我国网民已经达到7.72亿,而手机网民占97.5%。互联网及移动互联已经成受众获取资讯的主要方式,而信息流广告、原生广告、电商广告、贴片视频广告、短视频广告、直播广告、广播广告等广告形式孕育而生,广告创意也产生了新的特质,如话题性、黏稠性、互动性、体验性、整合性等。

1. 话题性

"热搜""头条""网红"代表当今网络舆论话题、事件、人物的热度,也代表大众的集中关注度,因此制造话题、借势营销是当下广告创意常用的做法。话题包括节假日、突发事件、娱乐新闻等。谈借势、造话题,怎少得了两性用品的品牌——杜蕾斯,一个本属私密、低调的品牌,营销基因中却偏偏是个"张扬的活跃分子"。社交平台每日一更新的文案,主题扣准社会热点,文字俏皮,图案巧妙,观点犀利,吸粉无数。2017年感恩节,杜蕾斯官方微博相继发布系列平面广告《亲爱的,XXX,感谢你》,不仅调侃式感谢13个品牌相伴一路,让网友联想到许多杜蕾斯偶遇其他品牌的生活场景,更引发品牌间的网上互动。一时间,杜蕾斯霸屏,话题蹿红(图6-16)。

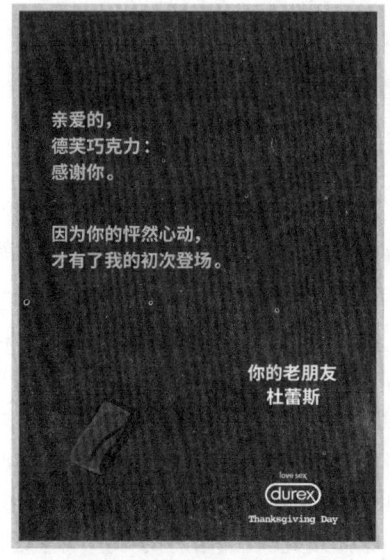
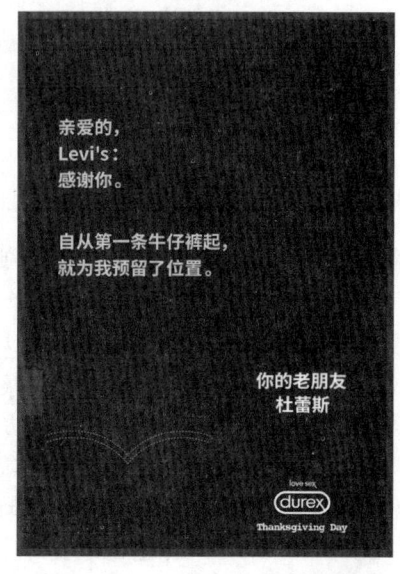
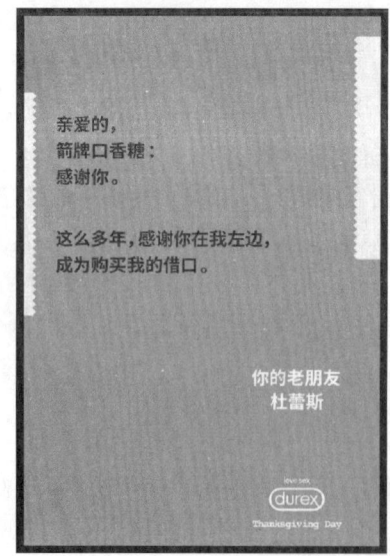

图 6-16 杜蕾斯 2017 年感恩节平面广告及品牌间互动

2. 黏稠性

所谓黏稠性是指广告创意既可以在第一时间引起受众注意,还能在一段时间内持续关注。每日更新的话题有千万,大费周章制造的话题如果不能有效的延续,极容易被另一个话题的势头盖过。因此,新时代的广告创意是具备一种极强的吸引力的,通过一系列的策划手段,将广告创意的效果持续性地发酵。而如何增强创意的黏性? 答案可以从美国作者奇普·希思的《让创意更有黏性》中获得一些提示:"简约、意外、具体、可信、情感、故事。"上文以杜蕾斯感恩节广告为例,从10点给绿箭的第一封信开始,每隔一小时发一封,相继感恩德芙、士力架、Jeep、Levi's 等13个品牌,掌控了事件推进的节奏,让话题不断发酵,引网友不断猜测,到底下一个被点名的是谁?他们之间又会怎样互动呢?

3. 互动性

移动互联技术让网民随时随地上网变成可能,也为广告精准找到目标受众形成互动提供可能。这不仅有利于广告内容快速、大面积传播,而且广告效果可以直接在线测评,更有利于反馈受众意见,指导后期广告营销策略调整。

互动性还体现在它打破传统广告从广告主、广告代理→通过媒介传递信息到受众方→受众被动接受信息→再反馈的单一互动模式。自媒体时代人人都是主播,受众会在其间不断切换着广告创意的产生者、传播者、消费者等角色。因此,新媒体时代广告创意要特别关注受众的角色转变。上文的杜蕾斯案例,从营销传播的角度,被感恩的13个品牌是杜蕾斯(第一方)向消费者(第二方)营销假借的对象,也就是传播学中的第三人,但因为感恩的内容,引起老朋友(第三方)的回信与互动,同时引来新朋友999皮炎平和高洁丝卫生巾(第四方)的加入,这场由五方聚合、热烈互动的活动,不成功也难(图6-17)。

图6-17 新朋友对杜蕾斯的感谢文案

4. 体验性

扫二维码、加关注、转发、评论，由互动迎来的粉丝经济，为广告创意提供了许多新重点。H5 是移动互联时代，广告主最爱的广告创意形式之一，其最大魅力就是可以让受众体验参与的乐趣，"点击""滑动""再来一次""立即行动"等设置，让广告效果在网友指尖实现。以 AR 为代表的应用，将传统广告的试听互动，变为情景式的体验互动，极大增强了广告的说服力，激发消费者购买欲望。未来，人工智能会让广告创意找到更多的呈现方式，而增加体验感无疑是创意吸引消费者的有效途径。

5. 整合性

整合性是指广告创意会整合传统媒体与新媒体、线上与线下等多方资源，提出最优的广告营销方案。快闪店是一种不在同一地久留、俗称 Pop-up shop 或 temporary store 的品牌游击店（Guerrilla Store），是在商业发达的地区设置的临时性铺位，供零售商在比较短的时间内（若干星期）推销其品牌，抓住一些季节性的消费者。在英语中有"突然弹出"之意，之所以这种业态被冠以此名，是因为事先不做任何大型宣传，到时店铺突然涌现在街头某处，快速吸引消费者，经营短暂时间，旋即又消失不见。2017 年丧茶开业，并在"五一"期间联合饿了吗、网易新闻一起推出快闪店。店面以黑白色调为主，凸显"丧"的主题；特别推出"你的人生就是个乌龙玛奇朵""加油你是最胖的红茶拿铁""前男友过得比我好红茶"等六款"丧"到极致的新品，对于年轻人来说充满新鲜感，迅速引爆网络。从此以后知乎"不知道诊所"、天猫"六一回忆超市"、可口可乐"鹿晗快闪店"、饿了吗"深夜食堂"相继出现，国内快闪店异军突起、风靡市场（图 6-18）。快闪的模式配合特殊的广告文案，总是能变为社会热议话题，吸引受众关注与到店消费，增强受众体验感、互动感，对产品销售、品牌曝光都有极强的推动力。因此，未来广告创意也应该多关注如何整合特殊的营销方式和资源，以实现更为有效的广告效果。

图 6-18　2017 年国内部分快闪店

总之,未来广告的创意会随着互联网的技术呈现新的形态与特质,科技、文化、价值观、艺术的结合,增强用户的体验感是关键,因此,创意不变的是要服务于"使用"与"满足",传达有效的沟通信息。

第二节　广告创意的生成原则与过程

广告创意的灵感总是出现在某一不经意的瞬间,这种偶发性让创意被冠以灵光乍现、可遇而不可求的神秘色彩,正如美国广告大师詹姆斯·韦伯·扬在《创意的生成》一书中提及的"创意魔岛"效应,他说:"我总觉得,创意这个玩意具有某种神秘色彩,与传奇故事中提及的太平洋突然出现的岛屿非常类似——在古老的传说中,老水手们称之为'魔岛'。根据老水手们的说法,航海图上标注为深蓝色的场域,会突然浮现出一座座可爱的环形礁石岛,并有一种神秘的气氛笼罩其上。它们会突然浮出意识表面——并带有神秘的、不期而遇的气质。"那要得到神秘的创意真的只能靠运气吗?只能靠天赋吗?没有可供遵循的生产原则吗?詹姆斯·韦伯·扬在书中紧接着强调的内容足以回答,创意的生成有章可循。他说:"科学家知道,南太平洋中那些岛屿并非凭空出现,而是海面下数以万计的珊瑚礁经年累月所形成的,只是在最后一刻才突然出现在海面上的。"笔者十分认同这种观点,本节借威廉姆·韦伯·扬的观点,讲解广告创意的生成原则与生成过程。

一、广告创意的生成原则

詹姆斯·韦伯·扬认为:"掌握创意的艺术,最难的不是去寻找一个特别的灵感,而是学会如何去训练自己的思维,掌握创意的方法,并领悟创意背后的原则。"生成创意有两个普遍的原则:"第一个原则,创意其实没什么深奥的,不过就是旧元素的新组合;第二个原则,要将旧元素构建成新组合,主要依赖于以下这项能力:洞悉不同事物之间的相关性。"

1. 创意是旧元素的新组合

如同南太平洋中那些岛屿是海面下数以万计的珊瑚礁经年累月所形成的,最后才得以出现在海面上的,大量的素材储备和创意思维的锻炼,可以在需要创意的时候快速寻找到适合的元素,并对其进行不同组合的尝试,以此产生许多创意灵感。图6-19是一则泰国平面广告,看看旧元素的新组合迸发出怎样的奇妙魅力。

男人+婴儿=? 大多数家庭中,婴儿的哺育和

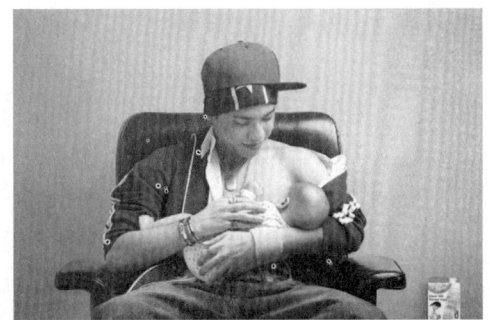

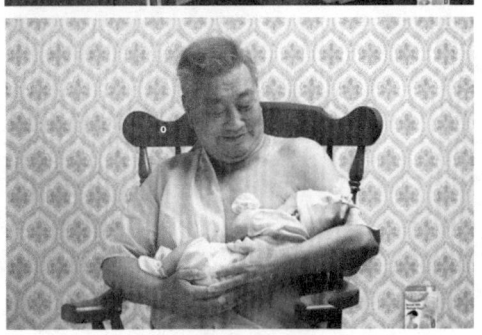

图6-19　泰国某牛奶平面广告

照料是女性家庭成员专职的任务,比如妈妈、外婆、奶奶。男性在婴儿的成长中,基本是陪伴玩耍的角色。而泰国这则广告,老、中、青三个年龄段的男人呈现怀抱婴儿喂奶的姿势,一反常态的组合,幽默、风趣又有点调侃恶搞,不仅惹人注意,还巧妙传达:只要牛奶好,哺育孩子男人也能行。原来这是一则奶粉广告。

2. 旧元素构建成新组合,依赖于能够洞察不同事物之间的相关性

不同的思维方式决定不同的创意能力与效果。旧元素看似是孤立单一的,但在长期的积累中,会形成隐形、不断延展的知识链条,元素间也存在着一定的关联。当创意的时候,如果能够洞察看似不相及的元素之间的关联,并将它们重新组合在一起,就会形成新的创意。简单理解就是找到产品的特性与消费者需求的契合点,用旧元素进行新组合,用消费者易懂的方式呈现,即生成创意。如图 6-20 "*Build the future*" LEGO 玩具系列平面广告,孩子、乐高积木是旧元素,常用的关联就是创意拼接、智力开发、亲子陪伴等,这次的创意洞察到孩子未来将会成为什么样的人,与从小的成长训练有极大的关联,而乐高就是孩子训练创造力,搭建不同未来的有效工具。这次搭建的结果:孩子+乐高=未来,这对有购买能力的家长是极大的煽动,谁不想自家孩子未来能成为人中龙凤,有好的职业,让人羡慕呢?

图 6-20 "*Build the future*" LEGO 积木系列平面广告

二、广告创意的生成过程

詹姆斯·韦伯·扬认为:"创意的生成同福特汽车的制造过程一样明晰。这个过程就像在一条流水线上作业。我们的思维也需要遵循一套可以被学习和掌控的操作技巧,它的操控方法与生产工具似乎并无二致,必须多加练习,才能熟能生巧。"他认为创意生成有四个步骤,依次为"收集资料、大脑处理资料、暂时放下、不期而遇"。看起来还是有一些笼统抽象,那笔者再结合另一位广告人十余年的创意心得,尝试着将创意生成的过程具体化,便于大家理解。

先介绍一下这位广告人。他正服务于国内本土最大的广告公司——省广(广东省广告集团股份有限公司),也在阳狮公司工作过,从文案、策划、AE 到策略总监、策略群总监,创意策

划许多成功案例,微信公众号:空手。专门推送原创文章,关注业态发展、广告热点、工作实务,特别是推送的广告人必读书单对广告新人成长有一定的指导意义,因此在网上圈粉不少。

创意生成过程包含储备阶段、孵化阶段和优化阶段。

1. 储备阶段

它是创意的开端,且不可省略,如同万丈高楼从坚实地基开始。这里我们解决三个问题:储备什么？如何储备？为什么储备？

(1) 储备什么？

詹姆斯·韦伯·扬认为资料应该分为两种,特殊资料和一般资料。特殊资料是指产品和目标受众直接相关的信息,如创意前的项目调研,这可以为产品和目标受众之间找到契合点,为元素的组合提供有效的关联。一般资料则指广泛涉猎的知识与讯息,可以理解为行业的动态和文化、艺术、生活等方方面面的讯息。

(2) 如何储备？

特殊资料可以通过专业的调研获取,而一般的资料储备则需要创意人运用自己的收集方法获取。正如詹姆斯·韦伯·扬说:"每个足够棒的创意人,都有两个特质。第一,他们对生活中的事物具有强烈的好奇心,从古埃及葬礼风俗到当代艺术,生活中的点点滴滴都是他们可以探索或挖掘的对象。第二,他们博览群书、通晓古今,广泛涉猎各个领域的信息。在这种意义上,创意人就像奶牛:吃的是草,挤的是奶。"这些资料的收集方法和每个人的职业领域、品牌关注、兴趣偏好、搜索习惯等都有关,可根据以上几项进行分类收集,但个人情况不同,如何收集资料还能有效利用,需要不断总结适合自己的方法。

(3) 为什么储备？

当特殊资料遇到一般资料,重新组合就会形成创意。储备的资料越丰富,组合的形式就越多,出现更多、更有趣、更优秀的创意的概率就越大。因此创意生成的第一步就是碎片化的资料储备。

空手 2018 年 1 月 10 日推文《我是如何从文案菜鸟到群总监的?》提及的内容,正好也验证了上述的观点。他认为自己天赋一般,总是羡慕人家为什么有如此好的创意而自己想不到,但他相信:"天资平平,但伟大的情操会拯救你。"伟大的情操是指勤与恒,不懈努力与坚持,换得成长与成就。他始终相信成长没有秘密,就是三件事:"第一,大量搜集分析广告,总结个人方法;第二,关注行业前沿,建立知识体系;第三,丰富自己,做个深度生活者。"他将资料在电脑中分为行业、品牌、文案等几个大类,几十个小项,不断持续收集,被公司称为"广告小百科"。他关注行业前沿,什么新看什么,如果人家都已经讨论场景、IP、原生广告、文化品牌,而你还在谈论理性感性诉求,文案里还在写"钜惠·品味人生",那你的职业生涯就结束啦。他坚持读书,归纳总结的《广告人必读书系》在网上疯转,而且书单不断更新。他认为生活乏味的人,写不出好文案,创意人一定要有兴趣爱好,他自己年观影 200 余部,从中学习:"如何讲一个吸引人的故事,镜头如何拍摄,如何剪辑,场景如何布置,音乐如何选择。"

2. 孵化阶段

该阶段创意将经过洞察、组合、试错、雏形过程。

洞察过程,被詹姆斯·韦伯·扬称为"思维咀嚼"。将第一步收集的资料整理、归纳和总结,由此洞察其中关联,从而激发创意灵感。比如:产品特性有哪些？较之竞争者的优势有哪些？目标消费者真实需求是什么？和产品的契合点是什么？同类广告是否存在，特点是什么？

组合过程，即旧元素新组合。创意的初始阶段，有许多元素组合的想法涌现，即灵感爆发，这时无论灵感多么可笑、无厘头、天马行空或是疯狂，都要将它一一记录，因为灵感转瞬即逝。

试错过程，是将灵感变为创意选题，既是抽象诉求变为具象化的表现过程，也是在不断试错、淘汰的过程。有学者把这个过程称为"酝酿"，是因为创意中，许多灵感会在具象转化中被淘汰，这代表元素组合失败或并非最优组合。此时，由于人们的精力、情绪等原因，灵感会出现暂时性的枯竭，容易出现丧气、急躁、自我否定等情况。于是，詹姆斯·韦伯·扬说："创意第三步是放下一切。"据1983年日本一家研究所对821名日本发明家产生灵感的地点调查显示：在卧室、车厢、茶馆、浴室、厕所等地方，都是容易促成灵感的地方。因此，创意的试错阶段如"黎明前的黑暗"，创意人要以积极的心态，允许试错的存在，有节奏地调整身心，才能重启获得转机。

雏形过程，即灵感凸显并具象形成初稿的过程。试错是身心蓄势的阶段，经过"放下"之后的再思考，往往有柳暗花明的奇妙效果，而这个过程也经常被称为"顿悟""启示"。此时将想法转化为具象化的表现，创意雏形即完成。

3. 优化阶段

此阶段的创意处于雏形阶段，还要将创意雏形置于现实中，由公司内部、客户、消费者等评审，然后优化最终完成。这是创意能够实现有效性必须完成的最后一个阶段。

如此总结，创意的过程分为储备、孵化、优化三个阶段，创意人员可以按照创意生成的过程，指导自己日常的创意工作，为生成有效创意提供清晰的参照步骤。

第三节 广告创意的思维方法

创意的生成有孵化的阶段，必须经过一定的思考，洞悉到诉求和元素的关联，并在元素的不同组合中完成试错的环节，才能真正找到合适的创意方案。因此，创意思维能力影响创意效果。创意人员应清晰知晓创意思维的内涵、创意思维的法则、构思流程和基本方法，并通过必要的训练强化自己的创意思维能力，才能在创意的生涯中保持青春。

一、广告创意思维的内涵

1. 定义

根据生奇志主编的《创意学》中定义，创意思维分为广义和狭义两种解释。

广义创意思维是指思维主体有创见、有意义的思维活动，每个正常人都有这种创意的思维。狭义的创意思维是指思维主体发明创造、提出新的假说、创见新的理论、形成新的概念等探索未知领域的思维活动，这种创意思维是少数人才有的。

创意思维是在抽象思维和形象思维的基础上相互作用发展而来，遇到问题能多角度、多层次去思考，去寻找答案，它不受限于现有的模式与方法，思路是开放、扩散的，解决的方法也不是单一的，而是有多种方案、多种途径和选择。

如此理解，广告创意思维，是广告人为了解决广告营销或宣传问题，实现与受众有效沟通，而提出创新解决方案的思维活动。广告创意思维开放、扩散,会形成不同的解决方案,即创意提案。

2. 特点

创意思维的产生源于社会需求,因此创意思维具有与需求关联的特性,如求实性、批判性、连贯性、灵活性等。

由此理解,创意思维是为了满足人们的需求而不断发挥功效,特别是隐形的需求被探寻到,创意出来的效果更为惊人,因此创意思维以探寻真实需求为基本特点。创意思维要有破旧立新的勇气、颠覆传统的批判精神,如此才能带来新思维的力量。创意思维还要有连贯性的训练,所谓熟能生巧,正是在不断的思维创新训练中,调整人体状态,获得敏锐的反应能力。创新思维还应该变换不同的思路,从不同的角度去看待问题、思考问题、解决问题。

广告创意思维的创意成果因作用于人们的意识形态,要让受众有效接收,还应体现文化性、艺术性等特点。

二、广告创意的基本思维方法

创造性思维是横向思维和纵向思维、发散思维和聚合思维、顺向思维和逆向思维的有机结合。

1. 横向思维和纵向思维

横向思维是一种打破逻辑局限,将思维往更宽广领域拓展的前进式思考模式,它的特点是不限制任何范畴,以偶然性概念来逃离逻辑思维,从而可以创造出更多匪夷所思的新想法、新观点、新事物。所谓横向,是因为逻辑思维的思考形态是垂直纵向走向,而横向思维则可以从创造多点切入,甚至可以以从终点返回起点的方式思考。

纵向思维是指在一种结构范围内,按照有顺序的、可预测的、程式化的方向进行的思维形式,这是一种符合事物发展方向和人类认识习惯的思维方式,遵循由低到高、由浅到深、由始到终等线索,因而清晰明了,合乎逻辑。我们平常的生活、学习中大都采用这种思维方式。它与横向思维相对应。

2. 发散思维和聚合思维

发散思维(Divergent Thinking),又称辐射思维、放射思维、扩散思维或求异思维,是指大脑在思考时呈现的一种扩散状态的思维模式,它表现为思维视野广阔,呈现出多维发散状。如"一题多解""一事多写""一物多用"等方式,培养发散思维能力(图6-21、图6-22)。

图6-21 发散思维导图

图 6-22　发散性广告创意

聚合思维法，又称为求同思维法、集中思维法、辐合思维法或同一思维法等。聚合思维法是把广阔的思路聚集成一个焦点的方法。它是一种有方向、有范围、有条理的收敛性思维方式，与发散思维相对应。聚合思维也是从不同来源、不同材料、不同层次探求出一个正确答案的思维方法。因此，聚合思维对于从众多可能性的结果中迅速作出判断，得出结论是最重要的。

广告创意的思维过程，经常是先聚合思维分析资料，然后发散思维创作元素多种组合，再聚合思维寻求最优方案。有时也是两个思维方法交替使用。

3. 顺向思维和逆向思维

顺向思维，就是常规的、传统的思维方法，是指人们按照传统的从上到下、从小到大、从左到右、从前到后、从低到高等常规的序列方向进行思考的方法。

逆向思维也叫求异思维，它是对司空见惯的似乎已成定论的事物或观点反过来思考的一种思维方式。敢于"反其道而思之"，让思维向对立面的方向发展，从问题的相反面深入地进行探索，树立新思想，创建新形象。

人们习惯于沿着事物发展的正方向去思考问题并寻求解决办法。其实，对于某些问题，尤其是一些特殊问题，从结论往回推，倒过来思考，从求解回到已知条件，或许会使问题简单化。

上述三组思维方法，为广告创意提供更多的思考方向，也会带来不同的创意效果。广告创意过程中，总是会将这些方式有机地结合，以寻求更多的创新结果，但无论选择哪种思维方式或组合思维方式，广告创意的思维会呈现一定规律，归结为广告创意的四个思维法则：组合法则、改变法则、逆反法则、模仿法则。

三、广告创意的思维法则

1. 组合法则

广告创意是旧元素的新组合，因此广告创意的思维即是思考如何将已有的元素重新组合得出新的观念的过程。组合不是简单的元素叠加，而是在于产生"新的元素"。

如图6-23是可口可乐公司为纪念公司一百周年的《可乐手》广告，不同肤色的双手因可口可乐相连，而又重新组建了可乐瓶的形状，传达了可口可乐"和平友好、共协未来"的理念。还有为纪念乔布斯而设计的苹果标志（图6-24），元素的叠加组合呈现出不同的标识，意图深远，该创意设计由香港理工大学一个19岁的学生完成，并获得公司大奖。由此可见组合元素的魅力。当然组合的方法还可以是移植或重组。

图6-23 《可乐手》

图6-24 苹果标志——纪念乔布斯版

2. 改变法则

改变法则可以通过放大、缩小、倒置等表面的方式实现,但创新的推动力,更应该在改变认知的层面上发挥作用。广告创意有时是旧元素的新组合,有时是对事物的重新定义。如最近热火的VR广告,将二维的视听觉感受转变为情景式的互动体验,颠覆人们对广告的认知,从被动听广告说教,转变为主动参与体验。

3. 逆反法则

逆向思维是打破常规从相反的角度思考问题,从而获得创意灵感的思维方法。2017年9月京东金融推出的《你不必成功》就是利用逆向思维的创意。"……你不必买大房子,不必在月薪一万的时候就贷款三百万。三十年后,当孩子们问起那些年你有什么故事,你不能只有贷款。你不必去知名的大公司追求梦想,你想逃离的种种,在那里同样会有。你不必去大城市,也不必逃离北上广……别用所谓的成功,定义你的人生。京东小金库,你的坚持,我的支持。"

4. 模仿法则

大部分的创意都是在模仿与改造中出现的,但是模仿不等同于抄袭和假冒,它的价值在于"再创新"。毕加索曾经说过:"最高明的创作就是偷窃。"台湾奥美集团首席创意长胡湘云也说:"如今网络如此发达,信息如此爆炸,任何事情其实都是有联系的,所有的作品和创意基本都被想到了,这个时候我们做原创已经非常非常难了。好广告一定要是原创的吗?当然不。将已经存在的A和B,放入新佐料、新黏剂、新容器,甚至放进新问题,也能呈现出崭新的面貌。"广告创意的模仿法则就是鼓励通过对已有的广告的了解,根据自身及项目特点出发,重组、改良或反转元素得出新想法。

第四节 广告创意的创造技法

思维方法是创造的基础,而创造技法是思维的表现,也是实现创意的手段。前者是指导,后者是运用,两者相辅相成。广告创意有许多创造的技法,选取常用的几种罗列如下。

一、头脑风暴法

头脑风暴法是由美国BBDO广告公司的奥斯本首创。组织一批专家、学者、创意人员一同参加创意会议,围绕一个创意的议题,各抒己见,共同思考互相鼓励,引发创意思维的连锁反应,获取更多的创意思路。该方法时间短,见效快,是广告创意最常用的一种技法。大致分为以下三个步骤。

1. 会前准备

（1）明确议题。议题越小,越明确越好。比如创意一个广告主题或广告语。

（2）明确人员。人数不宜太多,5~10人为宜,明确各自角色,负责人、创意人、主持人、记录人。

（3）明确主持人。风趣幽默,营造轻松会议气氛,便于与会人员激发创意;掌控大局,控制会议节奏、方向与时间,确保会议效率。

（4）发出开会通知。通知时间、地点和议题,提请大家提前准备。

2. 畅谈与头脑激励

该步骤是创意思维发挥作用的重要阶段,也是最容易产生好创意的过程。先后分为个人发言和集体畅谈两个环节,时间控制在一小时之内。会议规则:第一,不要私下交谈,以免分散注意力。第二,不妨碍他人发言,不去评论他人发言,只谈自己的想法。第三,发言要简明,一次只说一个想法。第四,自由想象,畅所欲言,毫不保留,极尽所能。第五,相互启发,相互补充。第六,做好会议记录与整理。

3. 筛选评估

会议时间有限,所得的创意参差不齐,必须筛选评估。广告创意一般按照科学性、实用性、可行性、经济性、精彩度等方面综合评估,然后筛选出相对较好的方案。如果觉得不够完美,可以相隔两到三天后再举行一次会议。间隔的时间留给大家再准备,查遗补缺,或激发新灵感。

该方法存在局限性:不允许批判与异议,缺乏反对声音,增加了评估和筛选难度。会议效果受限于与会人员的创意能力,那些不善言辞但思维又很活跃的人员,很难得到发挥,有好想法也无法在会议上快速表达,从而也无法启发其他人。为此,人们又提出默写式和卡片式头脑风暴法。

二、默写式头脑风暴法[①]

默写式头脑风暴法又称为"635"法或默写式智力激励法,是德国人鲁尔巴赫创立的。与头脑风暴法原则上相同,它是把创意点记在卡上。具体程序如下。

1. 会前准备

与会的6个人围绕环形会议桌坐好,每人面前放有一张画有6个大格18个小格（每一大格内有3个小格）的纸。

2. 公布议题

主持人公布会议主题后,要求与会者就议题发言。

3. 创意初想

首轮发言后,开始计时,要求在第一个5分钟内,每人在自己面前的纸上的第一个大格内

---

① 百度百科,https://baike.baidu.com/item/635%E6%B3%95/6684318。

写出 3 个创意,创意要尽量简明,每一个创意写在一个小格内。

4. 创意延展

第一个 5 分钟结束后,每人把自己面前的纸顺时针(或逆时针)传递给左侧(或右侧)的与会者,在紧接的第二个 5 分钟内,每人再在下一个大方格内写出自己的 3 个创意。新提出的 3 个创意,最好是受纸上已有的创意所激发,且又不同于纸上的或自己已提出的。

5. 创意爆发

按上述方法进行第三到第六个 5 分钟,共用时 30 分钟,每张纸上写满了 18 个设想,6 张纸共 108 个设想。

6. 会议总结

整理分类归纳这 108 个设想,找出可行方案。

"635"法的优点是能弥补与会者因地位、性格的差别而造成的压抑,缺点是因只是自己看和自己想,激励不够充分。

三、卡片式头脑风暴法[①]

卡片式头脑风暴法又称为卡片式智力激励法,特点是对每个人提出的设想进行质询和评价。具体操作方法如下。

1. 会前准备阶段

明确议题,确定 3~8 人参加,每人发 50 张卡片,桌子上另外放一些备用卡片,会议时间大约 1 小时。

2. 独奏阶段

会议最初的 5 分钟由与会者各自在卡片上填写设想,一个卡一个设想。

3. 共振阶段

与会者依次宣读设想,一人只读一张,宣读后,其他人提出询问,将启发后的新设想填入卡中。

4. 商讨阶段

最后的 20 分钟让与会者相互交流和讨论各自提出的设想,从中再诱发新的设想。

四、检核表法[②]

为了有效把握创意的目标和方向,促进创意性思考,头脑风暴创始人奥斯本于 1964 年又提出检核表法。

检核表法就是用一张一览表对需要解决的问题一条条地进行审核,从各个角度诱发多种创造性设想。检核表简单易行,通用性强,并且包括多种创造技法,因此有"创造技法之母"的

---

① 百度百科,https://baike.baidu.com/item/%E5%8D%A1%E7%89%87%E5%BC%8F%E6%99%BA%E5%8A%9B%E6%BF%80%E5%8A%B1%E6%B3%95。

② 参考邓诗元、张颢的《广告创意与策划》,第 26-27 页。

称呼。

检核表通常从以下 8 个方面进行检核。

1. 放大法

放大包括尺寸的放大、时间的延长、附件的增加、分量的加重、强度的提高、杂质的增加等。例如套餐升级、飞机座位升舱等。例如图 6-25 的平面广告案例。

2. 缩小法

把一件东西变小、浓缩、袖珍，或者放低、变短、省略会有什么效果呢？这让人产生许多联想。

3. 转化法

这件东西能不能做其他用处？或者稍微改变一下，是否还有其他的用途？

4. 适应法

有别的东西像这件东西吗？是否可以从这个东西想出其他的东西？

图 6-25　放大法创意

伦敦哈罗德百货《The Big Bag Theory》

5. 改变法

改变原来的形状、颜色、气味、形式等，会产生什么结果？还有其他的改变吗？这一条是开发新产品、新款式的重要途径。比如服装推出不同款式、饮料开发不同口味等。

6. 代替法

有没有东西可以代替这件东西？有其他成分、其他材料、其他过程或者其他方法可以替代吗？例如复合地板代替实木地板，计算器代替算盘等。

7. 重组法

零件互换、部件互换、因果互换、程序互换会产生什么结果？

8. 颠倒法

正反互换、黑白颠倒、位置重置等。

五、联想法[①]

联想法就是由甲事物想到乙事物的心理过程。具体地说，是借助想象，把形似的、相连的、相对的、相关的或某一点上有相通之处的事物，选取其沟通点加以联结。

联想法分为以下几种。

1. 接近联想

特定时间和空间上的接近而形成的联想（图 6-26）。

2. 类似联想

在性质和内容上相似的事物容易让人产生联想。如广告语"牛奶香浓　丝般感觉"（德芙

---

① 百度百科，https://baike.baidu.com/item/%E8%81%94%E6%83%B3%E6%B3%95。

巧克力)。

3. 对比联想

在性质或特点上相反的事物容易让人产生对比。比如黑白、冷热等。如广告语"多一些润滑，少一些摩擦"(统一润滑油)。

4. 因果联想

在逻辑上有因果的事物容易使人联想。如广告语"喝了哇哈哈，吃饭就是香"(哇哈哈)。

5. 虚实联想

把抽象诉说的描写结合起来，或者是把眼前现实生活的描写与回忆、想象结合起来。如广告语"家够大，来多少朋友都行"(新浪个人家园)。

六、组合创新技法[①]

组合创新技法是指利用创新思维将已知的若干事物合并成一个新的事物，使其在性能和服务功能等方面发生变化，以产生出新的价值。

组合创新技法常用的有以下几种。

1. 主体附加法

以某事物为主体，再添加另一附属事物，以实现组合创新的技法叫作主体附加法。许多广告都是围绕新产品、新功能能够给用户带来怎样的好处和利益做创意，这就是在考虑主体附加法。

2. 异类组合法

将两种或两种以上的不同种类的事物组合，产生新事物的技法称为异类组合法。

图6-27为Steimatzky书店海报广告，它将读者、图书和书中人物组合在一起，让人融入图书，和主角在梦里相聚。它的文案："一本好书，是你最好的陪伴。"仿佛《唐吉诃德》《魔戒》《斯大林》《福尔摩斯》的主角就睡在身旁。

3. 同物自组法

就是将若干相同的事物在保持原有功能和原有意义的前提下组合在一起，通过数量的增加来弥补不足或产生新的意义和新的需求，从而产生新的价值。广告创意中常用的"买一送一""加量不加价"等，都是同物自组法。

图6-26 接近联想创意麦当劳户外广告

[①] 百度百科，https://baike.baidu.com/item/%E7%BB%84%E5%90%88%E5%88%9B%E6%96%B0%E6%8A%80%E6%B3%95。

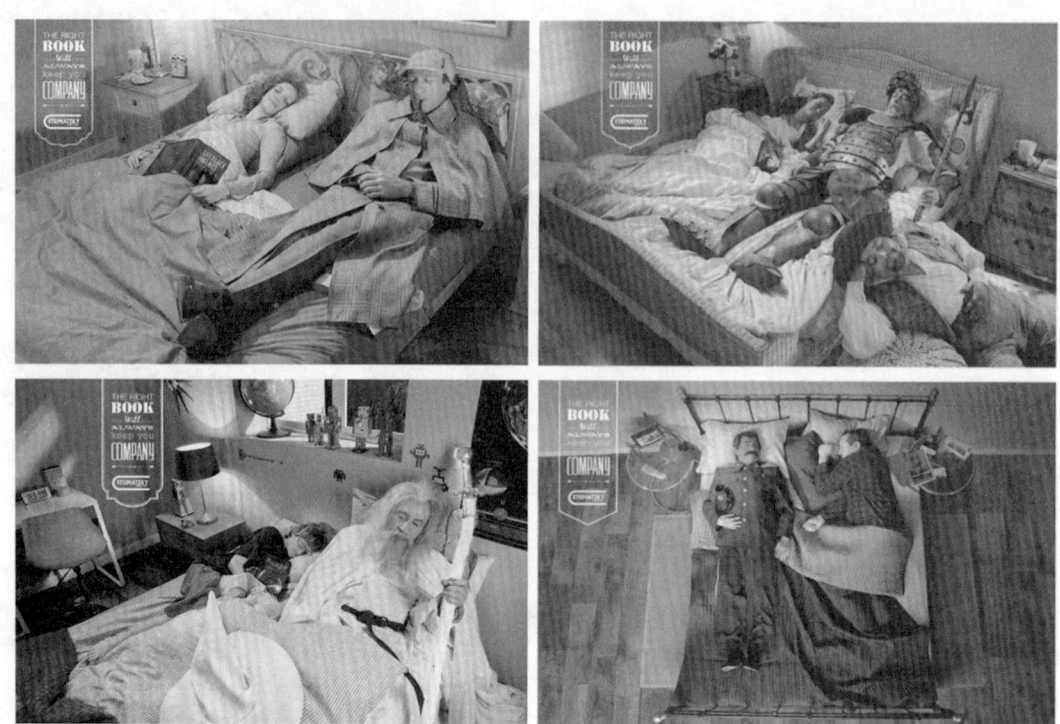

图 6-27 组合创意 Steimatzky 书店广告
《The Right Book Will Always Keep You Company》

4. 重组组合法

任何事物都可以看作是由若干要素构成的整体,各组成要素之间的有序结合,是确保事物整体功能和性能实现的必要条件。如果有目的地改变事物内部结构要素的次序,并按照新的方式进行重新组合,以促使事物的性能发生变化,这就是重组组合。运用这种方法创意时,要求不添加新元素,只在原有的条件下,打乱内部已有的固定秩序,以获得新的呈现效果。这就是不离本的破坏重组,让人有依据现实,重建现实,而又跳脱现实的颠覆感觉,令人耳目一新。现代社会,人们被各种广告包围,可如果有一天世界没有广告,我们的生活将会怎么样?除了霓虹灯,就是空白吧(图 6-28)!

七、和田创造 12 法[①]

和田创造 12 法又称为和田创新法则、和田创新十二法,是由我国学者许立言、张福奎在奥斯本检核表基础上,加以创造而提出的一种思维技法。这种技法通俗易懂,简便易行,值得创意人员活学活用。

---

①百度百科,https://baike.baidu.com/item/%E5%92%8C%E7%94%B0%E5%8D%81%E4%BA%8C%E6%B3%95。

图 6-28 重组创意《如果世界没有广告,我们的生活将会怎么样?》

和田创造 12 法包括 12 个 "一",即

加一加——加高、加厚、加多、组合等;

减一减——减轻、减少、省略等;

扩一扩——放大、扩大、提高功效等;

变一变——改变形状、颜色、气味、音响、次序等;

改一改——改掉缺点、缺憾,改变不便或不足之处;

缩一缩——压缩、缩小、微型化;

联一联——原因和结果有何联系,把某些似乎不相关的东西联系起来;

学一学——模仿形状、结构、方法,学习先进;

代一代——用别的材料代替,用别的方法代替;

搬一搬——换个地区、换个行业、换个领域,移作他用;

反一反——能否把次序、步骤、层次颠倒一下;

定一定——定个界限、标准,能提高工作效率。

【课后练习】

1. 什么是广告创意?
2. 简述广告创意的原则。
3. 新时代广告创意有哪些新特征?
4. 以"神秘"为主导进行发散性创意思维训练。
5. 运用头脑风暴法为可口可乐饮料"双11"促销创作10个创意主题。

第七章　广告文案创意

内容提要

1. 广告文案创意是广告中的语言文字的构思，可以通过提醒、比较、故事、悬念、比喻、证明等方法进行创意。

2. 广告的文案创意可以从主题、结构和文字三个方面展开。文案的主题有彰显核心和统领全局的作用，主题的创意要具备表达什么、表达给谁、怎么表达三个要素，要具备明确感、好奇感、共鸣感、是非感的特质。文案有常规结构和特殊结构，结构的创意不拘于特定形式，要求合理运用标题、正文、广告语、辅文等部件，为文案主题服务。广告的文字创意可以从风格、步骤、修辞技法等层面思考。

案例导入：薯条必修课

【案例详情】

《薯条必修课》视频广告是 2016 年 L×U 广告公司为麦当劳打造的《单调生活抗议书》的系列广告之一，以独特的视角重新定义薯条的文化，获得 2017 年中国广告影视奥斯卡——中国广告影片金狮奖，被评为最佳文案和最佳配音。

《薯条必修课》文案：

薯条　马铃薯之魂

麦当劳中出镜率极高的一味小食

但你真的熟悉你面前的这份薯条吗？

薯条·形

麦当劳使用的马铃薯品种主要有夏波蒂、波尔班克和 Innovator

切割为横切面为 6.2mm×6.2mm 的柱体

经油与盐的烹制

成为外表金黄口感酥脆的薯条

薯条·酱

蘸酱

薯条中兼具力与美极富仪式感的一环

随心式

将番茄酱挤在这里　这里　这里和这里

黄金分割式

将酱均匀挤在每个薯条前端

蘸酱与未蘸酱比例约为 0.618

群酱式

一次挤出全部的酱　一次挤出全部的酱

一字式

薯条一字摆开　对齐

酱料均匀挤在薯条前端

分享两个撕开酱爆的小诀窍

完美撕开的小诀窍

从右到左第 7 到 8 个齿间向内侧呈 60°缓缓撕开

完美撕破的小诀窍

从右到左第 13 到 14 个齿之间向外侧任意角度

用力快速撕开

此法是用于对面坐着绝不主动买单的朋友时

或美丽的姑娘

套路有风险　模仿请谨慎

薯条·食用方式

食用薯条是最后的最关键的步骤

啮齿式

在静默中　小口进食　微蹙眉头　若有所思

舍尾式

绝不吃捏在手中的那一段小薯条

适用于饭前不洗手　但仍对生活品质有所坚持的人

东北人就蒜吃："大哥，吃蒜呗？"

台湾人就酱吃："就酱吃啊！"

掰腕式

较量手劲至面色潮红如番茄酱

除了蘸酱薯条还可以占座

用才华横溢的作品　征服每个试图收走餐盘的姐姐

薯条·哲学

一根薯条虽小　却隐藏着宇宙终极奥义

人生就像一包薯条

你永远不会知道下一根是长是短

爱情就像一包薯条

每一根都值得认真对待　用心体味

幸福就像一包薯条
幸福时光总是短暂　薯条盒总是空的太突然
不过没关系　麦当劳出售大份幸福　并且买一送一
2016年9月27日之前　全线薯条单品买一送一

【案例点评】
该作品的成功可以归结为以下几点。

(1) 仪式感。文案从形、酱、食用方式三方面细节讲述薯条的诸多知识,让人们记住6.2mm×6.2mm的柱体,0.618的黄金分割挤酱法,还有开酱包和吃薯条的方法,瞬间觉得薯条不简单,吃薯条可以很讲究。

(2) 颠覆性。颠覆人们对"薯条是什么？怎么吃薯条？"等问题的常规看法,还用哲学的视角让每一次与薯条的相遇都变成期待、珍惜、幸福,表达温馨,态度积极。

(3) 趣味性。视频人物的演绎、音效的搭配、配音的描述、段落式的结构安排,一本正经地讲着吃薯条这件小事儿,不仅搞笑到为之捧腹,还特别期待下面还能说点啥有趣的事！文案从平面变为立体,由立体变为动态,由动态走入人心,用调侃的方式表述:快餐或许单调,但生活不能！

(4) 互动性。广告创意的趣味性引发受众的效仿、食用、创意搭建、交友搭讪、哲学的再认识,让薯条不再是简单的食品,更是互动的热点。据说视频中出现的电话被网友打爆,现在已经处于关机状态,虽然有些措手不及的尴尬,但也说明广告创意的互动影响力。

(5) 营销性。该短片用薯条哲学"幸福就像一包薯条,幸福的时光总是很短暂,薯条盒总是空的太突然",带出麦当劳薯条买一送一的幸福加倍促销信息,完成了好的创意终归是要服务于产品营销的功效。

第一节　广告文案创意概述

广告即广而告之,向社会广大公众告知某些信息。是借助可被感知的广告内容和形式向受众传递信息,而信息通常借助图、文、声的有机结合来实现。图像刺激视觉、声音刺激听觉,而文字可以通过艺术的表达走入人心。广告文案是文字的艺术,广告文案的创意就是讨论如何创新性地实现文字的艺术表达,有效地实现与受众的有效沟通,达到广告传播的目的。

一、广告文案

广告文案是什么？有人会回答,文案是每支广告喊得最响的口号;有人会回答,文案是平面广告上最显眼的标题;有人会反驳,文案没那么肤浅,那是整个广告的策略书;还有人说,文案不是广告公司招聘的一个岗位吗？

广告文案到底是什么？先要明白,单一解读都不全面,广告文案语义双关,具有两层含义:一是指广告作品中的语言文字部分,英文为 advertising copy(广告稿);二是指创作广告文字的作者,英文为 copywriter(广告撰稿人)。

1. 广告文案是广告作品中的语言文字部分

按照受众对文字的不同接收方式,可把文案分为无声文案和有声文案两类。

第一类,无声文案,是受众通过阅读或触摸(盲文)来获取的广告文字。如平面广告中的标题、正文、广告语、附文,还有品牌的名称、产品包装上的文字等,电视广告的脚本、旁白、字幕、口号等。

第二类,有声文案,即为有声传播而撰写的广告稿,受众可以通过听觉的方式获取广告信息。如广告歌曲的歌词,广播广告中的脚本、旁白以及声音、音效的说明等。

互联网时代,广告文案更加常见,且形式多变。比如门户网站、论坛、电商平台、企业官网的页面广告中的文字部分,或是微博、微信、短视频、直播、音频分享、网络游戏等APP中的广告文字,还包括转发、评论的文字。总之,广告文案就是以营销、宣传为目的,专门创作的文字。

2. 广告文案是作者

广告文案也代指创作广告中语言文字部分的作者。广告公司创意组核心分为两个工种,一个是负责视觉设计的美术指导,简称美指;一个是负责文字创作的文案作者,简称文案。按照资历深浅,由低到高分为"助理文案""资深文案""文案总监"。

文案作者看似是纯粹的文字工作者,只要文笔好,善用文字表达思想,最好加上文学和艺术的感觉就能做个优秀的文案,其实不然。广告文案作者不仅要有娴熟的文字表达技巧,精准的营销理念,还要以清晰、有说服力、艺术的文字创作刺激消费者购买产品。因此,广告文案作者首先是商人,其次才是文字艺术家。

二、广告文案创意

1. 广告文案创意的基础

(1)广告文案创意的含义。

广告文案创意就是广告语言文字的构思。它来源于广告战略、企业和产品的特征、市场的调查和消费者心理等信息的收集与处理。在广告创意的基础上,指导广告文案创作。广告文案是广告创意的具体延伸,是广告诉求具象化表现的文字部分。

(2)广告文案创意的要求。

20世纪60年代的广告大师威廉·伯恩巴克所创造的"ROI理论"告诉我们,好的广告必须具备三个基本特征,即关联性(Relevance)、原创性(Originality)、震撼力(Impact)。

广告文案创意必须关联企业品牌或产品(服务),通过原创的文字,让受众有效地理解所传递的信息内容;通过文字的语种、字体、配色、标点符号、艺术化的变形等展现手段,让文字带上情绪与情感,更容易被受众感知,升华文字的意义,凸显文字的震撼力;也要通过字音、字形等在听觉和视觉上给人韵律、和谐的美感。当然,文字的魅力本身还在于跟受众说了什么,以什么方式说。因此,广告文案的创意还应该强调原创。那些有趣的、奇特的、深入的、新颖的文字创作,总能为广告画龙点睛,给受众带来阅读的趣味和理解后的愉悦之感。

(3)广告文案创意的步骤。

广告文案创意步骤与广告创意相似,也要经历储备阶段、孵化阶段和优化阶段三个步骤(参见第六章)。需要强调的是,广告文案的创作离不开策略和文字,一名训练有素的广告文案必须有敏锐的头脑、阅读的习惯和勤劳的笔头。这包括三个方面。

第一,大量的文字阅读。包含文学、艺术、新闻等多方面的阅读,具备文字运用的能力,学习文字创作的手法与技巧,为创作积累大量的素材。

第二,大量的学习与练习。晓文案闪光点,知文案败笔处,这既是专业素养的一部分,也是差别化创意的前提。文字创作能力并不是一朝一夕产生的,优秀广告文案的诞生是建立在广告诉求的基础之上的,敏锐的文字反应是靠日常大量的思考与写作练习练就的。

第三,大量的生活积累。阅历是优秀文案诞生的基础之一,亲身体验能帮助你创造更细节、更动人、更能抓住消费者内心的文案。

2. 广告文案创意的方法

广告文案创意的方法有许多种,运用不同的文字创作手法,呈现出不同的文字魅力,便于受众理解广告内容,实现广告目的。根据表现形式的不同,分为以下几种常见方法。

(1)提醒创意法。

广告文案是借助文字内容的含义表达广告诉求的,是否能够被受众接受,很大程度上也取决于文字是否精准、恰当。许多广告文案总是表述"产品质量过硬、功能强大、获奖无数、销量领先",内容确实没错,但千篇一律,久而久之,受众自然熟视无睹。因此,当受众不在乎,易忽视某些商品时,广告文案创意就应该告诉他们一个新概念或新观念,以提醒的方式唤起受众重新关注,引领潮流。

比如脑白金"今年过节不收礼啊,收礼只收脑白金!"的广告语,让大家习惯认知脑白金是过年给老人送礼的产品。但最近的广告转换思路,文案对白如下:

奶奶说:"给你爷爷喝,祝爷爷越喝越年轻!"

爷爷说:"给奶奶喝!"

孙子说:"不行,爷爷奶奶一起喝!"

画外音:年轻态 脑白金

孙子说:"妈妈,快送脑白金!"

广告提醒消费者,老年人需要延缓衰老,而脑白金是喝了能够年轻态的保健品,是孝敬长辈的好礼品。而且以孩子召唤父母购买脑白金孝敬爷爷奶奶的方式,提醒家庭中的壮年,不要忙于工作忽略对老人的关爱。

图 7-1 WWF公益广告
《别让它们消失在你眼中》

提醒式创意还常揭示不为人知的事实,或触及人们痛点,用危及和损失警醒世人。比如海飞丝的广告语:"你不会有第二次机会给人留下第一个印象。"这句话听起来温文尔雅,其实是一种恐吓:不去除头皮屑,事业很可能被断送!快点去购买去屑洗发水海飞丝吧。又如图7-1,一副眼镜的右眼部分,有一只大熊猫,看图片很难理解什么意思,但看下面的广告语:"DON'T LET THEM DISAPPERAR IN YOUR EYES",立即能明白:如果现在不保护濒危动物,它们将消失在你眼中。

(2)比较创意法。

消费者在购买产品的时候,往往比对质量、功能、品牌、价格等因素,而好的文案传达有效价值和受众利益点，便于消费者决策。广告常从功能、品质、价格、新老产品上进行比较创意。

如图7-2的海飞丝广告，通过普通洗发水和海飞丝3D头皮护理洗发水对比，告知头皮问题反复出现，是因为你没有选对洗发水。普通洗发水洗完第二天头皮问题又来了是因为选错了品牌，而海飞丝3D(去屑、去油、止痒)才是正确的选择。

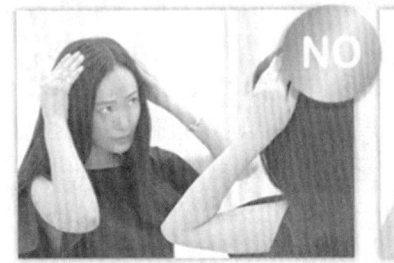

图7-2　海飞丝丝质柔滑型去屑洗发水广告

比较可以凸显区别和优势之处，但比较要注意尺度。《广告法》第十三条明确规定："广告不得贬低其他生产经营者的商品或者服务。"2014年湖南卫视知名主持人李湘在《做辣妈不做大妈》的节目中，恶意对比两种胶原蛋白粉，严重贬低竞争对手，最后法院判涉事的营销公司及节目制作公司赔偿损失方10余万元，湖南卫视也连带赔偿。2011年武汉某楼盘广告："宝马1可以努力成为宝马7，而QQ永远不能！"广告语因为严重贬低QQ汽车，最后被东湖工商分局查处，罚款5000元。由此看来，同类或不同类的比较，都要注意不能贬低竞争对手，否则属于不正当竞争，触犯法律。

(3) 故事创意法。

广告文案运用文字讲故事，用故事情节吸引受众阅读，以有趣、新奇、搞笑、感人、震撼、励志或反转等结局刺激受众，传达广告诉求，实现有效沟通。这种故事性的文案创作法，可以参照文学或剧本的写作来完成，但讲求画面感、故事性、合理性、功能性、简短性五个要求。故事创意法可以分为以下几类。

第一类，鸡汤型。鸡汤是滋补的饮品，而鸡汤文案则是启迪内心的文字，可以弱化商业属性，让广告显得有深度、有品位、有社会责任感，让受众暖心、励志。比如泰国潘婷的广告《飞扬的卡农》，讲述一个聋哑的小姑娘在街头艺人的鼓励下自学成才的故事。文案中有来自外界的质疑、嘲笑、谩骂、挑衅甚至迫害，如"你以为鸭子能飞吗？听不见还想学小提琴，你脑子有问题吗？"有小姑娘的委屈，如"为什么我和人家不一样？"也有鼓励，如街头的聋哑艺人说："为什么要和别人一样呢？音乐是有生命的，轻轻的闭上你的眼睛去感受，你就能看见！"小女孩最终通过努力不畏胁迫，拿着被摔碎的、又重新粘好的小提琴走上舞台，潇洒地演奏经典乐曲《卡农》，惊呆观众,赢得嘉许,真人演绎了化茧成蝶、发丝飞扬的故事。末尾推出广告语"潘婷,你能行"。

第二类,DNA 型。这类文案主要是讲述属于品牌的故事或是产品独特的卖点。比如 2017 年 CCTV 国家品牌计划华为品牌故事文案,如下:

华为　无"为"不至

从海拔 6500 米到深海 2900 米　无论是冰峰基地　还是喧嚣都市　每次通讯背后是每个字节的万无一失　因为我们知道　通信连接的是人心

巴黎的美学中心

一条弧线　一个弧面　你或许难以察觉　但却真实的影响你的感受　一用就爱上　这就是美学

东京　材质研究中心

关于材质　我所追求的是一种融合的境界　就是说　坚韧和美的和谐

天线测试实验室

优质的手机信号质量　我这里就是第一道关　如果把手机信号从弱到强比喻成 10 环　在这里我们会保证枪枪 10 环　分毫无差

环境模拟实验室

无论热带还是寒带　海边还是高山上　这些极端的复杂场景　我们都能模拟出来　而我们做这些的目的呢　就是一个　让你手里的手机更皮实更抗造

软件自动化测试中心

我每天都要和上千部自动化测试设备打交道　一天要测试几千台手机　就是要确保消费者手中拿的每一部手机都是通畅的　都是好用的

跌落测试

一天呢　总能摔上万次手机　我的工作呢　就是那个专业搞破坏的　但只有经得起这样专业的破坏　才能保证我们华为的每款手机都经得起千锤百炼

为品质　华为从未停止脚步　因为我们明白　通讯的背后是消费者的信任和托付

品质是华为的国际通行证

第三类,反转故事型。这类文案主要是通过看似平常的铺垫,正常的故事情节描述,最后反转结局,给人以措不及防的感觉。如某品牌模仿中央台《鉴宝》节目,用长约 10 分钟的视频,请老专家一本正经鉴定,最后得出宝贝为——卫龙辣条。专家的权威性与反转的趣味性共同烘托出辣条的"价值",吸粉无数。

第四类,另类型。另类具有异于常态、与众不同的特点,与传统、循规蹈矩、常规等相反,与年轻、时尚、潮流、小众、个性等词关联,甚至演变为一种文化被追崇。而另类的广告文案运用另类的文化元素或形式传达广告诉求,容易赢得对应受众的喜爱,还会因为其本身的独特性,给人们留下深刻印象。比如 90 后"佛系"文案,"海尔张瑞敏怒砸 76 台冰箱"给消费者留下海尔坚守质量关的好印象。

(4)悬念创意法。

猎奇心是人类与生俱来的心理,人们总是对新奇的、未知的、悬念的东西和事物充满探索的欲望。因此,在进行广告文案创意时,可以通过层层悬念的设置,满足受众的好奇心和喜欢揭秘的心理。

《南方都市报》近年来的几则关于"约"和"不约"的广告，赚足了读者的眼球，也为广告上了话题热搜，赚足了广告费。故弄玄虚的手法，期待与结局的错位，让刨根问底的群众又爱又恨。如图 7-3 左边一幅，一个"约"字覆盖《南方都市报》整个版面，让人浮想联翩，最后发现是韩后美妆 12 月 29 日新品上市的广告，也是斥资 1.5 亿元首个登上广州标志性建筑——广州塔的广告。右边一幅是某芦荟基地邀请范冰冰出席代言活动的广告文案，因为当时新《广告法》出台，不允许广告出现"第一"字样，因此全文案以"第二"代替"第一"，蹭了法规修订的热点，又凸显代言人范冰冰的美艳程度，最后发出邀约，一同"约会女神"，让读者跃跃欲试。

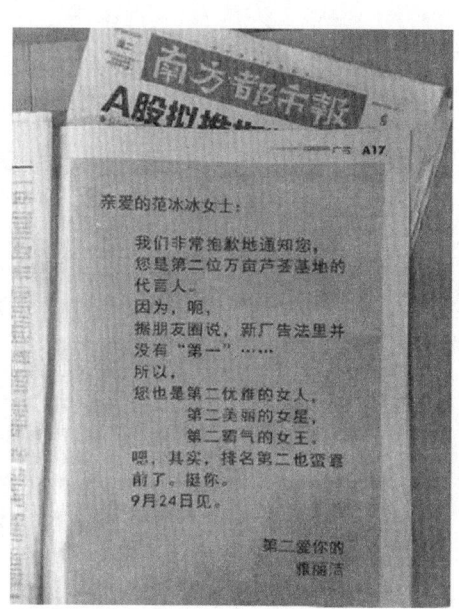

图 7-3　《南方都市报》广告之"约"篇

(5) 比喻创意法。

当广告诉求过于抽象，很难用文字表述，或表述后难以被受众理解，这时就需要选用比喻的方法，借助浅显、易懂的道理或常见的事物概念，指代抽象的广告诉求，协助受众深入理解，使事物更加生动具体，给人以鲜明深刻的印象。比如说明手机电池性能好，广告文案常使用电池多少毫安，续航多少小时，但这些听起来机械不易亲近，而 OPPO 手机的"充电五分钟，通话两小时"广告语，一下抓住消费者需要闪充，且持续通话的需求，为手机性能增色不少。2016 年小米 5 手机上市时的广告语也有异曲同工之妙："充电 10 分钟　微信 4 小时"。

(6) 证明创意法。

证明创意法是指文案借助实验结果、调研的数据、专利证明或有影响力的代言，来传达有说服力的广告内容。如 2017 年底军人被要求让座的事件在网上闹得沸沸扬扬，而 2018 年初，《人民日报》的一则视频广告不仅有力地回击了该事件，而且表达了对军人的崇高敬意以及捍卫军人依法优先的决心。

视频从"什么是勇敢？"切入，通过主持人的提问将在场的测试者加以区分筛选，几轮下来，

49个测试者中只有5个站到了最后,而他们恰恰都是中国人民解放军。整篇文案铿锵有力、有理有据,又发人深省。每一道问题都是对自己内心的一次拷问,勇敢是什么?为什么勇敢?不同的人肯定会有不同的看法,但在军人看来,勇敢只是他们生命的底色。军人一直把保护百姓当作勇敢的全部理由,始终坚持全心全意为人民服务。我们在享受保护的同时,也绝对不能忘了尊重他们的优先权。文案如下(图7-4):

什么是勇敢?

49个被测试者,谁会是站到最后的人?如果你做不到,就请移步到两边的长方形区域。

你敢一个人走夜路吗?
如果在公共场所看到小偷
你会上前制止吗?

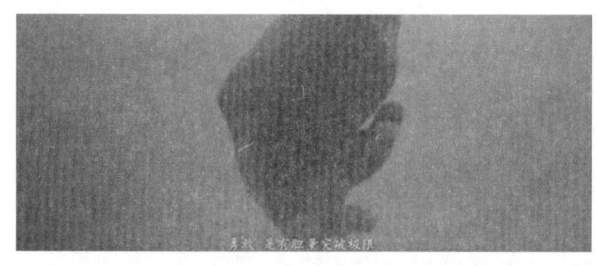

勇敢　是有胆量突破极限
勇敢　是有正气挺身而出
但勇敢不止关乎胆量
奉献和牺牲也是一种注解

你曾因工作
错过和家人团聚的时刻
你身上有职业带来的伤疤吗?
为了信仰
牺牲时间、亲情甚至生命
这,就是勇敢的全部含义了吗?
都道不畏生死是勇敢
可人们常常忽视了
勇敢背后的动机
你从未质疑过自己的信仰吗?
你对自己所从事的事业从不后悔吗?

请大家猜一猜剩下的这五位是谁?
对很多人来说,
勇敢就是有勇气　敢担当
但对有些人来说
勇敢只是生命的底色

我们是中国人民解放军
不需要你认识
也不渴望你知道
却把保卫你
作为勇敢的全部理由
他们奉献在前
他们依法优先
让军人依法优先
就像战场上他们优先一样

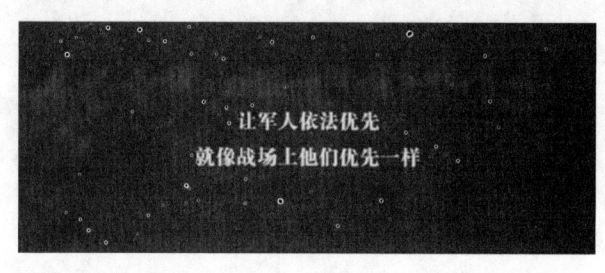

图7-4 《人民日报》"军人依法优先"广告文案

广告文案创意方法多种多样，总体还是借助艺术的文字方案来解决广告诉求的问题，以达到有效与受众沟通的传播目的。广告文案创意还可以从主题创意、结构创意、文字创意几个细节层面加以剖析，后续章节详述。

第二节 广告文案的主题创意

一、广告文案主题创意的内涵

主题是文学、艺术作品中所表现的中心思想，是作品思想内容的核心。

广告文案的主题是广告中文字部分所表达的中心思想，是广告内容和目的的集中体现和概括，是广告诉求的基本点。

广告文案的主题创意是广告文案创意的核心和基础，它从"产品要说什么""怎样个性地表达""消费者想听什么"三个方面衡量最优的文字解决方案。

二、广告文案主题创意的作用

广告文案主题创意有彰显核心和统领全局两个作用。

1. 彰显核心

广告文案在创作时，可以从很多角度展开，要传达的信息也很多，为区别于其他同类产品与广告，加深消费者的印象，文案创意前，必须选择一个核心思想，围绕这个思想去创作。好的主题创意，总是能够让文案赋予有趣的灵魂，让消费者能够深刻感知到广告的核心思想。

2018年2月初，一则国务院广告文案《上国务院客户端3.0》刷爆微信朋友圈，许多民众这才知道原来国务院也有自己的客户端，而且升级的3.0版本更加关注民生，社保、医保、食品安全、物价、职业资格等问题都可以登录客户端查询或投诉（图7-5）。

2. 统领全局

广告文案的主题确定后，就会根据创意的核心思想进行文字创作，比如如何安排材料、如何设置结构、如何选用语言等。图7-5国务院APP广告文案的核心是"上国务院客户端3.0"

  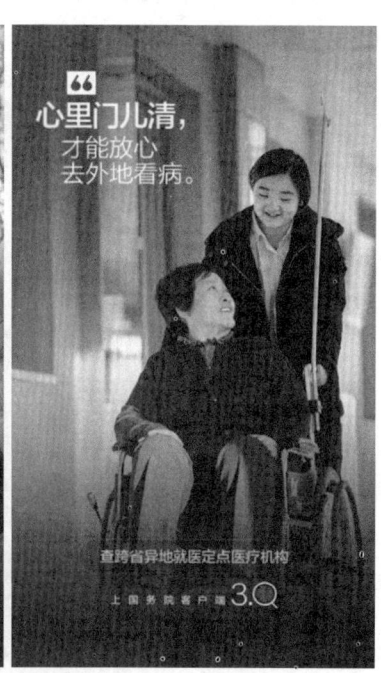

图 7-5　国务院《上国务院客户端 3.0》广告文案

可以解决物价、社保、医保、食品安全、职业资格证等民生问题,情境化文字搭配相关图片,让人们遇到类似情况时,自然联想到该客户端能够进行查询疑惑或举报。广告文案的主题创意就是为文字创作定下基调,主导统率后续的创作工作。

三、广告文案主题创意的要素

广告主题在很大程度上决定着广告作品的格调与价值。它是广告策划、设计人员经过对企业目标的理解,对产品个性特征的认识,以及对市场和消费者需求的观察、分析、思考而提炼出的诉求重点。广告主题必须是真实的、可靠的,必须服务于广告目标,必须蕴含商品和服务的信息,必须保证消费者的利益,必须鲜明而具体,使人一目了然。广告主题有三个基本组成部分:广告目标、信息个性和消费心理,三者相辅相成。因此,广告文案主题的创意要充分考量上述三个要素,明白 What、to Whom、How,即广告文案主题要表达什么、表达给谁和怎么表达。

1. What:表达什么

广告文案的主题一般围绕产品和品牌展开。

产品或服务特性上一般会立足品质或品位。比如品位就会从原材料选择、工艺水平、价格定位、信誉度、美誉度等方面进行文案创作。仲景牌六味地黄丸之所以成为行业的领头品牌,是因为它始终坚持"只选六味地道药材　药材好　药才好",做"让老中医放心　让老百姓放心　让老祖宗放心"的好药,广告如此,产品亦如此。

品牌特性上一般会立足品牌的核心竞争力、公众形象、经营理念和目标几个方面展开文案主题的创作。提到"李宁",自然会想到那句"一切皆有可能"的广告语,和经营了近 30 年的体育运动品牌,并会把它定位于国产过气品牌。然而 2018 年 2 月 7 日,李宁以中国为主题踏入纽约时装周,通过全新的产品设计、全新的广告文案惊艳了世人。一般品牌在时装周都是宣传自己,唯独李宁宣传的是中国,"悟·道""中国原创""中国之潮""中国之技"注入品牌血液,彰显"李宁"是坚守初心的中国品牌(图 7-6)。国民也回报其超高的热情,李宁大秀结束仅 1 分钟,多款产品就在天猫上宣告售罄。

图 7-6 李宁原创在 2018 年纽约时装周

2. to Whom:表达给谁

广告文案的主题只说产品或品牌信息,不说明能够给消费者的利益、好处,或者不能明确消费的理由,也很难得到消费者认同。因此,广告文案主题要明确为谁创意,考量目标消费者的相关特征,比如消费者的层次与心理特征,选择符合特征需求的主题进行创作。年龄、性别、职业、兴趣爱好、教育程度、生长环境、消费习惯等都是考量的因素。例如:女性作为消费的主力军,成为众多品牌广告营销的目标群体,精打细算、勤俭持家的传统女性形象在很长一段时间内影响着广告的主题,而新时代的女性更渴望独立、自主、魅力、幸福的生活,能够迎合此需求的品牌被女性所喜爱,比如奢侈品香奈儿。强悍独立却女人味十足,出身贫寒却创造出辉煌的时尚帝国,一生未嫁却始终追求爱情,Coco Chanel 活成了全世界女人羡慕的样子,同时,告诉全世界香奈儿不仅仅是一瓶香水或是一顶帽子,更是女性独立自主的象征。

玛丽莲·梦露的一句"I wear nothing but a few drops of Chanel No. 5(我什么都不穿,除了几滴香奈儿 5 号)!"让多少女人为香奈儿 No. 5 而痴迷。

"Fashion passes, style remains(时尚会过去,但风格永存)",告诫女人们,潮流瞬息万变,别做那个只在后面追赶潮流的傻女人,要活出自己的风格。

"Some people think luxury is the opposite of poverty. It is not. It is the opposite of vulgarity(有人认为奢侈的反义词是贫穷。不,奢侈的反义词是粗俗)",女人要爱奢侈的优雅,否则即粗俗。

"Look for the woman in the dress. It there is no woman, there is no dress(寻找这样穿衣的女人:如果没有她,衣服就会失去意义)",衣服只是配饰,不是你追求的目标,一个自信独立的你才是衣服存在的意义。

3. How:怎么表达

主题确定了 What 和 to Whom,就要开始思考解决 How(怎么表达)的问题,这也是广告文案主题创意的核心。前文我们讲述过六种广告文案创意的办法,也是可以用来创意广告主题,比如悬念法、对比法、故事法等。

商品特质、品牌特质和消费者特质是从不同的重点出发创意主题,而终归是要落脚于能够触动人心的目的,才能引发后续的认知、情感和行动。这种特质常被称为"走心"。"走心"的文案主题要引发消费者的明确感、好奇感、共鸣感、是非感。

(1)明确感。

广告文案主题的创意一定要观点明确,让消费者一目了然,而且是正确的、权威的、合法的,否则含糊其辞、重点不明,让人摸不清头脑。

(2)好奇感。

要将产品、品牌的好转化为消费者好奇,当看完广告文案消费者大呼:"真有趣,没见过,我想看看产品,我想试试,我想研究研究……",那就成功了。这可以通过具象化的比喻方法表达。如公牛插座:"保护电器 保护人"。保护一词的重复使用,让电器和人都有了保障,带出产品的质量和消费者的利益,也代表了品牌的承诺。还有上文所提及的《南方都市报》"约"的广告文案,都是通过悬疑和解密的主题,引起读者好奇、关注和热议。

(3)共鸣感。

共鸣感是广告文案主题最为常见的特质。通过细节描述、情境再现等方法,将所要传达的广告信息融入受众的生活,触发共鸣,从而产生认同和好感。这种文案的主题要与个人经历、社会新闻话题关联,才能引发关注。比如钉钉的文案主题为"创业很苦,坚持很酷",切合当下创业及风投热潮,而系列文案句句写出创业者的不易与心声,创业者感动不已,未创业者也被感动,引发对创业者的佩服。钉钉部分文案:

"把房子卖了 把工资发了"

"每天一睁眼 要养50个家"

"只要风停了 什么猪都得摔死"

"通宵联系了10个版本的BP没有看到1个投资人"

(4)是非感。

当明确、好奇、共鸣都不好使的时候,引发争议或许是文案主题创意的出路。以往的广告文案只写好的、美的、赞赏的内容,措辞谨慎,生怕用词或比喻不当,引发纠纷,给广告抹黑。而如今,越突出、越个性、越不走寻常路的观点,越能激发受众对错判断,演变为热议话题,吸引更多人关注。蚂蚁财富的《年纪越大,越没人会原谅你的穷》和京东金融《你不必成功》就是典型挑战传统观念的文案,以剑走偏锋的主题赢得掌声,也换来吐槽,但也让更多人知道这背后的两个金融品牌,这何尝不是成功的创意呢?

是非感主题的创意,根本在于给出一个是非明确的观点,给受众支持和反对的话题,借机营销。当然,是非观的创意要注意尺度,类似毒鸡汤、"丧"文化毕竟只是造势的噱头,有碍社会和谐,不会成为创意的主流。

第三节　广告文案的结构创意

快节奏生活中的人们,每日被生计、学业、事业、家庭等事情占据大量时间,为数不多的、碎片化的浏览时间又面对着海量且不断更新的资讯,阅读困难,缺乏耐心。于是在时间、精力、耐心都有限的前提下,人们更愿意获取一些自己喜爱或感兴趣的内容,比如八卦新闻、娱乐资讯、民生百态、悬疑文学等,而且选择手机游戏、直播、短视频等方式休闲的民众不断增多。与此同时,广告必须借用蹭热点、秀技术、玩植入、整跨界等创新的内容与形式才能挤进受众本已饱和的时光,否则就会被淘汰。据调查统计,一则平面广告的平均寿命只有三秒。这意味着广告文案借文字传播广告信息本已不吃香,如果文字过长、缺乏故事感、再无话题,更无法吸引消费者。因此,广告文案的作者要学习文字的艺术,更要掌握受众的心理和购买行为模式,用合理的结构布局内容,用精辟的文字带出产品或品牌主题,用走心的情节加深印象,用煽动的语言激发购买。简单总结为:"看得见、看得懂、看得完"[①]。本节主要讲解如何进行广告文案的结构创意,让文案更简洁、生动、有效。

一、购买行为法则与广告文案结构

1. AIDMA 法则与 AISAS 法则

第五章中,我们已经了解过 AIDMA 法则,它清晰地阐述了消费行为模式,即消费者在购买商品前的心理过程:先是注意商品及其广告,对那种商品感兴趣,并产生出一种需求,最后是记忆及采取购买行动,依次顺序为 Attention(注意)—Interest(兴趣)—Desire(消费欲望)—Memory(记忆)—Action(行动),简称为 AIDMA。

AISAS 法则是由电通公司针对互联网与无线应用时代消费者生活形态的变化,而提出的一种全新的消费者行为分析模型,即 Attention(引起注意)—Interest(引发兴趣)—Search(进行搜索)—Action(购买行动)—Share(人人分享)。

无论技术变革如何影响消费者行为,但至少人们的购买模式总是会把 Attention(注意)、Interest(兴趣)放在前两位,因为连知都不知道,连兴趣都没有,哪来后面的 Action(行动)或 Share(分享)。

2. 广告文案结构

广告文案的结构大致可以分为常规结构和特殊结构两种。

常规结构包含标题、正文、广告语、随文等。标题一般起到引起读者注意,引发读者阅读正文兴趣;正文论述广告主要内容,告知具体利益或观点,引发购买渴望或后续搜索;而广告语加深记忆;随文煽动购买或分享。四个部分环环相扣,承上启下。

而特殊结构则不拘于常规的构成,或长篇描写或一字代表,或分段讲述或一句总结,不同

[①] 参考乐剑峰的《广告文案——文案人的自我修炼手册》,第 92－93 页。

类型的广告文案会根据不同的需求选择不同的结构部件。但无论是常规结构还是特殊结构,都要在标题或广告语等先导信息上首先做足功夫,因为那如同是文案的闪光点和钩子,引起受众注意,引发阅读兴趣,如此再进行后续的结构安排。

二、广告文案常规结构的创意

广告文案的常规结构包含标题、正文、广告语、随文四个部分,如图 7-7 所示。而关于它的创意就是如何运用固定结构有效传播广告信息的文字构思。

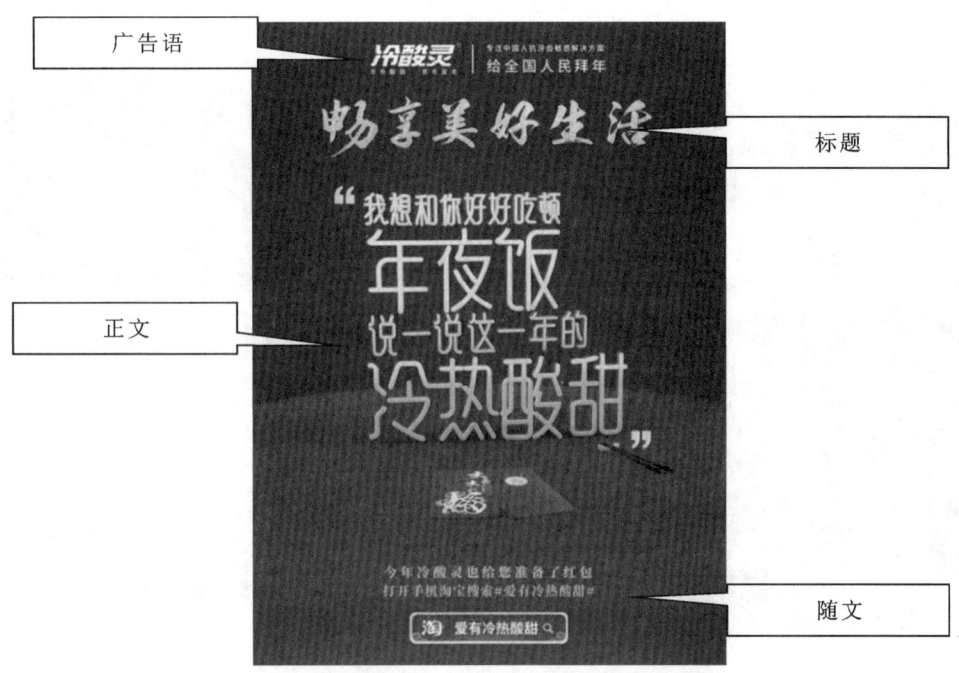

图 7-7 《人民日报》2018 年 2 月 9 日的冷酸灵广告

1. 广告标题创意

(1)广告标题的含义。

标题(title,head),是标明文章、作品等内容的简短语句。常言道:看书先看皮,看报先看题,标题可以使读者了解到文章的主要内容和主旨。标题一般居于文案最为醒目的位置,应选择有别于正文的字体、颜色、字号、闪动等方式,吸引受众眼球。

大卫·奥格威在 20 世纪曾说过:"阅读标题的人数是阅读正文人数的 5 倍。也就是说,如果标题无法起作用,那么你就浪费了 90%的广告费。"相信时至信息爆炸的今日,这个倍数一定是成倍数的增长。特别是在微信、微博、新闻阅读推送广告时代,可以毫不夸张地说广告成败就在标题一"句"话。无论内图如何精彩,无论正文故事如何走心,无论随文的信息多么煽动刺激,如果标题不能吸引受众,后续的阅读为 0,广告效果也为 0。

(2)广告标题的作用。

标题是最易"跳入"受众眼睛,并被选择阅读的内容,且又是文案其他组成部分的先导内容,因此标题有三个作用,第一,传递核心、重要信息,定义画面或视觉传达不明的信息,锁定导向;第二,吸引受众眼球;第三,诱发后文阅读兴趣。

当然有一种较为特殊的情况,即标题信息量足够,即便受众不进行后续阅读,也能够了解广告的核心内容。比如:《南方都市报》2018年2月23日A06版雅居乐地产在新年开工第一天刊登的广告,标题为"雅叔喊你领开工利是啦!"下面紧跟着二维码图案。明显这是一条有利益点、有社会热点、有喜庆因素的标题,一看就知道是雅居乐地产公司迎合广东习俗,新年开工发利是(红包),让受众扫二维码抢红包,抢到分现金,抢不到送祝福,最终诱发受众关注雅居乐官方微博,聚集粉丝便于后期广告营销(图7-8)。

图7-8 雅居乐2018年农历新年"雅叔喊你领开工利是啦!"广告

(3)广告标题的形式。

广告文案的标题会根据文案的具体需求选择不同的形式。

标题按照文案前后主次关系分为主标题、副标题、分标题等。主标题统领全文,副标题辅助加强,分标题运用在正文分段结构中,有提引分段内容的作用,目的也是吸引消费者持续阅读。主标题是文案常规必备要件,副标题和分标题根据需要设置。如本章开端的导入案例,《薯条必修课》是主标题,《薯条·形》《薯条·酱》《薯条·哲学》则为分标题,没有设置副标题。

文案按照句式的结构也可大致分为单一标题和复合标题两种。单一标题通常为单独一句话表明广告诉求,或直接陈述卖点、消费者利益点,或表现观点,或引发悬念,引领受众阅读。好处是简单明了,便于受众感知,缺点是字数不能太多,可承载的信息量有限。而复合标题则是采用两句及以上来间接说明上述内容。常见有引句、正标题、副标题三种形式的有机组合。如"引+正""引+正+副""正+副"等。复合标题的好处在于可以通过句式组合的方式传递更多信息,也可借助句式的叠加起到铺陈悬念或烘托主题的功效。如"海尔冰箱,凭什么全球排名第二？答案：很新鲜。"

(4)广告标题的创意特质。

优秀的标题就像吸铁石，受众的目光可以一瞬间被它吸引，它更像有魔力的钩子，引领受众后续关注。是什么让标题具备如此吸引力和牵引力？想必这些优秀标题至少具备了以下几个特质之一：有价值感、有趣味感、有话题感、有代入感。而文案标题的创意就可以围绕这四个特质寻找突破。

①有价值感。价值感是指标题具备有效信息，让受众能够感知到确实存在的价值。

- 显示利益。如《怕上火，喝王老吉》（王老吉）
- 显示价格。如《抢1元好货　春节母婴不打烊》（天猫超市）
- 显示数量。如《人生不过76 000多顿饭》（百度外卖）
- 显示功能。如《我们不生产水，我们只是大自然的搬运工》（农夫山泉）
- 显示承诺。如《神州行，我看行》（神州行）
- 显示力量。如《去屑实力派》（海飞丝）

②有趣味感。趣味感是指标题带有有趣的内容，能够激发受众参与互动。

- 显示互动。如《虽然不知道你几时出发　但我会保护你平安回家》（平安安途旅行险）
- 显示打招呼。如《谢谢你，陌生人！》（999感冒灵）
- 显示跨界。如《荒野吃鸡》（肯德基跨界植入网易游戏荒野行动）
- 显示竞技。如《新春狂欢！〈荒野行动〉72小时吃鸡争霸赛》（荒野行动游戏2018年新春竞赛广告）

③有话题感。话题感是指标题能借奥秘、悬念、突发事件、娱乐新闻、节假日、时尚、明星、网红、网络流行语、关键词、热搜等热点，引发受众关注。比如：

《解密第5道菜》（天地一号苹果醋）

《你吃过的，父母是否也吃过？》（天猫2018年货节）

《Papi酱，跑了》（New Balance联手网红）

④有代入感。代入感是指标题可以将受众导入后续阅读，或导入某种情境，引发共鸣。比如：

《没有酒，说不好故事》（2017年10月红星二锅头系列文案标题）

《我能想到最美好的道别就是明天见》（2017年10月湖南卫视综艺节目《亲爱的客栈》文案标题）

《这个世界，总有人偷偷爱着你》（999感冒灵文案标题）

《过年不过是一场团聚　把时间留给最珍贵的人》（江小白2018新年开工文案标题）

在进行文案标题创意时，切忌标题党和内容禁区，如陈词滥调、假大空、触犯法律法规的内容。

2. 广告正文创意

(1)广告正文的含义。

正文是文案的主要部分，传递广告的主要内容，又称为"Body Copy"。广告标题是核心引入，而正文就是整体阐述。把标题埋下的伏笔、悬念和要解决的问题、要给予的利益、要讲述的故事等在正文中具体呈现。标题负责吸引注意，引发兴趣，而正文就是具体说服，引发购买。

(2)广告正文的形式。

正文大致可以分为事实型、论述型、情感型三类。可以客观地陈述事实,也可以借助第三人介绍,一般为代言人、亲身经历者。介绍的方法也可以为独白式、对话式、故事式[①]。

从结构的角度,正文分为一段式、分段式、罗列式。

(3)广告正文的创意。

在进行广告正文创意的时候,要经历思考、草稿、创作、修改等步骤。根据广告的主题、标题的伏笔需求,构思正文的结构及陈述方法和风格。创意时,要确定一种文案逻辑,按照逻辑安排开篇、铺陈和结尾。逻辑可以是顺序逻辑,如第一第二第三,或事件发展先后顺序,有时也会倒序;可以是并列逻辑,比如地点并列、类比并列等;可以是主次逻辑,比如先大后小、先主后次、先重要后次要等。

①开篇。标题写什么,正文开篇接着续写什么。根据写作的金字塔原理和人们阅读的习惯,要把重要的内容在开篇先说。开门见山,第一句惊艳读者,才不愧于标题的辛苦引入。而且根据先入为主的阅读习惯,先被感知的内容容易被重点记忆。因此,重点的产品信息、利益点、观念都要开篇先陈述。

②铺陈。展开陈述,把次要的内容、未表述完的信息继续展开。加强正文说服力,辅助受众理解和认同。

③结尾。结尾是正文的落脚点,故事情节、戏剧冲突、事件发展等都将在结尾被推向高潮,并为结果定性。如果文案结构没有安排随文,这里的结尾部分,还应该带有感召内容,发出对受众行为的号召,引发购买或口碑转发等。

④修改润色。修改润色是文案正文创意必经的过程,有时换种逻辑陈述,或是结构精简,文案效果会豁然开朗,增强说服力。

正文创意把握原则:紧扣主题,符合逻辑,充满说服力,带有感召力。卖出产品或赢得口碑才是硬道理。切忌故弄玄虚、过分修辞、违法违规。

这里列举武汉华夏理工学院2017年广告专业新生推介会主题曲《我来华夏学广告》的歌词,辅助大家理解广告文案正文创意的逻辑与思路。该歌曲由该学校广告专业校友周佳顺同学原创,标题就引发了思考:为什么要来?来了为什么要学广告?学广告会怎么样?这也是专业新生常问的问题,这样的标题用困惑埋下伏笔,引发正文详述。

文案分为两大段落,采用并列关系,从"学校及专业亮点"和"我的广告成功学"两个分主题,解答为什么来华夏学广告。而HOOK部分是每段落的高潮,也是文案的结尾定性部分:"来到华夏理工我要学广告 爷爷奶奶爸妈都为我骄傲 纵横全武汉江湖任我笑傲 广告人吃火锅从不吃底料。"并列逻辑通顺,分段论述简单;正文罗列内容实在,含金量十足,说服力强;结尾有力,荣誉感、号召感强;文字押韵、朗朗上口,又关联《中国有嘻哈》的某单曲的"火锅"热点,成为专业推荐、新生答疑解惑、年轻人喜爱、不可多得的广告歌曲文案。

《我来华夏学广告》
VERSE1

从1957到2017 从百家争鸣到德育一体

[①] 参考乐剑峰的《广告文案——文案人的自我修炼手册》,第118页。

谁能看得清　学术的秘密
竖起耳朵听　知识的洗礼
没文化真可怕　大学
读个书选专业　上学
选什么告诉你　广告
为什么还用问　牢靠
庞大的老师　团队在背后　默默给你撑腰 EI
博士和硕士　学历放身后　都能让你尖叫 EI
你知道中华青年创意赛　名字叫做 One Show
奖项都被我们收入囊中　我们叫他 Easy Job（SKR）
别想了　别傻了　别等了　别看了　还不过来沾光
第一名　第二名　从不拿　第三名　实力足够嚣张
半边脸的神话　各大品牌策划　全由我们缔造
一类校研究生　出国留学深造　多的不想提到

HOOK

人生苦短要学习的东西一直都会有
要及时行乐要把最好的知识给带走
别等展现自己的时候没办法开口
天生我材必有用钱没了也还会再有
来到华夏理工我要学广告
爷爷奶奶爸妈都为我骄傲
纵横全武汉江湖任我笑傲
广告人吃火锅从不吃底料

VERSE2

这一辈子我通过广告学来体会成功学
网络和影视并驾齐驱　华夏的寻龙诀
从软件到摄影　策划到创意　没有我们不知道
PS AE 是手段　4A 和奥美　我们都有殖民地
无所不知　也无所不能　黑白颠倒　不空穴来风
你说我的饶舌会武功　因为我是广告里的孙悟空
张震岳看到我不敢说很普通
书本里的内容可以说很出众
实践里出真知能锦上再添花
每个人既特立且独行被羡煞
虽然太多规则横行于世　太多限制框架
广告人从不被束缚
思维在翱翔　大脑每天都会放假
想创意时刻都炸 EI

做人都不会太差　对
Loser们看到都怕　对
就像是开了外挂　飞

HOOK

人生苦短要学习的东西一直都会有
要及时行乐要把最好的知识给带走
别等展现自己的时候没办法开口
天生我材必有用钱没了也还会再有
来到华夏理工我要学广告
爷爷奶奶爸妈都为我骄傲
纵横全武汉江湖任我笑傲
广告人吃火锅从不吃底料

（武汉华夏理工学院广告学专业校友　周佳顺）

3. 广告语创意

广告语也称为广告口号，是文案常规结构中必备的内容，但常与广告标题混为一谈。

（1）广告语与广告标题的区别。

两者之间存在三点不同。第一，功能不同。标题是诱导受众阅读的文字，内容可以从不同角度出发，但侧重导读作用；而广告语则是企业个性、产品特征的概括，侧重通过人性化的描述打动读者。第二，形式不同。广告标题有不同形式，字数、句数、组合形式不限，都是为吸引受众引发后续关注而单独设定的；而广告语一般讲究短小精悍，字数不超过10个，便于受众记忆，关联产品与品牌。第三，实效不同。广告标题是为单独广告活动量身定制的，时效性较短，几乎都是"一次性"，同一品牌不同广告活动，就会出不同标题；而广告语则是产品或品牌较为固定使用的代表性口号，也跟企业发展的愿景和使命挂钩，时效性较长，因此不会经常更换。简单举例就是李宁沿用近三十年的广告语"一切皆有可能"和2018年新广告标题《李宁尚纽约》的区别。因此，在广告文案创意的时候，要将两者在内容、形式和布局位置上有所区分，才不至于混淆，引起错漏或相似累赘等问题。

（2）广告语的创意。

广告语是产品或品牌长久使用的口号内容，因此是与企业发展规划、创始人的理念相联系的，一般是由企业自己定制，经常改动或创新的概率不大，因此就不再详述创意的方法。

4. 随文创意

随文也称附文，是广告文案的附属部分，继续补充正文未完的重要信息，激发受众购买、扫码、关注、转发等。主要是关于电话、地址、二维码等联系方式、关注方式、购买链接、免责信息或其他特别说明。

对于随文的创意，尽量精简、清晰、准确、有效，便于受众直接使用，也避免不必要的纠纷。

三、广告文案特殊结构的创意

广告文案的特殊结构是不拘于常规构成部件的，常以独特的文字形式出现，引起受众关注。对于它的创意要围绕"新、奇、特"展开，列举两则实例，便于大家理解。

1. 超短文案：只有一个字

2017年6月，小米6上市，CEO雷军转发某网友留言，并评论："唉"，瞬间激起网友热议。还有网友在知乎上面发帖问如何看待该事件，结果引来8000多人关注，600多万次转发和1600多个回答，如图7-9所示。

图7-9　雷军留言"唉"字及网友知乎贴截图

凡是以广告营销为目的的文字从广义上讲都是文案，而本案例中，正是一个"唉"字，道出了艰辛的创业者前行的阻力与无奈。迎来了许多粉丝的支持和黑粉的吐槽，足以将小米6上市推向高潮。无论本次是偶发事件还是精心策划的营销活动，从文案结构上看，一字的超短文案，简短有力，饱含情感，含义深远，引发的热议助销了产品。

2. 超长文案：刷手机屏100多MM、穿越千年

2017年底，一份名为《史上第一份外星文明探访地球记录全解析》的超长海报刷爆微信朋友圈。讲述外星人考察穿越唐、宋、明、清、民国、现代，最后寻找购买地球上的宝贵礼品返回外星送给朋友的故事。文尾揭秘礼品原来是东阿阿胶。它的成功不仅采用穿越、外星人探秘地球等题材，也在于选用特殊的长图长文案推进故事，情节有趣，话题年轻，让受众感知到本土老品牌时代转型的讯息。

第四节　广告文案的文字创意

好的标题是眼睛，好的主题是灵魂，好的结构是骨架，好的文字是骨肉，只有将四者结合才能创意出完整的、优秀的文案。前几节讲述文案的主题、结构的创意之道，本节简述文案的文字创意。

一、广告文案文字创意的概述

1. 广告文案文字创意的内涵

广告文案文字包含有声和无声两种。前者是通过声音来传播信息,而后者通过文字符号传达信息。

广告文案文字创意是关于广告文字的选择、组合、修辞、润色等创作的构思。简单理解就是如何在已经确定的主题、预设的结构和逻辑中,把抽象的广告诉求创作成具体的文字作品的想法,它要服务于广告营销目的,围绕主题展开,借助修辞和润色让语言文字焕发魅力,走入人心,诱发消费行为或口碑传播。

2. 广告文案文字创意的形式

广告文案文字从创作风格上看,大致有专业型、通俗型、文学型三种。

(1)专业型。

专业型广告文案的文字,客观、精准、有逻辑,一般运用在受众关心度高的产品上,比如车子、房子、电脑、手机等。因为这些与人们生活息息相关,且不会经常更换,于是在购买时需要专业的资讯辅助决策。

(2)通俗型。

通俗型广告文案的文字,通俗、易懂、生活化,一般运用在受众关心度低的产品上,比如日化产品、快餐、饮料等。因为这些东西价格不贵,产品差异性也不大,因此只需要获得有效的广告信息即可促成消费。比如新品上市、促销降价、免费体验等。

(3)文学型。

文学型广告文案的文字,或有戏剧的冲突,或有故事的情节,或有诗歌的韵律,将广告文字带上文学的艺术美,也更加形象、生动地传达广告诉求,往往比前两种类型的文字更能打动人心。

二、广告文案文字的创意步骤

广告文案文字的创意一般经历三个步骤,依次为选择、概括、润色。

1. 选择

选择是广告文案文字创意的基础,根据广告主题、广告结构和逻辑,选择合适的文字形式。如高端产品型,宜选用专业型文字,严谨论述;快消品则选用通俗型文字,活泼、简单、直白;而品牌理念、企业形象、公益广告等,则要用文学型文字,或故事或诗歌或戏剧等方式,娓娓道来。

2. 概括

概括是指用具体的文字来传达广告诉求。要将抽象的广告诉求转化为具体的文字,还能被受众有效接受,这就要求文字创意时,具有较强的文字概括能力,突出重点,形象易懂。

网易 2015 年推出的系列广告《网易有态度》,通过几则颇有争议的画面和立场鲜明的文字,概括地表明网易做新闻做媒介的企业立场和担当,将"有态度"注入品牌理念中,如图 7-10 所示。

3. 润色

润色是将文字加工提升效果的过程,包括两个部分,第一,将前两步未传达完的信息转化

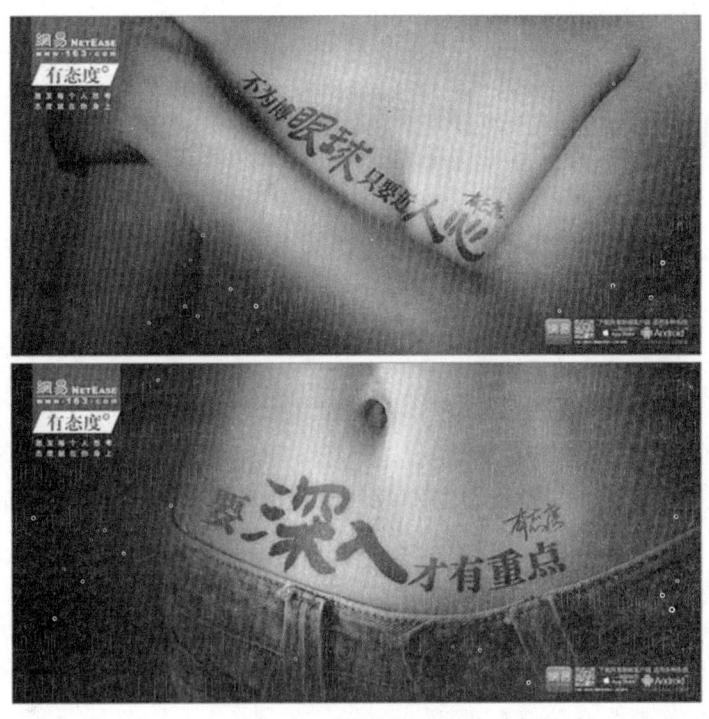

图 7-10 《网易有态度》

为文字,完成初稿;第二,运用适当的修辞手法,将初稿逐字、逐句、逐段落、逐结构地修改润色,让文字更适合目标受众的阅读心理和消费习惯,最后完成文案。

三、广告文案文字的修辞手法

修辞手法是通过修饰、调整语句,运用特定的表达形式以提高语言表达作用的方式。广告文案文字的修辞就是对文字加工的过程,以提升广告效果。修辞手法众多,限于篇幅,这里只介绍较为常见的几种手法。

1. 比喻和比拟

比喻表示因为两个事物有相似处,运用一事物来比方另一事物的修辞方法,这是文案最常见修辞手法,可以将生硬的、不易理解的产品数据和性能转化为常见事物。

"牛奶香浓　丝般感觉"(德芙巧克力)

"毛孔收细了,肌肤好像剥壳鸡蛋般细致光滑"(玉兰油活肤精华霜)

比拟是把一个事物当作另外一个事物来描述、说明。可分为拟人和拟物两种。因为变换了写作角度,给人以别具一格、栩栩如生的感觉。

"别踩,我怕疼!"(爱护草坪公益广告)

"既营养,又清新,牙齿好喜欢"(纳爱斯牙膏)

在实际文案创作中,常将两者混淆,简单理解比喻是打比方,常用"好比、好像、如同、和……一样";而比拟是直接取代,将人比作物,将物比作人。

2. 设问与反问

设问是为了引起别人的注意,故意先提出问题,然后自己回答。情感强烈,容易引起注意,启发读者思考,文字层次分明,结构紧凑。

妈妈问:"发挥得好吗?"林更新(演员名)答:"挺好的!""遇到挫折,习惯了,报喜不报忧不过是担心家人会担心。"(乐事薯片2018新年广告)

"为何血浓于水?因为爱在其中。"(无偿献血公益广告)

反问又称激问、反诘、诘问。用疑问形式表达确定的意思,用肯定形式反问表否定,用否定形式反问表肯定,只问不答,答案暗含在反问句中。加强语气,发人深思,激发读者感情,加深读者印象,增强文案的气势和说服力。

"好好吃饭。你常年在外头忙乎,就怕你们吃不好,那些外卖能吃好么?"(刘若英导演的电影《后来的我们》海报文案)

设问和反问都是提问的修辞方式,但设问一般有问有答,是文案悬念预设的伏笔,常运用在标题与正文或正文前后的衔接呼应中;而反问是以问代答,本身已经有明确的观点。

3. 对偶与排比

对偶是将字数相等、结构形式相同或基本相同、意义对称的一对短语或句子,表达两个相对或相近的意思。这种文案文字整齐匀称,节奏感强,高度概括,易于记忆,有音乐美感。

"只溶在口 不溶在手"(M&M's巧克力)

"悠悠岁月酒 滴滴故乡情"(沱牌酒)

"品味中国 品味人生"(《舌尖上的中国》第三季)

排比是把结构相同或相似、意思密切相关、语气一致的词语或句子成串地排列的一种修辞方法。2018新年前夕,京东旅行以《没有人知道》为题,用六段排比的文字,道出人们生活的不易,过年应该犒劳自己,京东旅行可以帮你实现,如图7-11所示。

对偶和排比都是借相似的对称文字来表达事物。不同的是,对偶是相似短语和句子的对称,字数少而精,常用在广告语或标题中;而排比是列举相似的句子或段落,字数更多,内容更加丰富,常用在文案正文。

4. 双关:音与义

双关是利用词的多义及同音(或近音)条件,有意使语句有双重意义,言在此而意在彼。双关的文字含蓄、幽默,意味深长,受众一旦理解常觉得巧妙,印象深刻。

"一箭钟情"(箭牌口香糖)

"一戴天娇"(内衣品牌)

"人类失去联想,世界将会怎样?"(联想电脑)

"万事芬达,百事可乐"(百事饮料)

"人头马一开,好事自然来"(人头马酒)

5. 对比与夸张

对比是把两种事物或同一事物的两个方面并举加以比较的方法。

"多一些润滑,少一些摩擦"(统一润滑油)

"想想还是小的好"(大众甲壳虫汽车)

"一节更比六节强"(南孚电池)

图 7-11 《没有人知道》京东旅行 2018 新年海报文案

夸张是对事物加以超越事实的描述方法。

"一有汰渍,没污渍"(汰渍洗衣粉)

"它能把整个世界粘在一起""它能粘合一切,除了一颗破碎的心"(福勒公司液体水泥广告)

"一年卖出 7 亿多杯,杯子连起来可绕地球两圈"(香飘飘奶茶)

两者都是通过描述的前后差别来体现观点。不同的是,对比多在现实事物中进行,效果确实存在,如新旧、前后、长短等,多运用在产品或用户体验等文案中;而夸张是超现实的描述,效果要想象,而实难实现,常用夸大、缩小或颠覆常理的手法,给人天马行空、脑洞大开的感觉,因此常被运用在有故事情节的文案中,引发受众联想。

文案的文字创意将文字艺术与广告功能并举,应避免机械模仿,审美疲劳;避免过度修辞,华而不实;避免含糊不清,词不达意。

广告文案是文字的功夫,广告人在日常要多积累,勤阅读、勤思考、勤创作,才能与文字结缘,笔下生风。

【课后练习】

1. 广告文案创意的方法有哪些?
2. 广告文案常规结构有哪四个部分?广告标题和广告语有何区别?
3. 根据社会主义核心价值观,创意5组广告文案主题。

第八章　平面广告创意

内容提要

1. 平面广告传达信息简洁明了，能瞬间扣住人心，是广告的主要表现手段之一。优秀的平面广告可以加强销售目的的推进，因此，平面广告中的创意性至关重要。

2. 平面广告的构成要素是图形、文字和色彩。进行平面广告创意时有以下法则：变化与统一、对称与平衡、条理与反复、对比与调和等。

3. 平面广告创意是广告人根据平面媒介的特点所策划与创意的广告形式，其创意方法主要有凝动于静和删繁就简。

案例导入：天猫"618"理想生活节

【案例详情】

随着人们生活水平的提高，中国消费者从首选淘宝网的入口选择，到选购顶级品牌产品天猫，这种网购体验不但是消费者行为的升级，随之而来的也是视觉的升级。

2017年5月23日，天猫品牌升级发布会上天猫通过对大众消费者的数据分析和调查研究，将五种消费趋势——单身消费主义、智能生活消费、绿色健康消费、兴趣爱好消费、跨年龄和性别消费进行了提炼和总结，提出五个关键词——独乐自在、无微不智、乐活绿动、玩物立志、人设自由，体现全新标语"理想生活上天猫"的宗旨。天猫为了打造"理想生活狂欢节"，邀请了WMY产出端内视频、H5等创意，最终以独特的奇幻风格和概念塑造出"理想生活"的全新品牌定位(图8-1)。

【案例点评】

天猫诠释了每个人最理想的生活。每个人理解的理想生活，不单单是特卖中心，而是从内容到框架，每一步都有无限的可能和遐想。"618"作为天猫理想生活品牌升级的第一站，目标不仅仅是希望创造一次消费狂欢盛宴，而是要在消费升级的大趋势下，去体验高品质购物体验。WMY将五大理想生活以超现实的形式呈现给用户，从每个趋势中提取专属的人设，以穿越的形式到对应的大场景中，完成产品的全方位展示，并且贴合了奇幻的大主题，以全立体三维空间的形式展示理想生活，紧扣主题。

图8-1的三幅图，分别以"人设自由""玩物立志""无微不智"为主题。"人设自由"寓意终生信奉自己的宗教，宁愿与世为敌，也无法忍受平庸的生活，画面以一位有个性的女人占据

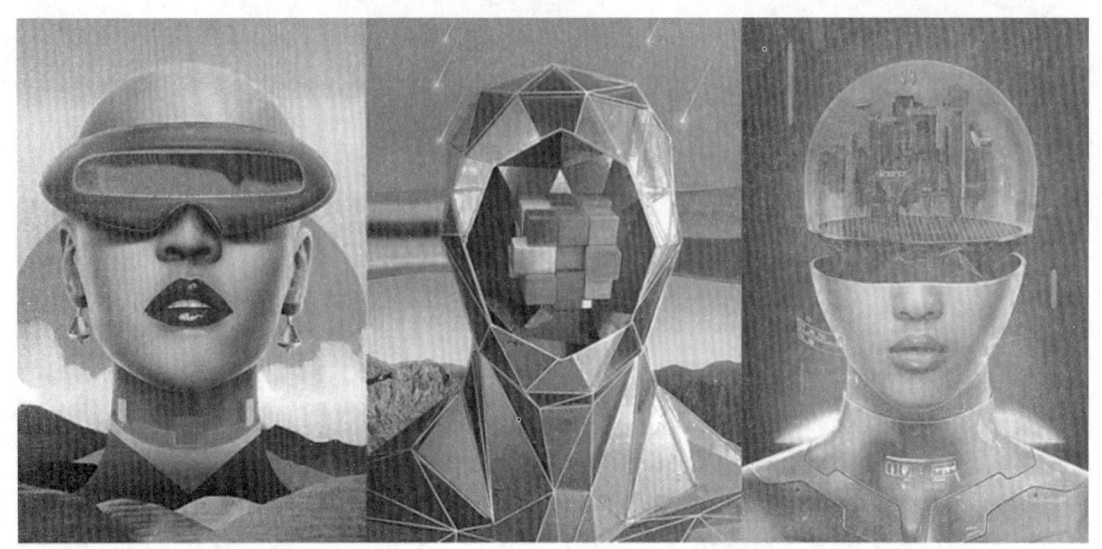

图 8-1 天猫"618"理想生活狂欢节

画面的整个重心,以个性的图形来表达信奉自己的宗教,挡住眼睛创造神秘感,旁边以山脉、日出等元素渲染整个画面气氛感,色彩丰富、多彩。"玩物立志"寓意以玩乐为信仰,负责提供一切童心和想象力,广告创作者以魔方和玩乐代表童心和想象力,图形的选择上精准而丰富,背景上增加了另外一层彩色条状空间,使整个画面有五度空间,想象力更加深邃。"无微不智"寓意科技的弄潮儿,单手就能解开数字世界最深刻的秘密,画面主视觉将人切分成三部分,一部分是科技世界,一部分是人的脸部,另外一部分是机器人,三种不同属性的内容交织在一起,解开数字世界的秘密,深色调的背景增加广告画面的神秘感。

第一节 平面广告概述

广告,早已成为人们生活中不可或缺的内容,无论是手机、电视还是地铁、电梯……我们随时都能接受到广告信息,它已经渗透到我们生活的方方面面。移动互联时代不仅对信息传播速度有了新要求,也为视觉营销(Visual merchandising)提供了更多的机会,通过视觉冲击和感官体验提升消费者兴趣,再与广告文案进行有效配合,从而达到广告营销或品牌推广的目的,这也是平面广告创意的初衷。

一、平面广告的构成要素

图形、文字、色彩作为平面广告的三大构成要素,在广告创意中扮演着重要的角色。

1. 图形

图形是介于文字与绘画之间的视觉语言,在平面广告的构成要素中,图形是最重要的。首先,图形比文字、语言给人印象更深刻,因为人们对图形的注意率比文字要高出56%,图形相较于文字和语言更容易让人记住。其次,图形以视觉语言来表达产品的属性,更形象、更直观,弥补了文字传感的不足,更有说服力。最重要的是,图形能够快捷地传达信息,直观地诠释广告内容,以丰富的视觉表现力呈现给受众主体信息,从而引发受众兴趣点,推动消费。因此,要发挥平面广告的优势,必须在图形上做好突破点。

如何将图形做到统一性、创意性、直观性?可以从照片、绘画、卡通漫画和绘图四个方面入手[①]。

(1)照片。

照片是平面广告中运用最广泛的形式。无论是报纸、杂志,还是路牌、招贴、直邮、POP,都可以使用。广告中的照片一般有产品陈列照、使用效果照以及产品宣传照等。

(2)绘画。

绘画是运用色彩、线条、形象等艺术技巧来传递广告信息的一种视觉语言。广告绘画可以是油画、水彩画、水墨画,也可以是版画、素描画或速写画等。绘画不同于照片,它擅长于营造一些夸张氛围。

(3)卡通漫画。

卡通漫画是运用拟人手法把没有生命的东西赋予人的性格和形象,从而传达广告的概念,或者利用童话中的人物作为产品形象符号,引发消费者的联想,继而产生好感。卡通漫画极具幽默性和滑稽性。

(4)绘图。

绘图即示意图。为了表明某些产品的工作原理,或者某种药物对人体机能的作用,或展示商品房屋的图纸及建筑设计,或一般绘画和照片都难以表现出来的内部构造时,采用机械制图或建筑蓝图图解式来描绘图形,使复杂的现象条理化,抽象的概念形象化,从而使不易被了解或不易被说清的广告信息得以形象化地表述。

2. 文字

文字是平面设计中不可缺少的核心要素,文字设计的好坏直接影响视觉版面传达的效果,文字的表现是一个细致并且增彩的部分。在我们进行平面广告的字体设计时,要考虑字体、字号的选择以及文字的编排。

(1)字体。

字体又称书体,是指文字的风格式样。字体是文化的载体,不同字体给人的感觉也不同。中文字体分为印刷体、美术体、书法体三类。

· 印刷体。主要有宋体、仿宋体、楷体和黑体。运用最广泛的是宋体,它的字体特征秀丽典雅,多出现于正文或标题中。黑体,它的特征是横竖笔画等宽,粗壮笔挺,适用于说明书等广告标题。楷体,它的特征是笔画清晰,适用于说明性文字,如图8-2所示。

· 美术体。是一种艺术性和装饰性的字体,它的特点是美观、有创意、有区位,它不仅有很强的视觉表现力度,还有很高的审美价值。除了宋体美术字、黑体美术字,平面广告中出现最多的就是变体美术字,它在一定程度上摆脱了字形和笔画的约束,它包含装饰美术字、形象美术字、立体美术字等,生动、灵活、有吸引力。

---

① 参考余明阳、陈先红的《广告策划创意学》,第315-316页。

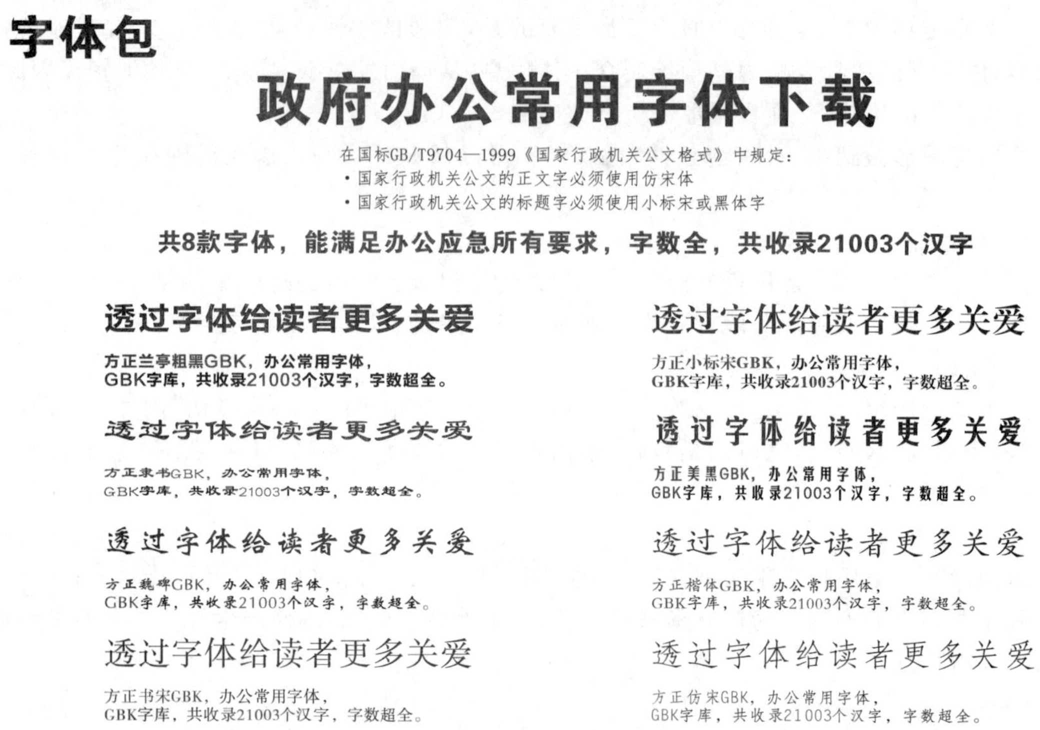

字体包
政府办公常用字体下载

在国标GB/T9704—1999《国家行政机关公文格式》中规定：
• 国家行政机关公文的正文字必须使用仿宋体
• 国家行政机关公文的标题字必须使用小标宋或黑体字

共8款字体，能满足办公应急所有要求，字数全，共收录21003个汉字

透过字体给读者更多关爱
方正兰亭粗黑GBK，办公常用字体，
GBK字库，共收录21003个汉字，字数超全。

透过字体给读者更多关爱
方正小标宋GBK，办公常用字体，
GBK字库，共收录21003个汉字，字数超全。

透过字体给读者更多关爱
方正隶书GBK，办公常用字体，
GBK字库，共收录21003个汉字，字数超全。

透过字体给读者更多关爱
方正美黑GBK，办公常用字体，
GBK字库，共收录21003个汉字，字数超全。

透过字体给读者更多关爱
方正魏碑GBK，办公常用字体，
GBK字库，共收录21003个汉字，字数超全。

透过字体给读者更多关爱
方正楷体GBK，办公常用字体，
GBK字库，共收录21003个汉字，字数超全。

透过字体给读者更多关爱
方正书宋GBK，办公常用字体，
GBK字库，共收录21003个汉字，字数超全。

透过字体给读者更多关爱
方正仿宋GBK，办公常用字体，
GBK字库，共收录21003个汉字，字数超全。

图8-2 政府办公常用字体

• 书法体。主要有草书、行书、楷书、篆书、隶书。书法体如今用在了很多综艺节目或者潮流主题上，有了很多新的应用，比如2013年快乐男声的视觉字体叶根友系列字体的兴起。篆书的特点是给人信赖感，草书能创造出一种高雅不俗的气氛，从而增加广告的表现力。

在选择字体的时候需要注意：一是必须与产品的主题和特性以及整体协调性保持统一，如果字体的风格和广告风格不能统一，就会打乱整体的协调性。二是同一幅画面中，字体不宜过多，一般不超过3种，否则画面会显得杂乱无章。

(2) 字号。

字号是指文字的大小。在设计中，画面需要有层次对比关系。字体要讲究层次，字号也需要讲究层次的编排。字号没有规范最大值，但是需要有大小的对比。假如画面以图形为主体，字号不宜过大，不能抢占主体；假如画面以字为主体，特殊突出字体可以放大化。如平面广告中字号最大的一般是广告标题，其次是副标题或广告语，接着是正文，字号最小的是附文。

(3) 文字编排。

文字的编排是指文字的位置、线条形式和方向动向。常见的编排形式有横排、竖排、斜排。以下是常见的文字编排方式。

齐头齐尾的编排方式。这种编排方式运用最广泛，整齐并且具有一定的规格性，多运用在书籍里面。

齐头不齐尾的编排方式。这种编排方式轻松活跃，多运用在英文编排里面或者一些贺卡内文文字。

居中的编排。这种编排方式是一种高雅的编排方式。运用频率仅次于齐头齐尾的编排方式,多运用在海报、H5活动页。

沿着图形编排。这种编排方式是一种自由快乐的编排方式,一般用于比较活跃的视觉。比如围绕主体图形进行文字绕排,起到活跃氛围的作用。

3. 色彩

人们对不同的颜色有不同的理解,一幅优秀的设计作品,它的色彩搭配必定和谐得体,令人赏心悦目。85%的消费者会把色彩作为他们购买过程中首要的因素,色彩还能将品牌的辨识度提升80%。色彩有很强的冲击力,色彩可以增加广告内容的真实感,色彩有感情和象征意义。因此,巧妙地使用色彩跟受众搭建起沟通的桥梁是广告设计师需要掌握的技能,想得心应手地运用色彩进行平面广告创意,必须了解色彩的色环、色调、色相等知识。

(1)色环[①](图8-3)。

· 原色。原色是指红、黄、蓝三色,其他各色都是由这三种颜色混合而成。

· 间色。三原色中任何两种颜色混合而成的为间色,又称为第二次色。间色为橙、绿、紫,如红+黄=橙,蓝+黄=绿,红+蓝=紫。

· 复色。任意两种颜色混合为复色。等量相加的颜色得出标准复色,两个不同比例的间色混合会产生出许多不同纯度的复色。

· 同种色。在同一种颜色中加入不等量的黑色或白色所产生的深浅不同的颜色成为同种色。

· 同类色。同类色是指色相类似的色彩,如蓝色系里面的普蓝、钴蓝、湖蓝、群青等,黄色系里面的柠檬黄、中黄、土黄等,红色系里面的朱红、大红、玫瑰红等,都属于同类色。

图8-3 色环

· 类似色。类似色又叫邻近色,在色环上任意60度以内的颜色,各色之间的共同色系,称为类似色。

· 对比色。对比色是指在90度范围外的颜色所对应的色。如紫色对应黄色,红色对应绿色。

· 补色。补色是指任意两个颜色与另外一个原色互为补色,也称余色。

(2)色调。

色调是指色彩的浓淡、强弱程度。有以下几种分类方式:

按色相分有红色调、黄色调等;

按明度分有明色调、暗色调;

按纯度分有高纯度色调和低纯度色调;

按色性分有冷色调、暖色调。

---

① 参考蒋旭峰、杜骏飞的《广告策划与创意》,第197-199页。

(3)色彩三要素。

色彩的三要素分别是色相、明度、纯度。

- 色相。色相是色彩的首要特征。它是指色彩的不同样貌、特征,是区别色彩的主要依据。
- 明度。明度是指色彩的明暗深浅度。在无色系中,明度最高的是白色,最低的是黑色。在白色系中,黄色接近白色,明度最高,紫色接近黑色,明度最低,绿色为中间明度。明度是影响最大的色彩因素。高明度的画面给人轻松活跃的视觉感受,而低明度的画面给人低沉、厚重的视觉感受。
- 纯度。纯度又叫饱和度,是指色相的鲜艳程度。色彩中原色的纯度最高,间色次之,复色纯度最低。任何一个色彩的色相、明度变化都会影响到它的纯度,当加入白色或黑色时,明度就会降低,纯度也会随之降低。

(4)色彩的心理感觉。

不同色调会给人带来不同的心理感受。

- 色彩的冷暖感。在色环中,紫色是中间色,红、橙、黄属于暖色,绿、青属于冷色。如红色让人热情、橙色给人温暖、蓝色使人忧郁、黑色让人神秘。
- 色彩的轻重感。明亮的颜色显得轻,而灰暗的颜色显得重。色相轻重排布依次为白、黄、橙、红、绿、蓝、紫、黑。
- 色彩的收缩感。冷色、深色具有收缩感,暖色、浅色具有扩张感。
- 色彩的空间感。

明度的层次:明度高的色彩会跳到上面,明度低的色彩容易退后。

纯度的层次:纯度高的色彩跳向前面,纯度低的色彩退向后面。

冷暖的层次:暖色在前,冷色在后。

(5)色彩的搭配。

色彩是最能够吸引人的认知元素,三原色能够调和出非常丰富的色彩,色彩的搭配更是千变万化。开展平面广告创意时,我们应该了解广告目标,思考色彩对广告场景表现和情感传达的作用,从而有力地构建平面广告的色彩搭配方案。

- 色彩相差的配色方式。

①同色系主导。同色系是指主色和辅色都在同一色相上,这种配色会给人画面统一感。通常符合信息类产品,通过颜色的深浅来承载不同的层级关系,不同的层次代表不同的任务属性。

②邻近色主导。邻近色配色是比较常见,也是很和谐的配色方式。一个画面里面,同色系有时显得过于单调,采用邻近色画面不会那么单调。

③类似色主导。类似色也是常用的配色方法,对比没有那么强,给人平静、调和的视觉感受。例如红、黄双色主导页面,一主一辅,主次分明。

④对比色主导。对比色需要精准地控制色彩搭配和面积,其中主导色会带动页面气氛,产生激烈的心理感受。利用颜色的强烈对比突出亮色系优先级,增强画面气氛。

⑤中性色主导。中性色作为基调搭配,常应用在信息量大的画面上,突出内容,不会受不必要的色彩干扰。这种配色通用性高、经典。

•色调调和的配色方式。

①清澈的色调。清澈色调使画面非常简洁。互补的色相搭配在一起,统一色调的手法将缓和色彩之间的对比效果。

②阴暗的色调。阴暗的色调渲染的场景氛围是一种降低色彩饱和度使各色块协调并融入场景的一种表现。

③明亮的色调。明亮的色调饱和度高,纯度高,凸显整个画面活跃清晰,热闹的色彩氛围就像叙述着一场庆典,需要注意的是,这种高纯度的画面不适合长期浏览,易产生视觉疲劳。

④深暗的色调。深暗的色调以深暗灰色调为主,不同色彩的搭配,显示整个画面的厚重与精细,像有不同的故事情节一样。

⑤雅白的色调。雅白的色调使整个画面显得明快、温暖、温馨。

平面广告具有凝动于静和删繁就简等特点,这使得平面广告的创意方法和其他媒体不尽相同。要成为一名优秀的平面广告创意人,不仅要从图形、文字、色彩的角度进行思考,也要学会如何遵循其中的原则和方法。

二、平面广告的构图法则

平面广告是传递信息的一种方式,是广告主与受众之间的媒介。因此,快速地传达给受众精准的信息尤为重要。平面广告是一种图文并茂的广告形式,从空间角度看,平面广告泛指现有的以长、宽两维形态传达视觉信息的各种广告媒体的广告;从制作角度看,平面广告可分为印刷类、非印刷类、光电类三种形态;从使用场景角度看,平面广告又可分为户内、户外及携带式三种形态;从设计角度看,它包含图形、文字、色彩、版式等要素。好的平面广告不但要给受众简洁明了的信息,还要在创作手法上不断地更新与创新,出其不意的创意性广告才能够吸引受众关注产品。

平面广告的构图是指对广告的文案和图案要素进行版面设计,即如何合理地将广告标题、正文、广告语、插图、商标等元素在广告中布局,将创意理念和广告信息以完美的视觉形式传达给目标受众。良好的广告构图能为广告主题服务并达到最佳传播效果。平面广告的构图法则主要包括四个方面。

1. 变化与统一

变化与统一也叫多样与统一,就是在事物进行变化的过程当中,讲求事物的规律、统一性。如果只追求变化,不讲求统一,那就会杂乱无章;如果只讲求统一,不讲求变化,也会显得特别的死板,所以,两者是相辅相成的关系。在设计过程当中,在变化中统一,在统一中变化。

2. 对称与平衡

对称在生活中处处可见,如我们生活中常用的生活物品、人类的面部。人们对于对称、规律性的事物总能产生舒适感,如建筑的外形设计大多采用了对称的方式,有着艺术美,给人稳定感。

平衡也叫均衡,它没有对称的结构,但是有对称式的重心,平衡指的不是形的对称,而是力的对称,一副平衡的设计作品,要有重心感,抓住图形的平衡感,色彩的平衡感,空间的平衡感,这样才能创作出生动的作品。

3. 条理与反复

条理与反复是平面广告版面构成的重要原则,是构成秩序美感的重要因素。

条理是指对事物有规律的安排,当我们遇到了很多杂乱无章的事情的时候,做好分类,把一件件事情按轻重缓急排列好,那么事情做起来就会有条理多了。平面广告创意也同样需要有规律、有条理地制作版面,注意严肃与活泼的搭配。

反复是指相同或相似的事物不断的重复和出现的一个过程,给人一种整齐、规整的感觉。如阅兵的时候,一排排、一列列的士兵迎面而来。相同反复给人产生规整感,而相似反复给人统一中有变化的感觉。反复还分为单纯反复和多次反复,单纯反复指的是在排列上没有变化,给人整体感和秩序感;多次反复指的是在排列上有变化,有反复,但是在元素上没有变化,这样能使受众产生节奏感。

4. 对比与调和

对比是将两种事物放在一起做比较的一种方式,可鲜明地展示双方各自的特性,增强画面的冲击力和视觉影响力。调和是把构成强烈对比的两种事物进行调和,协调统一,使之平衡。在平面广告创意作品中,对比中需要有调和的内容在里面,才能使整个画面协调、平衡,在对比中有变化,才显得画面没有那么死板、单调。

第二节　平面广告创意的原则和方法

一、平面广告创意的原则

一个好的广告,都有一个独特的创意。平面视觉广告设计运用创意图形和广告文案表现商品的特点和属性,最终达到商业的推销目的。平面视觉广告设计必须遵循一些原则,要敢于思考,出其不意,创作设计出来的作品才能够真正吸引受众,促进广告宣传。

1. 独创原则

平面创意设计应该具有创造性、想象力、直觉力、洞察力,以自身的智慧和思维来进行说服和说明设计。平面创意思想的独特,表现手法的独特以及传播方式的独特,又或者是销售主题的独特都能给受众带来新的视觉感受。

2. 促销原则

广告创意的最终目的是为了更好地促销产品,广告促成消费受众产生心理上、感情上或行动上的反应,或者说是一种视觉传达的过程。创意设计与广告的目的是一致的,既需要想象力又不能让想象力漫无目的。设计师应利用自身的想象力,挖掘创意,使广告主题或所要传达的信息更生动、更有说服力。

3. 印象原则

广告创意不仅要简洁,更需要给人留下深刻的印象,生动逼真。平面创意设计作品如果能引起人们的共鸣感,激发他们的好奇心,产生购买欲望,最终达到促销的目的,那它就是一幅好的广告作品。

4. 传承原则

延续品牌节奏。一个品牌,在没有形成认知度之前,它的产品一般都带有自身的情感色彩或是属性。因此,很多客户都会为自身所创的品牌制定一些品牌精神。从客户角度考虑,他们想把品牌传承给用户,让用户有印象,会记住,并主动传播。因而,当广告公司服务于客户时,在广告创意过程中,应该把品牌的传承性考虑进去。

5. 共鸣原则

与人情感共鸣。平面广告创意来源于人对品牌相关信息的理解和产生的思想和印象,因此,广告的创意需要富有情感性从而增加受众的关联性,它要达到的目的是要让客户产生认同感,让消费者产生认同感。一个广告创意是否成功,从消费者角度出发,情感因素就是一个基本评判标准。因此,产品的命名、品牌的核心卖点提炼、广告语等是创意的开端,而评判创意性,是确认产品能否让人产生情感共鸣。

6. 操作原则

能够有效执行。很多设计师在设计的构思中都有天马行空的创意和想法,但真正实施起来,发现并不可行。创意不是想出来就可以了,创意需要实际的可操作性,假如不能实际应用,那这样的创意也是无济于事。因此,可操作性最基本的做法就是要同时考虑视觉表现和落地执行两个方面。

二、平面广告创意的方法

平面设计以"视觉"作为沟通和表现的方式,其吸引人的元素可以是图片、文字或符号。设计师如何从创新的角度实现创意设计?以下是一些广告创意设计方法。

1. 平面广告创意方法总述

(1)直接展示法。

如图8-4所示,该产品是奥迪汽车广告,广告将汽车舒适度直面地展示在产品上,寓意该车型舒适、宽敞,运用摄影、PS等技巧表达一种真实的写实表现能力。汽车驾驶座位的通透度,渲染了产品的性能、形态和功能用途,将产品的质地直面地呈现出来,给受众逼真的现实感和信赖感,使消费者对该产品产生一种亲切感和信任感。这种手法称为直接展示法。由于直接将产品展示给消费者,所以要十分注意画面上产品的组合和展示角度,我们通常见到的直接展示法大部分都会用在汽车、数码电器等广告作品上。做好直接展示法的效应,应着力突出产品的品牌和产品本身最核心的属性,运用背景烘托产品,使产品置身于一个感染消费者的空间维度,这样才能增强广告创意的视觉冲击力。

(2)突出特征法。

图8-5为一则头痛药广告,它以简单的人物头像为主画面,而画面的焦点定就是钉入额头中的钉子,有种"看着都疼"的即视感,洞察精准,直击目标人群

图8-4 奥迪广告

心灵。突出特征法运用各种方式抓住和强调产品或主题本身与众不同的特征，并把它鲜明地表现出来，将这些特征置于广告画面的主要视觉部位或加以烘托处理，使观众在接触画面的瞬间即很快感受到，对其产生注意和发生视觉兴趣，达到刺激购买欲望的促销目的。在广告表现中，这些应着力加以突出和渲染的特征，一般由富于个性的产品、厂商的企业标志和产品的商标等要素来决定。突出特征的手法也是我们运用得十分普遍的表现手法，是突出广告主题的重要手法之一，有着不可忽略的表现价值。

图 8-5　突出特征法

（3）对比衬托法。

对比是一种趋向于对立冲突的艺术美中最突出的表现手法。它是一种将产品的形态、特点、样式直接对比的一种表现方法，通过衬托，从对比所呈现的差别中达到集中、大小、疏密的变化。如图 8-6 所示，这幅平面广告是博世新出的可充电式锂电工具，工具小巧，在瓶子里都能轻松组装，显示工具的便携性和精致。这幅广告以干净的透明效果为底衬，用瓶子的简易小巧衬托出产品的玲珑细致，这样更加符合家用电工具的小巧与方便。通过这种手法更鲜明地强调产品的性能和特点，给消费者以深刻的视觉感受。对比手法的运用，不但使广告产品主题性加强了，更增强了广告作品的感染力，展示了广告主题表现的不同层次和深度。

图 8-6　博世可充电式锂电工具

(4) 合理夸张法。

夸张法是指相对于正常状态之下的反其道而为之的一种表现方法，将本身微小的事物扩大化。通过产品的这种诉求，加深并扩大了受众对产品特征的认识。合理夸张法能更鲜明地强调或揭示事物的实质，提升广告的视觉效应。图 8-7 是佳能推出的监控摄像头广告创意，无论是抢劫犯、小偷、杀人犯，都逃不过佳能监控摄像头的法眼，牢牢被拴在摄像头的镜头上，此时摄像头看上去像牢牢拷住犯人的手铐。夸张法是一种新奇的创意手法，通过将虚构的特点和个性的方面进行夸大，增强了一种新奇与变化的艺术情趣。夸张法按其表现特征可分为形态夸张和神情夸张两种类型，前者为表象性的艺术手段，后者则为含蓄性的艺术手段。对广告作品中的某个特性或属性进行某个方面的过分夸大，加深或扩大这些特征的认识，通过合理夸张手法的运用，为平面广告创意增添了许多的感情色彩，使产品的回头率更高。

图 8-7　佳能监控摄像头广告

(5) 以小见大法。

在平面广告创意中对产品进行强调、取舍、浓缩，以独到的创意想法抓住一点或局部加以放大或集中描绘，以这种方式更好地表达主题思想。这种艺术手法以小见大，给设计者带来了无限的表现力，同时为受众提供了无限的想象空间，获得生动和丰富的联想。图 8-8 为一组奥迪汽车广告的三张海报，都是将人夸张缩小，将主体物夸大，以这样的方式起到一个强烈的视觉对比差，特别能抓住受众眼球，并加深对产品的理解。该广告中的"小"，是广告画面描写的重点和视觉中心点，它既是广告创意的精华和细节，也是设计者独到的安排，因而它已不是一般意义的"小"，而是小中寓大、以小胜大。

图 8-8　奥迪汽车广告

2. 平面广告中的图形创意

(1) 同构。

同构图形是设计师通过合理的逻辑思维,将两种或多种没有任何表面联系却有内在联系的物体进行组合,创造出新形象。同构图形要求组合后的新形象要给人以和谐、自然的感觉。如图8-9运用了同构的方式,很明显这是一个内衣平面广告,区别于普通杂志广告,它能够互动,通过杂志中可以拉动的绳子,让读者亲自体验"集中"的效果,像真实的内衣一样。它不仅能够有效吸引消费者,表达产品主诉求,还能让消费者参与到广告之中。

(2) 正负。

正负图形是指正负形之间相互依存、相互借用,形成在一个大图形结构中隐含着两个小图形的一种创意图形。一般来说,正负图形由图形和图形之间发生的正负关系两部分而组成。如图8-10所示,画面的中心是一个叉子的特写部分,但是其实不是单纯的叉子位于画面的中心点,叉子的叉东西部分是由酒瓶的负形与叉子组合而成的,两者交相呼应、相辅相成,很协调。两者的共用线产生了一种微妙的景象,这就形成了正负图形。

(3) 悖论图形。

悖论图形是指将合理的和固定的秩序展现成多维空间的平面广告。如图8-11中,我们所看到的是一男子正在撕开自己的头部,以显示一种创意思维空间。该海报的制作方法是这名男子站在墙体面前,摆好事先构想的动作,进行摄影,之后将这张摄影作品打印出来,将头部的地方撕下来,然后把这张摄影作品贴于原场景中的墙体上,将这种新型的场景拍摄下来,最后,运用PS加上主题文字,这样海报就制作完成了。这种多维空间的广告海报,荒诞反常的图像,有生活感、创意感,使受众充满兴趣。

(4) 矛盾空间。

在二维空间里运用三维空间的表现形式错误地表现出来,称为矛盾空间。如图8-12所示,这是一款深受年轻人喜爱的游戏,名叫《纪念碑谷》,背后基本算法和视觉都是依据矛盾空间的原理来制作的。矛盾空间也是在现实生活中不存在的幻想空间,它具

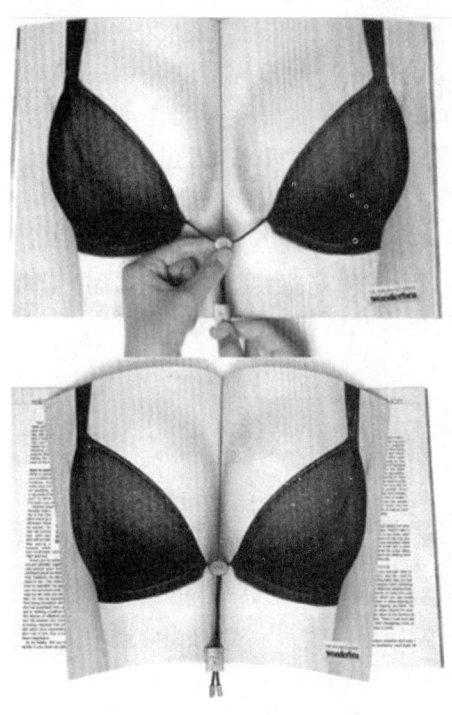

图8-9 某内衣杂志互动广告

图8-10 正负图形案例

有表现多视点的特性，多数应用在艺术设计上。它以自身独特的形式给人留下了极其深刻的印象。两个形象看似在一个平面中，又处于两个不同的空间里，矛盾图形的独特魅力就在于此。

图 8-11　悖论图形案例

图 8-12　《纪念碑谷》

3. 平面广告中的文字创意

汉字，是中国文化之精髓，凝聚着中华上下五千年的精美艺术，是中华文化的瑰宝。在进行平面广告创意的时候，对汉字进行创意，通常也能起到很惊艳的效果。第七章专门针对广告文字的内容创意进行了学习，本部分主要针对平面广告中文字的视觉创意进行讲解。

（1）替换法。

替换法是在统一形态的文字元素里面加入不同的图形元素或者文字元素。如图 8-13，这是一个茶的包装设计，产品的名称是茗人名岩，产品的

图 8-13　茗人名岩包装设计

单品是水仙，该产品的包装设计主要核心点就在于字体设计，不管是产品的名称"茗人名岩"，还是"水仙"，都是根据每一种字体的字意，加入不同的山、植物的元素进去。其本质是根据文字的内容，加入和文字内容相关联的元素，使文字元素之间不但产生共鸣感，还会使受众产生新鲜感。将文字的局部替换，在形象和视觉上都增加了一定的艺术感染力。

（2）共用法。

"笔画公用"是文字图形化创意设计中比较广泛的一种运用形式。如图 8-14 所示，"邂逅旅途的美好"这几个文字的字体设计巧妙地连接了笔画之间的联系，根据文字的潜在联系，使之与辅助图形圆形有机结合。文字是一种视觉图形，它的结构有着强烈构成性，因此，好的字体设计需要结合好文字与文字之间的连接关系。

(3)分解重构法。

分解重构法是将文字或图形打散之后,通过不同的方式或方法重组字体,主要目的是破坏字体的基本规律寻找它的新生命。如图8-15所示,这是一张日本京都某大学的活动海报,整个视觉中心点以"通感"这个主题文字为主体,将这两个文字进行重组与设计,并在重新设计的字体里面加入关于通感的元素,使整个字体活灵活现。把文字图形化运用到设计中,能使作品具有强烈的视觉冲击力,便于受众更加快速、便捷地了解视觉信息。

图8-14 百度顺风车H5广告

图8-15 某大学活动海报

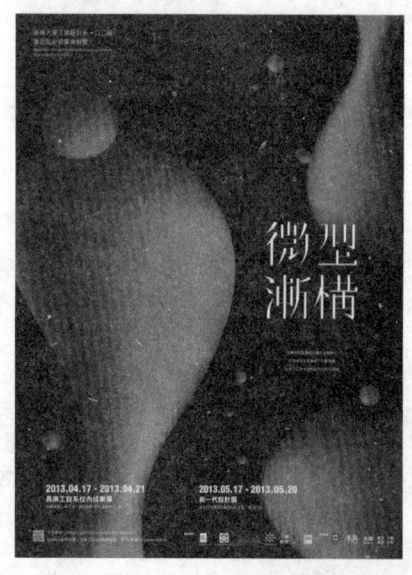

图8-16 会展平面广告

(4)断肢法。

断肢法是把一些封合包围的字,适当的断开一口出来,或把左边断一截,或右边去一截,体现出一些设计感。如图8-16所示,"微型渐构"的字体设计将微和型的其中一个笔画砍掉,但是整体上看,没有破坏字的字形,反而增强了受众的新鲜感,整个画面的氛围感更加强烈。因此,断肢法要在可识别的情况下运用。

(5)上下拉长法。

这种方法就是把字变细,然后上下拉长,营造出类似条形码的感觉,这样的做法可以增强艺术感和设计感。如图8-17,这是登喜路的标志设计,标志设计的字体将"d""h""l""l"这四个字母进行拉长拉伸,造成视觉错位感。

而2018年夏天上映的姜文最新电影《邪不压正》则

以全部拉长的效果进行了海报创意,戏剧化的英文字体配上正红色的中文,不仅突出电影标题,其视觉效果也让人过目不忘(图8-18)。

图8-17 登喜路的标志设计

图8-18 电影《邪不压正》海报

第三节 不同媒介平面广告的创意要领

媒介是指将信息传播给大众的工具,它是生产者和消费者之间的中介物。信息必须借助媒介,配合以图片、文字、色彩三种最有力量的传播符号互相补充说明。媒介一般分为三大类:视觉媒介、听觉媒介和视听两用媒介。广告只有通过媒介传播出去,才能发挥其效应。视觉媒介是平面广告创意的载体,常见的平面广告包含报纸广告、杂志广告、户外广告、招贴广告和DM广告等。下面,将针对不同媒介的平面广告创意的要领进行分类学习。

一、报纸广告创意要领

在传统纸质媒介中,报纸无疑是普及性最广和影响力最大的媒介之一。报纸广告几乎是伴随着报纸的创刊而诞生的。随着时代的发展,报纸的品种越来越多,内容越来越丰富。与此同时,报纸的版式更灵活,印刷更精美,报纸广告的内容与形式也更多样化,也涌现出一批有创意、互动性强的报纸广告,拉近品牌与读者的距离,如图8-19所示。

1. 报纸广告的主要特点

(1)报纸广告的优点。

•广告信息传递及时。对于大多数报纸来说,都是每天进行更新,如日报和晚报。除了手机,报纸几乎是人们一天当中最早接触到的媒介。因此,一些时效性强的广告,如新产品上市或具有新闻性质的产品广告,非常适合通过报纸媒介及时地将信息传播给消费者。

•广告信息量大。报纸广告以文字符号为主,图片为辅,信息容量较大。由于以文字为主,因此报纸广告说明性较强,对于一些关心度较高的产品来说,可利用报纸的说明性详细告知消费者有关产品的特点。如报纸中常见的《汽车专刊》,会利用较多的版面对汽车品牌、性能、价格进行详细介绍,尤其是报纸软文广告,往往会达到意想不到的效果。

图 8-19 雪花啤酒报纸广告

• 广告受众广。报纸广告简单、易懂，受众范围广。移动互联时代，报纸广告的创意性和互动性越来越强，其受众也从原来的政府机关、企业职能部门、居家老人向年轻受众扩散。此外，报纸媒介具有较好的保存性，而且易折易放，携带十分方便，因此，报纸广告的信息传递往往不是一次性的，通过报纸的传阅，报纸广告的覆盖率会随之增大。优秀的报纸广告也很容易被二次传播，在网络平台引发受众讨论。

• 广告可信度高。虽然报纸广告的印刷效果一般，但大多数报纸创刊早，且由党政机关部门及知名报业集团主办，在受众中具有较强影响和威信，如《人民日报》《南方周末》《北京青年报》等。因此，在报纸上刊登的广告往往使消费者产生信任感。

(2) 报纸广告的缺点。

• 广告注意度不高。在一份报纸中，有很多栏目，也有很多广告，它们同时吸引读者的注意。因此，只有当你的广告格外醒目时，才容易引起人们的注意；否则，读者将会视而不见。一般而言，除非广告信息与读者有密切的关系，否则读者在主观上是不会为阅读广告花费太多精力。一般来说，读者阅读报纸广告标题或口号的可能性比较大，而详细阅读广告正文的可能性相对较小。但如果是消费者感兴趣的产品或品牌，他们就会对广告内容进行全面而彻底的了解。

• 广告表现形式单一，视觉效果一般。受报纸媒介材质的限制，报纸广告的创意形式一般比较简单，且印刷质量较差。近年来，报纸的印刷技术在高新科技的支持下，不断得到突破与完善，报纸广告的视觉效果也在逐步提升。但到目前为止，报纸仍是印刷成本最低的媒介。所以，报纸的印刷品质远不如杂志、直邮广告和招贴海报等。而依附于报纸生存的报纸广告的效果也会因此受到一定影响。

2. 报纸广告的创意要求

综合报纸广告的优缺点，报纸广告创意的重点应该放在文字和插图上。应尽量通过简单、直接的信息与消费者进行沟通,视觉设计上也不要过于复杂和花哨。具体包含以下几点。

(1) 主题鲜明,诉求突出。

报纸上各类信息繁杂,因此,在进行报纸广告创意时,务必紧扣主题,突出广告诉求,只有这样,你的广告才能在茫茫"字海"中脱颖而出,读者也能在最短的时间内明白你要表达的重点。而在版式设计上,同样力求简单、直接,因为报纸媒介的受众范围广,各种年龄、职业人群均包含在内,因此报纸广告的创意大多通俗易懂。如图8-20,首先通过一个整版广告从视觉上做到强势吸引;再从内容上用"纯文案"的方式让自己迅速与图文结合的广告区隔开来;最后是文字本身,超大的字号不仅容易引起关注,更在传播沟通中,起到了突出重点的作用。整幅广告主题鲜明,诉求突出,自始至终只说了一件事:全天下最大的谎言就是你不漂亮,因为,你用了 Max Factor。

图 8-20　Max Factor 蜜丝佛陀彩妆报纸广告

(2) 内容统一,形式醒目。

报纸广告创意的下一步就是根据明确的主题和诉求,对图文进行梳理,并用最好的方式呈现出来。如 Max Factor 这则报纸广告中的正文和附文也一起为广告主题和诉求服务——"我们坚信,每个女生都能创造独一无二的你",充分表明该品牌带给你的美不只是外在的,而是从内而外独一无二的美。

此外,虽然报纸广告印刷效果相对较差,但并不意味着报纸广告不能在视觉上进行创意。报纸广告的颜色选择包含黑白广告、套色广告和全彩广告三种,研究数据表明:在报纸广告中套印上红色,可将黑白广告的注意程度提高 50%,而采用全色广告其注意程度可比黑白广告提升 70%[①]。如下面这则汽车广告(图8-21),通过画面的巧妙设计,让汽车呈现出拉开大幕的感觉,从而自然地引出新品上市的话题及汽车的价格和广告语。红色的汽车在满屏黑色的文字中特别突出,版面设计松弛结合,整幅广告在报纸中特别醒目。

(3) 制造悬念,加强互动。

如今的报纸广告已逐渐脱离单纯的硬广和软广形式,而向互动式广告进发,这也是移动互联时代,报纸广告创意最大的特征和要求。在新媒体的井喷式发展下,传统媒介领头人之一的报纸也必须与时俱进、推陈出新。因此,报纸广告的创意要充分结合这一新的形式,通过广告中的文字和图片与消费者"打招呼",通过悬念的设置或互动的加入吸引读者主动阅读广告,甚至进行自主传播。如下面的两则案例。

第一则是 2016 年"520 闲鱼拍卖节"《北京青年报》广告(图8-22)。闲鱼的这次广告运作是一次整合传播,在正式发布报纸广告之前,闲鱼官方微博和官方公众号于 2016 年 5 月 11 日

---

① 数据来源:百度文库《报纸广告设计中色彩的应用》,https://wenku.baidu.com/view/f207a36ca45177232f60a237.html。

图 8-21　某汽车品牌国外报纸广告

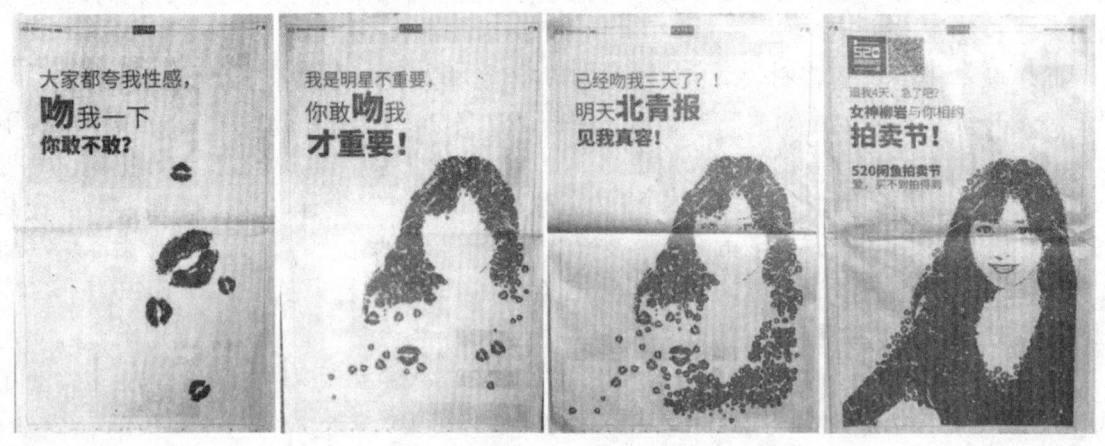

图 8-22　咸鱼拍卖节《北京青年报》广告

起每天发布"拍卖节"的创意海报和相关内容进行预热。然后于5月12日至15日连续四天在北京本地资讯的 KOL（Key Opinion Leader 的简称，指关键意见领袖）《北京青年报》上发布悬念广告，并将广告内容发布至官微从而发起"520闲鱼拍卖节"的话题。接着在5月17日至19日，在上海国际时尚中心设置 8m×6m 的"陈晓陈妍希结婚"巨型 LED 互动展牌，陆家嘴花旗银行大厦出现"拍卖节"灯光秀。最后一环是5月20日起，大批明星和微博 KOL 助力话题讨论。从第一天的烈焰红唇勾起读者强烈好奇心,到第二天的不经意透露实则是诱"客"深入,再到第三天将悬念推到顶点,终于到第四天悬念最终揭晓。这个作品已经不是单纯的报纸广告创意,而是一次完整的品牌传播(资料来源:数英 APP,作者:Penny 瓶子酱)。

另一则是随手记 APP《深圳晚报》,它被誉为"2017 年最有创意的报纸",是一则"硬广 Mix 社交"的试卷广告。在开展广告创意时,广告人首先要找到好的洞察,而好的广告洞察,必须真正做到品牌与消费者的链接,随手记的这则创意报纸广告利用独特而大胆的形式,从刊登之初就引发了全面关注与传播,试卷的形式更掀起了全民做题高潮,网友们纷纷表示"明明知道是广告,可还是忍不住去算,关键还不会算"。这则互动性极强的报纸广告融合了报纸、公交车站、路牌等不同媒介,受到各路学霸、科技公司白领、理财高手等人群的强势"围攻",大量 UGC(User Generated Content 的简称,指用户原创内容)的产生也为该报纸广告的二次传播提供了良好的基础。

二、杂志广告创意要领

杂志也是平面广告的重要载体。尽管与报纸广告相比,杂志广告时效性更低、覆盖面更窄,但由于它印刷精美、受众精准,往往能取得良好的效果。与报纸广告创意不同的是,杂志广告创意的表现形式会丰富很多,因媒介质感上的优势,杂志广告视觉冲击力强,广告形式呈多样化。而且杂志种类繁多,针对性强,杂志广告会根据目标受众的特征开展更有效的创意。如图 8-23 这则经典的薇姿杂志广告,早已深深刻在 80 后的脑海里,在中国时尚圈最火的《时尚》《VOGUE 服饰与美容》和《ELLE 世界时装之苑》等杂志上都刊登过这则广告。由于印刷技术的发展和人类思维的进步,杂志广告创意也打破了以往单纯的平面设计模式,越来越多的优秀创意体现着杂志广告的广阔前景。

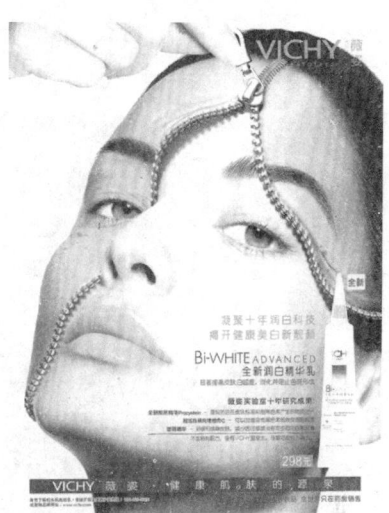

图 8-23 薇姿经典杂志广告

1. 杂志广告的主要特点

(1)杂志广告的优点。

·广告受众精准,针对性强。杂志种类繁多且专业性强,虽然它与报纸同属于印刷媒介,但报纸以新闻报道为主,而杂志是以各种生活知识、时尚知识和科普知识等来满足不同类型读者的需要。所以,杂志广告的受众面比报纸广告窄,但正因如此,杂志广告能够针对特定阶层的受众开展广告创意,做到精准投放。同类型的杂志读者,有较多的共同特征,如时尚杂志吸引年轻女性、动漫杂志吸引青少年、新闻类杂志吸引成熟男性等。每一类杂志都拥有其基本的读者群,因此,在进行杂志广告创意时,首先要抓住目标群体,根据其年龄、性别和个性进行差异化创意。

此外,订阅杂志的人一般学历水平和收入水平较高,对生活有一定追求,对广告也有一定的欣赏能力,如果品牌选对了杂志,其广告效果是非常不错的。

·广告阅读率高,保存期长。杂志用纸优良、印刷精美,尤其是杂志广告,用纸和设计更为讲究,色彩鲜艳精致,可以逼真地再现商品形象,激发读者的购买欲望,因此杂志广告的阅读率一般高于报纸广告。

杂志广告大都采用全页、跨页或半页,版面大、内容多、图文并茂,能把广告客户提供的信息完整地表达出来,比起电视、广播等电波媒介,其广告生命也要长得多。广播、电视节目一播即逝,而杂志阅读时间长,常常还有读者喜欢反复阅读和传递阅读。因此,杂志广告能反复与目标受众接触,加深人们对广告的印象。

• 广告注意度高,表现力强。杂志广告在版面位置安排上可以分为:封面、封底、封二、封三、扉页、内页、插页,颜色上可以是黑白,也可以是彩色,在版面大小上有全页、半页,也有1/3、2/3、1/4、1/6 页。为了适应客户的需求,还可以制作大幅广告,如连页广告(图 8-24)、多页广告,视觉冲击力强,创意表现力强,广告效果非常明显。在印刷质感上,杂志广告比报纸广告要优越很多,它常常给人带来美好的感觉,在广告中诉求人们向往的样子。同时,杂志广告多为商业广告,广告登载量也不多,形式新颖、艺术感染力强,给人以美的享受,因此,杂志广告一般注意度高,且不会引起读者反感。

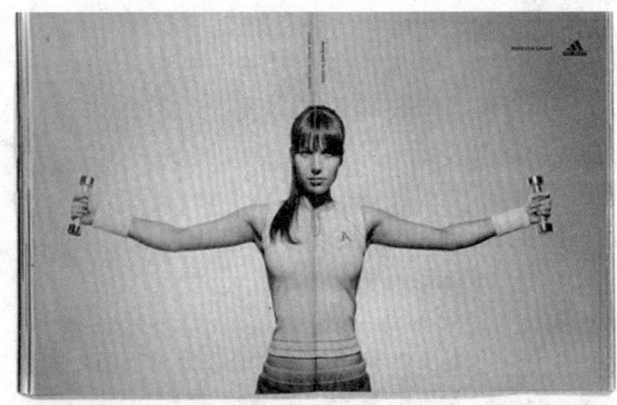

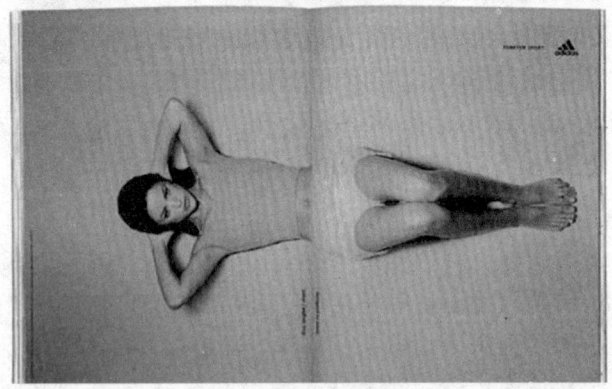

图 8-24　Adidas 创意杂志广告

(2)杂志广告的缺点。

• 广告时效性差。杂志是定期刊物,发行周期较长,一般是周刊、半月刊、月刊、季刊、半年刊甚至年刊,因而杂志广告的传播速度较慢,一般适合品牌形象广告。时效性强的广告,如新品上市的促销广告或竞争性强的广告等,不宜选用杂志媒介,否则容易错过时机,影响广告效果。

• 广告同质化高。虽然杂志分类精细,受众精准,但在同一类型杂志上所刊登的广告类型容易同质化。因为受众集中、影响力高的杂志集中,品牌在挑选杂志媒介的时候容易重叠,同一类型杂志上广告的产品类型也容易重叠。因此,唯有更深入地了解目标受众需求,并在广告创意上多花功夫,才能有效地吸引消费者。

2. 杂志广告的创意要求

杂志广告创意的核心是色彩、画面和头图。色彩在杂志中的创意主要包含色调处理、位置处理和层次处理三个部分,在本章第一节中已经详细阐述。因此,本节将重点学习杂志广告的画面创意和构图创意。

(1)杂志广告的画面创意。画面表现内容,所以杂志广告的画面创意主要是从它如何更有效地表现广告内容入手。具体来说,杂志广告画面创意包含三类方法①。

·比喻法。比喻是两个事物的形态或结构的形式关系,相对外在,如用猎豹比喻赛车、用枯萎的树叶比喻衰老的皮肤等。

·象征法。象征则是两个事物抽象层次上的相似或相关,相对内在,如用蝴蝶象征爱情、用伯牙子期象征知音难觅等。

比喻法和象征法都是通过事物之间的关联去寻求创意的入口,它们是平面广告创意最基础的方法。

·造型法。造型法是利用人们的完形心理②,在画面上留下一些形象或情节的空白,使读者在看到广告时,能够自由想象,构思出完整的形象和情节。造型法在平面广告创意中有着独特的魅力,如图8-25是一组公益广告,通过三幅系列广告,受众能很清楚地知道广告的诉求:不要疲劳驾驶。广告没有采用传统的说教或者血腥的画面去体现疲劳驾驶的危害性,而是留有空间,让受众自己去完成这个画面和情节,在心里产生更强的触动,广告效果反而更好。

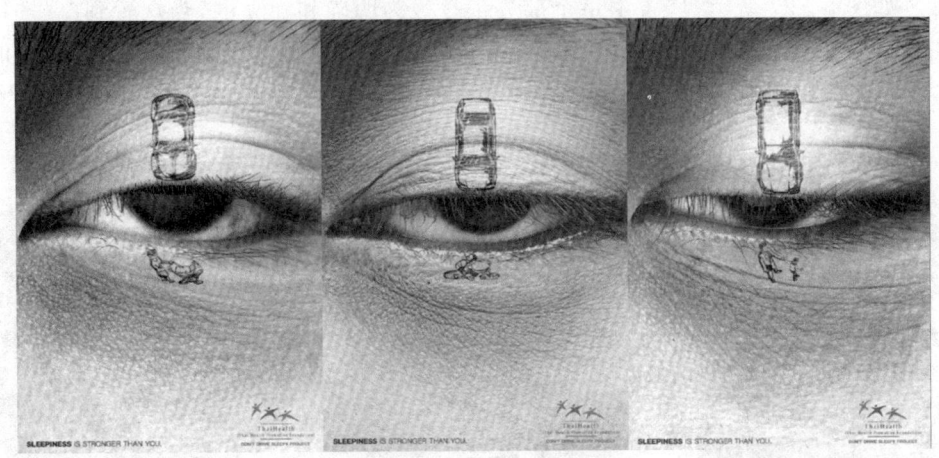

图8-25 造型法

---

① 参考余明阳、陈先红的《广告策划创意学》,第349-352页。

② 完形心理学是一个心理流派,1912年诞生于德国,是"格式塔(Gestalt)"的译音。其核心概念就是完形,即整体,包含物体的性质和形状两层内涵。

(2)杂志广告的构图创意。

· 中心型。它是指利用视觉中心,在画面视觉中心突出想要表达的实物。当平面广告中没有太多的文字,并且需要很明确地表现主题的情况下,一般多运用中心型,中心型有突出主体、聚焦视线等作用。如图8-26,每一个画面的图形都是位于画面的中心位置,醒目而稳固。

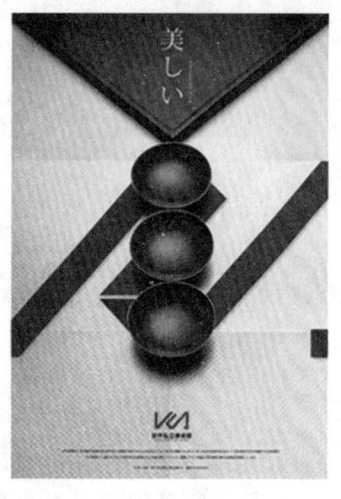  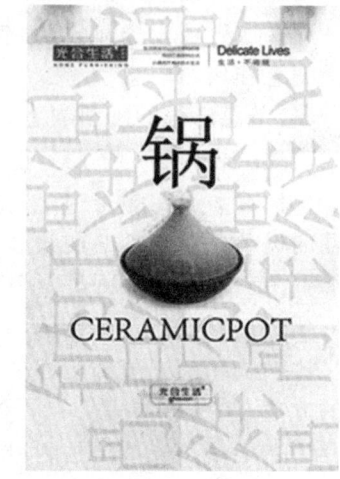

图8-26 中心型

· 分割型。它是指利用分割线使画面有明确的独立性和引导性以及空间感。当平面广告画面中有较多的文字和图片时,可以使用分割排版去做区隔,从而明确广告画面中各个部分的主次关系。如图8-27所示,广告中每个部分都是极为明确和独立的,受众看到广告时会有一个流动性和方向性,通过分割出来的版面,受众能快速明确画面主次关系。利用实物和平面矢量的结合等形式,整个画面整齐且美观,创新且有创意。

 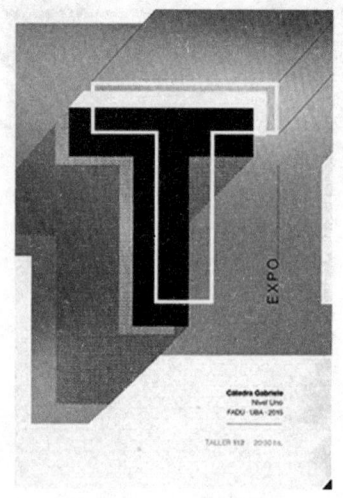 

图8-27 分割型

• 倾斜型。它是指通过主体或整体画面的倾斜编排,使画面有动感,刺激受众视觉感。当平面广告画面需要出现动感、冲击感、跳跃感等效果的时候,可以使用倾斜型排版,倾斜型排版可以让呆板的版面充满活力和生机。如图 8-28 所示,画面冲击感极强,并带有一定的速度感。

图 8-28 倾斜型

• 骨骼型。它是指通过有序的编排方式,使版面理性,具有统一性。当平面广告画面中文字较多时,通常会使用骨骼型构图方式,清晰的层次关系和严谨的图文处理会使受众对广告更有信任度,是一种基本上不会出现错误的构图方式,也是比较单一的排布方式。图 8-29 中的三幅平面广告都是文字较多的,尤其是最右边的图,通过骨骼型构图很好地进行了文字的主次和美观处理。

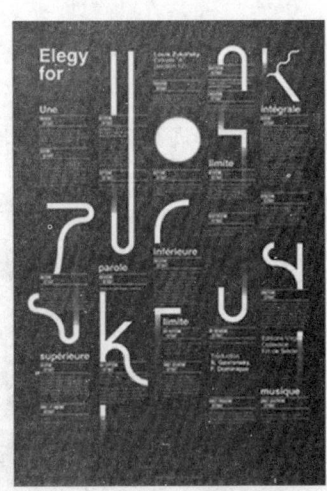

图 8-29 骨骼型

- 满版型。它是指通过大面积的主体元素来占领整个画面的视觉中心，使画面丰富而大胆。当平面广告的画面中文字较少时，通常会使用满版型构图。常见满版型构图有整体满版、细节满版和文字满版，特别适合想要突出产品优势或人物细节的平面广告。如图8-30通过三幅不同类型的杂志广告展现了满版型构图的优势。

图8-30 满版型

三、其他平面广告创意要领

除了报纸广告和杂志广告两大主要类型的平面广告，还有很多其他形式的平面广告。在这里，我们仅介绍户外广告、招贴广告和DM广告三种形式的广告创意，其他类型的平面广告创意可以以此为借鉴。

1. 户外广告创意要领

户外广告是在建筑物外表或街道、广场、地铁等室外公共场所设立的霓虹灯、广告牌、海报等。户外广告面向的是所有公众，所以很难选择具体目标对象，但是户外广告可以在固定的地点长时期地展示企业的形象及品牌，因而对提高企业和品牌的知名度是很有效的。户外广告的创意具体表现在，画面要鲜艳醒目，文字要简洁、诱人，造型要别具一格。如图8-31所示，

图8-31 天天飞车地铁广告

它是天天飞车的一则地铁通道广告,广告以手机屏幕为主题占领整个画面,却又被突如其来的飞车撞碎屏幕,给受众带来了极大的震撼力和杀伤力,也为天天飞车带来了较大的关注度。

除了地铁广告,常见的户外广告还包含路牌广告、公交站牌广告等。如图8-32,这是一则公益广告,为救助烧伤人员募捐,即使你没有时间看完广告牌上的每一个字,小男孩褶皱的脸肯定会引起你的关注。一方面你会想,他的脸为什么会这样?另一方面你开始思索答案。此时,广告已经与你产生了沟通,广告的目标也就达到了。随着时代的发展,户外互动广告这种新的广告形式也越来越多的出现在人们身边,在原本静态的户外平面广告中,通过文字的互动、实物的互动或是技术的互动,让原本单调的广告变得有趣,不仅大大提升了广告效果,有的甚至成为城市中亮丽的风景线。

图8-32 救助烧伤人员的募捐广告

2. 招贴广告创意要领

招贴广告主要由图形、色彩、文字三部分组成,文字部分作为书面表达形式,承担着招贴广告传达信息的重要任务。文字的创作必然受到图形和色彩的制约与影响,文字在招贴中的体现方式依然是承载着文字的使命,但却是以不同的写作方式进行传达,这种文字传达超越了文字本身的内容,字型和字意的完美结合才是招贴广告写作的独特之处。在招贴广告中把文字通过一定的组织规律,根据创作者意图进行语句的编排、字型的设计,并统一于图形模式和色彩风格的这种创作形式,称之为招贴广告的写作。如图8-33所示,平安银行猴年所做的信用卡招贴设计,经过多层次的思维后,以高度概括、简洁、精练的书面语言,丰富的插画,将信息快速、准确、完美地展现在受众群体的眼前,完成招贴广告写作的使命。由此可见,简洁性、准确性与创意性是招贴广告写作的主要特点。

3. DM广告创意要领

DM广告又称"直接邮寄广告",即通过邮寄、赠送等形式,将宣传品送到消费者手中、家里或公司所在地。DM广告有多种不同形式,主要包括广告信函、明信片、宣传册、征订单、商品价目表、产品说明书、通知、传单等多种形式。因此,DM广告目标明确、针对性强,每一个细分的内容都可以发挥出最大的效益。由于DM广告形式多种多样,篇幅和文字不拘一格,因此,

图 8-33　平安银行信用卡招贴设计

能产生较强的说服力,再次制作也非常简便,费用低。如图 8-34,信封中是一个简易的纸盒唱片机,当你把它组装起来用铅笔转动光盘,就可发出声音,展示了 GGRP Sound 强大的声音工程能力。

图 8-34　音频工程公司 GGRP Sound 创意直邮广告

【课后练习】

1. 简述平面广告的构成要素。
2. 阐述平面广告创意的内容与方法。
3. 图形创意的作用是什么？试用图形创意的方法进行一则广告创意。

第九章　电视广告创意

> **内容提要**
>
> 1. 电视广告是一种经由电视传播的广告形式,它将视觉形象和听觉综合在一起,充分运用各种艺术手法,能最直观最形象地传递产品信息。
> 2. 电视广告的创意原则包括:创意是电视广告的灵魂;以视觉为中心;突出主题;以情感为精髓。
> 3. 电视广告创意包括图像、音乐、音响、对白和旁白的创作等。
> 4. 电视广告的制作流程主要是提交故事板、提交制作方案并报价、签订制作合同、筹备工作、召开 PPM 会议(即制作准备会议)、确认最终方案、落实细节、正式拍摄、冲洗胶片、初剪、正式剪辑、添加音乐、添加旁边和对白、交付成片。

案例导入:方太"假广告"

【案例详情】

近两年,方太拍摄了不少有温度的电视广告,如《方太情书》《方太中秋宋词广告》。此外,方太也创作了不少"神转折"的电视广告,赚足了眼球,其中以"假广告"系列最为经典。

镜头一开始是标准的洗发水广告拍摄画面,然而画风陡转,抛出问题:一头健康清新的秀发,需要的远不止是一瓶含有87种精华元素的洗发水那么简单。每天做饭,油烟里300多种有害物质都在侵袭着你的秀发(图9-1)。

图9-1　方太"假广告"之《洗发水篇》

第一眼以为是主打温情牌的情感广告,或是暖男为咳嗽的妈妈送止咳药水。其实比起咳嗽药水,为家操劳多年的母亲,需要的只是一台四面八方不跑烟的方太油烟机!(图9-2)

图9-2 方太"假广告"之《咳嗽药篇》

上门找茬的岳父、红了双眼的女儿、满受质疑的女婿,滴点儿眼药水就能解决问题?油烟里的有害物质才是导致角膜炎的常见病因,想要家庭和谐,还是靠方太!(图9-3)

图9-3 方太"假广告"之《眼药水篇》

千篇一律的护肤大师、长斑的鹌鹑蛋、烦恼的漂亮女生,抹了这高端护肤品真的能修护损伤的肌肤?回到家还要受到油烟的有害物质侵扰,世界上没有神仙药能永葆青春,但总有一台方太在厨房默默吸收有害的物质(图9-4)。

【案例点评】
方太厨具这一系列电视广告几乎全部都是采用"神转折"手法,打造"猜得中开头却猜不中结尾"的冲突与反差,也被网友亲切地称为"方太烧脑广告",给看惯了套路的消费者耳目一新之感。如果在广告中声称油烟中含有300多种有害物质,特别是丙烯醛,普通人很难对此形成概念。因此方太在广告中用了"它们会使皮肤发黄、暗沉""危害是雾霾天的几倍"等受众能够理解的语言与受众建立了沟通桥梁。生活化的场景、热点话题的切入及逗趣的演绎,以简单、有趣、与众不同的方式植入人心,最终使得方太广告大获成功。

图9-4　方太"假广告"之《护肤品篇》

第一节　电视广告概述

一、电视广告的概念

电视媒体是最具影响力、也是广告主最热衷的媒体之一。电视媒体集视觉传播和听觉传播于一体，综合运用文字、图像、色彩、声音等丰富的艺术表现手法，具有强大的感染力和号召力。作为一种瞬时媒体，电视媒体具有其他媒体难以比拟的优势。

1．形象生动，说服力强

电视媒体是一种视听合一的媒体，不仅可以具体生动地反映商品的外观、使用效果等特点，而且可以带给观众一种面对面交流的亲切感和信任感，不知不觉地说服人们接受信息。

2．覆盖面广，单位接触成本低

电视在我国已经基本普及，成为了人们日常生活中不可缺少的一部分，吸引着成千上万的观众。因此，电视媒体的覆盖面之广、渗透力之强是其他媒体所无法比拟的，而电视媒体的高收视率使得受众单位接触成本降为较低水平。

3．传播迅速，时空性强

电视可以在同一时间把图像和声音等信息传播到世界各地，传播速度快，不受时间和空间的限制，特别有利于播放实效性较强的新闻或者广告。

4．直观真实，理解度高

电视广告能够直观传播信息，不仅有真实的画面展示产品，而且还配有生动的语言解说，具有强烈的感染力，容易使人产生购买欲。

二、电视广告的分类

电视广告是一种经由电视传播的广告形式，它将视觉形象和听觉综合在一起，充分运用各种艺术手法，能最直观、最形象地传递产品信息。电视广告主要有以下几种形式。

1. 节目型电视广告

节目型电视广告是由众多的单条广告编辑组合而成的一个节目,一般有固定的时间和片长。

2. 插播型电视广告

插播型电视广告可以分为两种:一种是在两个不同的节目之间插播的电视广告;一种是在同一节目中插入的电视广告。插播型电视广告相对来说收视率较高,因为此时电视广告传播的强制性和无选择性体现得最为充分。插播型广告越是在高收视率节目中间或前面播出,传播效果越好。

3. 赞助型电视广告

赞助型电视广告是由企业针对某个收视率较高的电视节目提供赞助,节目每次在播出前为该企业、产品或劳务插播广告,同时明确说明节目是由该企业提供赞助。赞助型电视广告传播效果较为稳定,企业的知名度通常会随着赞助节目的品牌效应而提高。

4. 转借型电视广告

转借型电视广告又称隐性电视广告,这一类广告通常指的是其他媒体广告(道具、服饰、场景等)出现在电视的非广告节目画面中。转借型广告成本远低于一般电视广告,传播效果却不亚于传统型电视广告。

三、电视广告的优缺点

1. 电视广告的优点

(1)冲击力、感染力较强。

电视属于情感型媒体,是唯一能够进行动态演示的传统媒体。电视广告往往通过图像的运动忠诚地记录并再现信息,用声波和光波信号直接刺激人们的感官和心理,以获得受众感知经验上的认同。因此,电视广告往往令观众感觉格外真实,这是任何别的媒体广告难以达到的。

(2)穿透力强,抵达率高。

电视对观众的文化知识水准没有严格的要求。即便不识字也基本上可以看懂或理解广告中所传达的内容。电视超越了读写障碍,成为一种最大众化的宣传媒介。电视广告能够穿越空间抵达电波覆盖的任何区域,直接进入亿万家庭。

(3)与生活最为贴切。

经济发达的国家和地区,电视机已经普及,观看电视节目已成为人们文化生活的重要组成部分。电视与我们的生活密切联系,电视传播的内容是现实的延伸,人们喜欢看电视,自然也会接触到为生活提供各种讯息的电视广告。

(4)具有一定的强制性。

受众是在被动的状态下承受电视广告的,这也是电视区别于别的媒体广告的一大特色。

2. 电视广告的缺点

(1)信息量小,转瞬即逝。

电视广告长度一般是以 5 秒、10 秒、15 秒、20 秒、30 秒、45 秒、60 秒、90 秒、120 秒为基本单位,超过 3、4 分钟的比较少,而最常见的电视广告则是 15 秒和 30 秒。也就是说一则电视广告只能在短短的时间之内完成讯息传达的任务,这是极苛刻的先决条件。电视广告不能保留、传阅和反复观看,所以不便记忆。

(2)受收视环境的影响大,不易把握传播效果。

电视机需要一个适当的收视环境,离开了这个环境,也就阻断了电视媒介的传播。在这个环境内,观众的多少、距离电视机屏幕的远近、观众的角度以及电视音量的大小、器材质量以至于电视机接受信号的功能如何,都直接影响着电视广告的收视效果。

(3)制作和播放费用昂贵。

首先,电视广告片本身的制作成本高,周期长;其次,电视广告的播放费用高。就制作费而言,电影、电视片这类艺术形式本身就以制作周期长、工艺过程复杂、不可控制因素多(如地域、季节天气、演员等)而著称,而电视广告片又比一般的电影、电视节目要求高得多。广告片拍片的片比通常是 100∶1,可见仅是胶片一项,电视广告片就要比普通电影、电视剧节目超出多少倍了,而且为广告片专门作曲、演奏、配音、剪辑、合成,都需要花大量的资金。就广告播出费而言,电视台的收费标准也很高。我国中央电视台 A 特段 30 秒的广告收费需要人民币 4.5 万元。而国外黄金时段播出费用比这还要高得多,美国的电视广告每 30 秒要 10 万～15 万美元,如果在特别节目中插播广告更贵,有的可高达几十万美元。

(4)不利于深入理解广告信息。

电视广告需要在很短的时间内,连续播出各种画面,闪动很快,不能作过多的解说,影响人们对广告商品的深入理解。因此,电视广告不宜播放需要详尽理解性诉求的商品,如生产设备之类的商品。一些高档耐用消费品在电视播放广告时,还要运用其他补充广告形式作详细介绍。

四、我国电视广告的发展历程

世界上最早的电视广告是以现场直播的方式播出的,随着录像技术的成熟、电视影响的扩大和营销观念的革新,从 20 世纪 60 年代起,世界电视广告开始逐步走向成熟,表现为电视广告的形式和内容越来越丰富;90 年代以后,随着高科技电子成果不断引入和市场观念的进一步开放,世界电视广告又有了突飞猛进的发展。

与世界电视广告发展历程相比,我国的电视广告传播仅有 30 多年的短暂历史,它的出现比我国的电视要迟 30 余年。

1. 初创期:计划经济条件下的艰难起步

从 1979 年我国第一则电视广告播出到 80 年代前期,我国的电视广告在计划经济条件下迈出了蹒跚的步履。

1978 年底,党的十一届三中全会召开,确定了把全党的工作重心转移到经济建设上来,为我国电视广告的起步创立了政策环境。同时改革开放序幕的揭开,客观上造成了外国商品逐渐进入中国市场,各国厂商及企业家都迫切需要在中国电视上有个窗口。

电视广告"平反"。受"文化大革命"影响,电视广告一直被认为是资本主义的东西。直到 1978 年改革开放后,国内广告先行者丁允朋先生在隔年的 1 月 14 日《文汇报》发表了一篇《为广告正名》的文章,才第一次为当代广告的合法性进行辩护。之后,又在中宣部部长胡耀邦的努力下,广告得以恢复其商业性。

1979年1月28日,上海电视台《参桂补酒》广告的播出宣告了我国电视广告传播的诞生。从制作技法上看,这则长1分35秒的广告类似于电视新闻片,但对我国电视广告传播业来说却具有重大的开拓意义。同日,上海电视台还播出了"上海电视台即日起受理广告业务"的字幕。同年3月15日,上海电视台又播出了我国第一则外商广告《瑞士雷达表》。

　　1979年中央电视台经请示在中国电视服务公司下设了一个营业科,专门负责安排广告,后来很快又改成了广告科。当时观众,包括电视台的人对广告都很不理解,开始播出时不敢叫广告,只称"商品信息"。客户也不多,每天只播出3分钟左右。1979年9月30日,中央电视台播出第一条有偿广告——美国威斯汀豪斯电器广告。随后,日本西铁城公司在《新闻联播》前推出了报时广告。中央电视台自己制作播出的第一条广告是首都汽车出租公司的广告,不久又为河北冀县暖气片厂制作并播出了广告。

　　1979年11月,中宣部正式批准新闻单位承办广告。初期的电视广告分三种形式:一种是介绍商品的;一种是介绍厂商的;还有一种是外商提供的带广告性的节目(如纪录片)。当时全国电视台的设备简陋,电视台经济来源完全依靠财政拨款,因而从中央到地方的财力都难以满足需要高投入的电视事业的发展。

　　在这个阶段,我国的电视广告既受到经济体制改革的积极推动,也受到社会主义计划经济体制的束缚。一方面,电视广告业务发展迅速,电视台成为当时电视广告制作的主要力量;另一方面,电视广告的制作水平并不高,广告的创意设计受到生产观念的制约。单一的计划经济体制决定了企业以生产为中心的模式,广告主的观念落后,大多数广告都是告知型或自我表现型的,站在生产者的立场上,介绍生产者引以为傲的事,以商品功能为诉求重点,画面大多是企业的厂门、车间和奖状,"誉满全球""实行三包""省优部优国优"等口号式广告语不绝于耳。当然,出现这种局面的另一个重要原因是,当时的电视广告工作者大都是从电视台新闻部门转岗过来的,对广告的专业认识薄弱,大量借用电视新闻的创作手法来制作电视广告也就不足为奇了。

　　2. 探索期:由计划经济到商品经济的积极转变

　　商业电视广告的雏形已现端倪。20世纪80年代初,仍有一些企业和广告人,开始自觉而又有计划地做广告,这在广告界可谓是独步先行。80年代初,在中国广告先行者的努力下,中国广告人对广告有了自己的见解,并做了一些有自己思想的东西。大量国际广告理论的进入、国内各层次的广告协会的成立,以及外商代理的逐步加入,促使了我国电视法制初步建立和规范。这都为中国电视广告业的发展创造了外在的条件和因素。

　　1984年,党的十二届三中全会做出《中共中央关于经济体制改革的决定》,在确立对外开放基本国策的基础上,第一次正式提出"社会主义商品经济"的概念。从此,我国步入了由计划经济向市场经济的过渡期。

　　改革开放的不断推进和日益扩大的国内市场需求的刺激,同时在与国际交流的催化下,电视作为最先进的传播媒体,发展速度是极其快的。在发展经济实现"四个现代化"改善人民生活的大政策方针指导下,我国电视广告传播取得了可喜的进步,主要表现在以下几个方面。

　　首先,电视广告传播观念发生了根本性的变化。"以销定产"广告传播导向逐渐取代"以产定销"的观念,推销产品被提上企业重要议事日程,广告主的广告意识大大增强,广告预算大幅度上升。同时,随着电视事业的发展,电视广告业务继续扩大,各地纷纷加强广告部门的制作力量。其中,中央电视台于1987年7月成立广告部,下设业务科、制作科、财务科,专门承担电视广告的编辑、制作、播出和管理工作,并分别在第一套节目和第二套节目中开辟了《榜上有名》和《名不虚传》等栏目。以"重信誉,创优质服务"的原则,为经济建设、市场贸易及消费者提供服务,这一原则至今仍然是电视广告传播的宗旨。

其次,电视广告创作水平和传播效果大幅提升。电视广告的创意设计开始突破告知型和自我表现型的窠臼,注重感性诉求和人情味,突出商品个性、主题定位准确、信息传达清晰、广告语精炼的广告作品增多。

最后,电视广告的市场化运作机制初步建立。电视广告创作被纳入广告策略规划,广告公司为客户的广告进行总体策划的运作机制建立,传播效果得到了强化。同时,广告传播开始重视对产品、市场和目标对象的分析研究,逐渐从纯主观的艺术创作倾向中摆脱出来。

电视公益广告的出现是这一时期的一个创举。1986年,贵州电视台率先播出了以节约用水为主题的公益广告,引起了广告界的注意。1987年10月,中央电视台在黄金时间正式开办了公益广告栏目《广而告之》,宣传生活常识,提倡社会公德。这种公益性的广告为电视台树立了良好形象,在人们追逐金钱的浪潮中,电视公益广告的出现带来了一股清新之风,营造了人与人之间的理解、同情和温馨,唤起了真、善、美的社会美德和人性本位,赢得了观众的一致赞扬,很快在全国推广。

3. 成长期:市场经济条件下的全新发展

20世纪90年代以后,中共中央、国务院颁布了《关于加快发展第三产业的决定》,明确指出广播电视属于第三产业,文件还指出,"以产业为方向,建立充满活力的第三产业自我发展机制,现有大部分福利型、公益型和事业型第三产业要逐步向经营型转变。"广播电视产业属性的界定,为广播电视产业经营创造了一个前所未有的良好条件,也为电视广告传播的大发展提供了政策的保障。

经过一段时期,电视广告创作人才得到了成长,经验得到了积累,在市场经济蓬勃发展的新形势推动下,我国的电视广告进入快速成长期,呈现出百花齐放的传播局面,主要表现在以下几个方面。

首先,电视广告传播的市场观念全面确立。社会主义市场经济体制的确立,使现代营销观念被广泛接受,明确了广告传播对象,消费者成为市场主体,"用户就是上帝"深入人心,因此,站在消费者的立场上做广告、说消费者关心的事成为广告主的主要诉求方法。同时,电视广告成为电视产业经营的具体手段,以中央电视台为例,1996年6月起实行"栏目带广告,广告养栏目"的运作机制,电视栏目和广告经营完全步入市场化。实行这个办法的栏目拿出10%的时间用于播放广告,广告收入的50%用作栏目经费。节目质量好,栏目广告就排得满,广告价格也可以提高;广告收入多,节目制作经费也就多,就更能保证节目的资金投入和质量的提高,从而形成节目质量与经营创收共同提高的良性循环系统。市场观念的发展成为电视广告传播以及媒介产业化经营的有力支撑。

其次,电视广告传播专业化态势全面形成。社会主义市场经济体制的确立,也为各种企事业单位介入广告传播提供了依据。许多广告代理公司和专业影视、戏剧、音乐等文艺界人士纷纷参与电视广告的创意与制作,逐步开始了较为专业化的运作。拥有一流人才与设备的专业广告制作公司开始出现,使得我国电视广告制作水平开始与国际接轨。这些机构的出现,打破了过去电视台一统天下的局面,电视广告传播的竞争态势全面形成。

再次,电视广告创意与设计水平全面提高。20世纪90年代起,我国的电视广告以消费者的关注点为目标,更加注重感情诉求和人情味的追求,注意与时代和社会发展步伐相一致,努力追求卓越和创新,普遍摆脱模仿,全面提升格调与品位,通过沟通和智取等攻心方法,使电视广告获得了广泛的社会影响和较好的经济效益。同时,情感式、叙事式、名人证言式、动画式等说服效果好、制作精美的电视广告在电视屏幕上大放光彩,使得电视广告传播样式全面丰富。

最后,电视广告的传播功能获得全面开掘。随着观念和认识的深入,电视传播的功能被全面开掘,由此也形成了不同的广告传播形态。一般地,根据传播功能的不同,电视广告可以划分为电视商品广告、电视公益广告、电视节目广告和电视形象广告四类。出现于20世纪80年代后期的电视公益广告在电视媒体经营日益商业化的今天,义不容辞地承担起电视的社会教化责任,许多主题系列的电视公益广告不仅制作精良,而且在推进物质文明、精神文明和政治文明建设方面发挥了不容忽视的重要作用。同时,随着电视传播本身市场化的推进,促使电视节目广告(包括节目预告、栏目宣传广告和栏目片头)和电视形象广告越来越多地被用于塑造媒体自身品牌和形象。

"跨出国门,走向国际化",不仅是这一时期广告人强烈的呼声,也是实践广告的标准。中国电视广告在饱经各种尝试之后,更多的主题思想放在了"如何做广告""做自己民族的广告"上。大陆电视广告形式、内容也迎来了它的空前多样化。

虽然我国电视广告起步较晚,但已经成为我国社会经济发展的有力推动者,成为电视媒体产业化进程的加速器。相信,随着社会主义市场经济体制的逐步完善,步入新世纪的电视广告传播必将更为灿烂。

第二节　电视广告创意的原则

电视广告是一种始终围绕传播广告信息,实现品牌与受众的有效沟通这一主旨来展开的创造性活动。而电视广告创意就是电视广告创意人员根据广告主题的要求,在对企业产品、目标消费者、市场竞争者、品牌形象等市场元素分析的基础上,恰当地运用影视艺术等手段,精心巧妙地予以观众艺术化视觉呈现的一种创造性思维活动。

一、创意是电视广告的灵魂

电视广告的目的是让大众认识一个全新的品牌、商品或者劳务,而知名品牌的打造通常需要依赖具有创意的广告来实现。好的创意可以让品牌脱颖而出,吸引受众的注意力,让受众接受品牌所传递的信息和价值。因此,创意是品牌在注意力竞争中的武器,也是电视广告的灵魂。电视广告的创意主要在于明确想向消费者传递什么信息,不仅是企业或者产品自身的特点,还包括商品的独特个性,站在消费者的角度,灵活运用画面、声响等手段使消费者对产品的内涵产生认同感,通过心理暗示来表现商品自身的特性以及消费者期望达到的个性,使电视广告具有极强的说服力和艺术表现力。

二、电视广告以视觉为中心

电视广告同时具有视觉传播和听觉传播两大功能,而视觉传播的冲击力往往比听觉传播要大得多,因此电视广告主要是依靠视觉效果来表现内容,在电视广告的创作过程中也需要以视觉效果为中心。广告的视觉传播可以将原本需要用文字表达出来的抽象意义具象化,形象生动地展示产品信息,有助于克服语言文字的抽象性所造成的感知困难。电视画面具有独特的叙事方式,其描述功能是所有直观感受中最具感染力的,可以直接影响受众的心理认知。

三、突出主题的电视广告具有更直接的效果

电视广告的费用十分高昂,大部分电视广告播出时间在 15～30 秒之间,因此电视广告必须在有限的时间内突出主题和重点。通常,在电视广告播出中需要反复突出品牌名称。随着传递画面的不断重复,品牌标志和名称也在不断重复,从而加深受众的熟悉度和记忆效果。如台湾 KOKO 全数位概念银行的这组系列广告,将主题的突出和重复发挥到极致,看罢广告,除了那久久不能忘记的"魔性文案",你一定会忍不住来一句"人生,好难啊!"(图 9-5)。

图 9-5　KOKO 全数位概念银行系列广告之《总监的一点建议》《人生的起跑线》

四、情感是电视广告的精髓

电视广告需要在一定程度上依赖情感叙事,无论是亲情、友情还是爱情,都是人类内心所向往的,合理地利用情感打动人心,使人们在情感中得到共鸣,可以增加广告的穿透力,使产品或品牌更容易被大众所接受和喜爱。如 2017 年 11 月,一支名为《总有人偷偷爱着你》的广告被誉为"2017 最走心广告"。有人说,它先是在人的心上划了一道,然后又给你仔细缝好;有人说,大概是今年冬天太冷了,它就像冬天里的一道暖阳……它就是 999 感冒灵推出的感恩节短片。该片选取真人事件改编,以一段网络问答为主线,串联起 5 个反转故事,主题为"致生活中那些平凡的小温暖"。这则广告一经播出,引发了网友的高度赞扬和自主传播,也让很多人落下感动的泪,是一则非常成功的情感型电视广告(图 9-6)。

【字幕】

每个人都自顾不暇

没有人会在意你的感受

每个人都小心翼翼地活着

没有人在乎你的境遇

行色匆匆的人群里

你并不特别 也不会有优待

图 9-6 999 感冒灵广告

你的苦楚
不过是别人眼里的笑话

人心冷漠的世界里
每个人都无处可逃
这个世界 不会好了吗?

这个世界没有想象中的那么好
但……似乎也没那么糟
这个世界 总有人偷偷爱着你

与此类似的还有滴滴出行《择善而行》、薇风面膜《你很了不起》、招商银行《世界再大,大不过一盘番茄炒蛋》、华为荣耀《硬核青春》等近两年推出的非常成功的电视广告,它们有一个共同的特点,从小视角出发、从身边人出发。也因此,让更多的受众产生共鸣。

说到情感型电视广告,不得不提到大众银行,虽然它的广告拍摄时间已经很久远了,但因其情感传递的自然与深刻,时至今日,依然备受欢迎,不论是第一次看,还是再一次看,都会被这则经典的广告所打动(图 9-7)。

【旁白】
人为什么活着?
为了思念
为了活下去
为了活更长
还是为了离开
五个老年人
平均年龄 81 岁
一个中听

图9-7 大众银行2011年广告《梦骑士》截图

　　　　一个得了癌症
　　　　三个有心脏病
　　每一个都有退化性关节炎
　　　　六个月的准备
　　　　环岛十三天
　　　　1139公里
　　　　　从北到南
　　　　从黑夜到白天
　　只为了一个简单的理由
　　　人为什么要活着？
　　　　　【字幕】
　　　　　　梦
　　　　不平凡的平凡大众

　　大众银行《不平凡的平凡大众》系列电视广告是在行业危机背景下创造出来的：2008年金融风暴席卷全球，人们生活受到金融危机的重创，导致人们谈金融色变，开始对金融、对银行、对金融领域的精英们充满仇视和敌意。在这样的背景下，如果银行在广告传播中依然还在讲"专业、智慧、成功、可信赖……"不仅得不到预期的效果，甚至会适得其反，引起人们对品牌的敌意。奥美ECD胡湘云驳回了客户原本"要专业，要Smart"的创意，而是告诉客户应该回到最根本、最基础的洞察点，做真正有价值的事。她认为，银行最根本的原点就是服务大众，这个大众不应该是以往广告中所出现的成功者、精英形象，而是生活在周遭最普通最真实的大众。而巧合的是，这家银行的名字就叫"大众"。把日常生活中最平凡的人搬上广告，让人们看到生活中真正的英雄，这一直是胡湘云的一个梦想。她亲自收集民间故事，最终通过《母亲的勇气》《梦骑士》《马校长的合唱团》和《生命树》，创造了"大众银行效应"。

　　除了实现商业价值，这套广告也有着深远的社会意义，通过广告作品也向人们传达了更多的人性情感，给那些在金融危机阴影下的大众们精神上安慰与支持，而这些东西，远远超越了商业的价值,当然也造就了品牌的商业价值[①]。

第三节 电视广告创意的方法

一、电视广告的图像创意

1. 电视广告图像的构成要素

(1) 商品。

商品是电视广告的主角,因此在电视广告图像构成中,商品是一个不可或缺的要素。商品的展示和呈现方式,商品功能的表达和体现都是广告图像的重要内容,是企业向消费者传达的主要信息。

(2) 人物。

人物虽然不是电视广告的主要信息,却是一项重要的附加信息,恰当地选择广告任务,可以增强广告的关注度和好感度,从而提升广告效果,因此,人物作为电视广告的图像构成要素之一,将直接参与到电视广告的创意中来。

(3) 情节。

情节是构成电视广告图像的重要元素,也是进行电视广告图像创意的重要元素。电视是一种情感性媒介,电视广告可以充分发挥媒介优势,运用一个具有独特情节的故事来表现广告的主题和概念,既传递了广告信息,又吸引了观众的注意。情节设置是体现电视广告创意质量的重要环节。

(4) 环境。

电视广告中的环境也是构成图像的重要因素,环境的特点和风格对于提升电视广告图像质量和传播效果具有非常重要的作用。广告拍摄场地的选择直接影响着环境的质量。广告拍摄场地的选择通常分为两种:一种是棚内搭景拍摄;另一种是自然环境中的外景拍摄。

(5) 道具。

在电视广告的图像中,道具虽然不是主要的画面信息,但也是影响图像质量的重要因素。制作精美的道具可以提升电视广告的图像质量,也可以增强广告的感染力和关注度,提升广告效果。

(6) 色彩。

色彩是构成电视广告的图像的直接因素。色彩不仅是电视广告视觉传达的重要信息,吸引着观众的视线,同时,色彩还具有心理和情感方面的特殊含义,因此可以传达心理和情感层面的深度信息。另外,色彩在塑造广告情调和氛围方面也有独特的优势,在配合广告传播方面能发挥特有的作用。

---

① 资料来源:《为什么大众银行的广告都那么好看?》,知乎,2016年2月,https://www.zhihu.com/question/20505281/answer/174323327。

(7) 构图。

电视是一种视觉媒介，构图也是构成电视广告图像的一个要素。电视广告的构图要求视觉语言简洁，突出主题信息，排除干扰信息；电视广告的构图也要注意视觉语言的准确性，在镜头的作用和视觉效果的设计上尤其需要注意；电视广告的构图还要注意画面的冲击力，利用相应的构图原则来调动和吸引观众的注意力。

2. 电视广告图像的创意原则

(1) 创新性原则。

一是选择新颖的画面元素，用全新的元素来吸引观众的视线，比如广告中使用当下最流行的服饰来吸引观众的注意力；二是选择同类商品广告中不常见的表现元素，从而给观众新鲜感；三是运用旧元素新组合方法，采取新的元素组合方式给观众以视觉刺激，从而增强广告图像的创新性。

(2) 理解性原则。

电视广告必须确保观众能够准确地理解，还原广告信息。由于电视媒介具有稍纵即逝、信息不能保存的特点，电视广告被称为"瞬间的艺术"，在这样一个"瞬间"，电视广告能否被观众理解并且接受，是一个非常重要的问题。如果只顾求新求异，而无法让观众一看就明白，一看就记住，是无法发挥电视广告真正的作用的。

(3) 冲击力原则。

为了吸引观众的注意，电视广告的图像应该讲求视觉冲击力。视觉冲击力强，有震撼效果的图像更容易赢得观众的关注，因此，在电视广告图像的选择与创作中，应该注意提高图像的冲击力，比如通过对比、夸张等艺术手段。

(4) 亲和力原则。

从短期效果来看，具有强烈冲击力的图像可以提高广告关注度；从长期效果来看，有亲和力的图像可以提高广告的好感度，也就是说，有亲和力的图像有助于塑造良好的品牌形象。

(5) 经济性原则。

用"一秒千金"来形容电视广告并不为过，在电视广告的图像中，需要尽量避免冗余镜头，以简练的镜头语言来传达广告信息，做到广告图像的主体突出，镜头简洁清晰，画面过渡自然利落。

3. 电视广告图像的创意方法

(1) 让图像动起来。

让图像动起来的方式主要有三种：让商品本身运动起来；通过广告人物的行为带动商品的运动；利用光影的效果通过摄像镜头获得具有动感的图像。

(2) 创新的选择和使用广告模特。

选择有个性、有记忆点的广告模特，让广告模特为广告创意加分。

(3) 选择有特色的广告画面风格。

即使是同样的创意，同样的故事情节，通过不同风格的画面来呈现，也可以得到截然不同的视觉感受，从而带给观众新鲜的视觉体验。选择有特色的广告画面风格对于塑造品牌个性是有很大的帮助的。

(4) 环境、道具设计上体现创新性。

环境和道具虽然不是广告的主体,却和广告的视觉效果紧密联系,为了更好地表现广告创意,在环境的挑选和道具设计上需要体现创新性。

(5) 创作有创意的情节。

电视广告的故事情节力求出其不意,新颖独特,尽可能避免观众刚看到开头就能预测到结果的情况。电视广告中的故事情节往往来自于生活,但又要高于生活。

(6) 创新性地使用色彩。

色彩是广告图像的重要组成部分,不同的色彩不仅在视觉上给观众不同的视觉感受,还能带给观众不同的心理感受和情感体验。

二、电视广告的音乐创意

1. 电视广告音乐的功能

(1) 情感渲染。

音乐具有表情达意的作用,在情绪渲染和情感表达方面具有独特的功能。在电视广告中运用音乐可以帮助广告更好地传递情感,从而打动消费者。

(2) 吸引注意。

电视广告中占主导的是视觉因素,当人的视觉神经产生疲劳时,听觉就会变得更加灵敏,此时若给听觉恰当的刺激,可以起到吸引注意力、事半功倍的效果。另外,电视广告传播过程中,受众对于视觉是具有一定的选择性的,但是听觉往往是强迫性的。

(3) 帮助记忆。

观众记忆广告的工程是一个认知、保持、回忆和再现的过程。消费者在接受听觉信息时往往处于被动状态,听觉器官的生理结构造成了人们不可能像控制视觉系统一样做出选择。利用听觉的这一强迫性,可以突出广告音乐的优势。由于具有一定的节奏感,广告音乐所具有的音乐性在被记忆的时候往往优于普通的广告词。

(4) 国际通用,容易理解。

音乐是一种国际通用的传播符号,可以跨越文化和语言的障碍,具有很高的理解度,因此音乐在提高广告的传播效果方面具有很大的优势。很多跨国品牌需要在全球范围内传播品牌形象,往往采用广告音乐这种国际通用的符号进行广告传播。

(5) 提高广告的欣赏价值和艺术品位。

音乐是一种艺术形式,在电视广告中运用音乐进行广告表现和信息传达可以淡化广告的商业味道,提升广告的欣赏价值和艺术品位,对于提升品牌在观众心目中的形象具有一定的帮助。

2. 电视广告音乐的创意原则

电视广告音乐主要来源于流行音乐、古典音乐、摇滚乐、电子音乐等,其创意原则包括:

通俗易懂,易于传唱;

以情动人,渲染性强;

生动活泼,旋律优美;

服务整体,相得益彰;

贴合主题,讲求时效。

3. 电视广告的音效创意

(1)电视广告音效的类型。

• 自然音效。是指来自于自然环境中的各种音响效果,比如风声、雨声、鸟鸣等,自然音效通常真实、自然,能够对环境进行生动地表现和烘托,对于刻画和展现广告中的环境氛围具有独到的作用,也可以提高广告的表现效果。

• 生活音效。是指来自于生活中的各种音响效果,比如哭声、笑声、鸣笛声等。来自于生活中的各种音效大多生动逼真,感染力强,有助于刻画广告任务的生活形态,渲染广告人物的情感态度。

(2)电视广告音效的作用。

• 体现真实感。无论是模拟自然界还是人类生活环境的各种广告音效,因其能够真实、生动地再现自然界和人类的生活环境,给观众以真实感,所以对于传达广告信息,说服消费者是非常重要的。

• 塑造环境氛围。模拟自然界和人类生活环境的各种音效,将其运用在电视广告中,有助于刻画和展示电视广告中的环境,塑造环境氛围,增强环境对于情节的渲染力,提升电视广告的表现效果。

• 烘托感情。准确地运用广告音效,还能起到配合故事情节、烘托情感的作用。比如悲伤的广告故事情节中,可以配合风声、雨声;而在一个欢快的广告故事情节中,则可以配合鸟叫、虫鸣或者人物的欢声笑语。

• 提示作用。正确使用音效,对观众有提示作用,能够节约画面语言,更为经济地使用镜头。比如画外音传来脚步声,无须出现人物画面,观众就可以猜出有人来了。

(3)电视广告音效的创意原则。

• 逼真准确,讲求质量。在电视广告中使用广告音效是为了追求更好的表现效果,因此讲求音效的质量,运用准确、逼真的音效才能达到传播目标。如果使用质量欠佳的广告音效,会使观众感到广告粗制滥造,不仅降低广告效果,还可能引起观众对品牌的质疑。

• 使用贴切,符合需求。在电视广告中不能滥用音效,应该选择恰当的时机,才能起到烘托渲染的作用,否则不仅不能发挥应有的作用,反而会引起观众反感,降低电视广告的表现效果。

• 不要构成噪音。广告音效确实具有诸多功效,但在使用过程中一定要首先考虑使用音效的目的和效果,不能一味堆砌,过多的、庞杂的音效不仅不能发挥作用,还有可能引发观众的厌恶情绪,影响广告效果。

三、电视广告的对白、独白和旁白创作

1. 电视广告人物对白的创作要求

(1)语言浅显,易于听懂。

电视广告中的人物对白,除了少数广告为人物对白配字幕以外,大部分广告人物对白没有字幕,观众主要靠听觉来接受人物对白。因此,创作者在设计人物对白时应注意语言要浅显,让观众容易听懂,切忌晦涩难懂,过于书面化。

(2)贴近生活,有亲和力。

电视广告通常从现实生活入手,从生活中寻找素材和表现方法。电视广告人物对白应该贴近生活,具有一定的亲和力,这样广告才能更好地被观众所理解和接受,广告效果也能得到一定的保证。

(3)真实,符合人物特点。

广告中人物对白的设计应该尽可能还原真实,符合人物的特点和性格需要,这样才能赢得观众的认同。有些广告为了追求商业效果,将品牌信息生硬地插入人物对白,让广告人物脱离本身的角色而单纯成为商家代言人,这样的对白很难引发观众的好感。

(4)自然,推动情节发展。

广告人物的对白还应该自然贴切,符合广告情节的需要,推动广告情节的发展。

2. 电视广告人物独白的创作要求

(1)自然贴切,融入角色

独白总是结合广告角色进行表现,因此在设计人物独白时,首要的要求就是要融入角色,设计符合广告人物性别、性格、社会形象定位的独白。通常在电视广告中,广告人物的角色是根据产品的目标消费群体而定的,广告人物一般要针对目标消费者,因此广告独白的设计应该符合广告人物角色,符合目标消费者的特点。

(2)真实质朴,感染力强。

广告独白必须发自人物内心,真实质朴,才能拥有强烈的感染力。

(3)品味高雅,人性纯美。

由于电视广告的时间通常比较短,要在如此短时间内打动观众,完成广告诉求,就需要创作出触及人性本质的广告独白,与消费者产生共鸣,引发消费者的赞同和感动。品味高雅,体现人性纯美的独白不仅能够触动消费者,也有利于树立和传播良好的品牌形象。

3. 电视广告旁白的创作要求[①]

(1)语言简练,表达清晰。

受电视广告时间长度的限制,电视广告旁白应该简洁,力求以最少的文字实现最佳传播效果;与此同时,由于受众在接受电视广告旁白时主要依靠听觉,因此旁白需要表达清晰,用词准确,没有歧义。

(2)解释提示,补充配合。

电视广告旁白主要是配合广告画面来传播广告信息,起到解释、提示、补充、配合的作用,也就是对广告画面进行解释和提示,并且补充画面交代不清楚的信息。因此,在创作电视广告旁白时,要结合广告画面部分,避免信息重复,才能真正有效地发挥旁白的作用。

(3)为看而写,视觉感强。

电视广告带给观众的是一种视听结合的综合感受,但是电视广告的旁白与广播旁白有所不同,电视广告的旁白应该语言生动活泼,有画面感,这样可以帮助观众理解画面信息,体会广告创意的内涵。

[①] 资料来源:《电视广告的构成要素及创意方法》,道客巴巴,2013年10月,http://www.doc88.com/p-3897374111957.html。

(4)为听而写,可听性强。

由于电视广告旁白通常不配字幕,因此在进行旁白创作时,还要注意为听而写。首先,观众只通过耳朵就能听得懂旁白的含义;其次,旁白应该能激发观众听的兴趣。

第四节　电视广告的制作

一、提交故事板

当创意完全确认、并获准进入拍摄阶段时,公司创意部会将文案、画面说明及提交给客户的故事板呈递给制作部(或其他制作公司),并就广告片的长度、规格、交片日期、目的、任务、情节、创意点、气氛和禁忌等作必要的书面说明,以帮助制作部理解该广告片的创意背景、目标对象、创意原点及表现风格等,同时要求制作部在限定的时间里呈递估价和制作日程表以供选择。

二、提交制作方案并报价

当制作部收到脚本说明之后,制作部会将合适的制作方案及相应的价格呈报给客户部,供客户部确认。一般而言,一份合理的估价应包括拍摄准备、拍摄器材、拍摄场地、拍摄置景、拍摄道具、拍摄服装、摄制组(导演、制片、摄影师、灯光师、美术、化妆师、服装师、造型师、演员等)、音乐、剪辑、特技、二维及三维制作、配音及合成等制作费、制作公司利润、税金等广告影片制作中的全部方面,并附制作日程表,甚至可以包含具体的选择方案。

三、签订制作合同

由客户部将制作部的估价呈报给客户,当客户确认后,由客户、客户部、制作部签订具体的制作合同。然后,根据合同和最后确认的制作日程表,制作部会在规定的时间内准备接下来的第一次制作准备会议(PPM1)。

四、筹备工作

在此期间,制作部将就制作脚本、导演阐述、灯光影调、音乐样本、堪景、布景方案、演员试镜、演员造型、道具、服装等有关广告片拍摄的所有细节部分进行全面的准备工作,以寻求将广告创意呈现为广告影片的最佳方式。

五、召开 PPM 会议(即制作准备会议)

PPM 是英文 Pre-Product Meeting 的缩写。在 PPM 上,将由制作部就广告影片拍摄中的各个细节向客户呈报,并说明理由。通常制作部会提报不止一套的制作脚本、导演阐述、灯光影调等有关广告片拍摄的所有细节部分供客户选择,最终一一确认,作为之后拍片的基础依据。如果某些部分在此次会议上无法确认,则(在时间允许的前提下)安排另一次制作准备会议直到最终确认。因此,制作准备会议召开的次数通常是不确定的,如果只召开一次,则 PPM1 和 PPM2、Final PPM 就没有什么差别。

六、确认最终方案

经过再一次的准备,就第一次制作准备会议(PPM1)上未能确认的部分,制作部将提报新的准备方案,供客户确认,如果全部确认,则不再召开最终制作准备会议(Final PPM),否则在时间允许的前提下再安排另一次制作准备会议直到最终确认。

七、落实细节

在进入正式拍摄之前,制作部的制片人员对最终制作准备会议上确定的各个细节,进行最后的确认和检视,以杜绝任何细节在拍片现场发生状况,确保广告片的拍摄完全按照计划顺利执行。其中尤其需要注意的是场地、置景、演员、特殊镜头等方面。另外,在正式拍片之前,制作部会向包括客户部、摄制组相关人员在内的各个方面,以书面形式的"拍摄通告"告知拍摄地点、时间、摄制组人员、联络方式等。

八、正式拍摄

按照最终制作准备会议的决议,拍摄的工作在安排好的时间、地点由摄制组按照拍摄脚本(Shooting board)进行拍摄工作。为了对客户和创意负责,除了摄制组之外,通常制作部的制片人员会联络客户和客户部的客户代表(AE)、有关创作人员等参加拍摄。根据经验和作业习惯,为了提高工作效率,保证表演质量,镜头的拍摄顺序有时并非按照拍摄脚本的镜头顺序进行,而是会将机位、景深相同相近的镜头一起拍摄。另外儿童、动物等拍摄难度较高的镜头通常会最先拍摄,而静物、特写及产品镜头通常会安排在最后拍摄。为确保拍摄的镜头足够用于剪辑,每个镜头都会拍摄不止一遍,而导演也可能会多拍一些脚本中没有的镜头。

九、冲洗胶片

就像拍照片之后需要洗印一样,拍摄使用的电影胶片需要在专门的冲洗厂里冲洗出来。也叫作Film-to-Video Transfer,冲洗出来的电影胶片必须经过此道技术处理,才能由电影胶片的光学信号转变成用于电视制作的磁信号,然后才能输入电脑进入剪辑程序。转磁的过程中一般会对拍摄素材进行色彩和影调的处理,这个程序也被称作过TC。因为调色这项工作是艺术工作也是技术工作,所以操作人员的个人素质和能力是非常被导演看重的。

十、初剪

也称作粗剪。现在的剪辑工作一般都是在电脑上完成的,因此拍摄素材在经过转磁以后,要先输入到电脑中,导演和剪辑师才能开始初剪。初剪阶段,导演会将拍摄素材按照脚本的顺序拼接起来,剪辑成一个没有视觉特效、旁白和音乐的版本。

所谓A拷贝,就是经过初剪的那个没有视觉特效、音乐和旁白的版本。这个版本是要提供给客户以进行视觉部分的修正的,这也是整个制作流程中客户第一次看到制作的成果。给客户看A拷贝有时候是要具有冒险精神的,因为一条没有视觉特效和声音的广告片,在总体水准上是比完成片要逊色很多的,客户可能会提出一些难以应付的修改意见。所以,制作公司有时候会宁愿麻烦一点,在完成了特技和音效以后再给客户看片。

十一、正式剪辑

在客户认可了 A 拷贝以后,就进入了正式剪辑阶段,这一阶段也被称为精剪。精剪部分,首先是要根据客户在看了 A 拷贝以后所提出的意见进行修改,然后将特技部分的工作合成到广告片中去,至此,广告片画面部分的工作完成。优秀的剪辑师和剪辑工具,将为广告片增添许多光彩。

十二、添加音乐、旁白和对白

广告片的音乐可以作曲或选曲。这两者的区别是:如果作曲,广告片将拥有独一无二的音乐,而且音乐能和画面完美地结合,但费用比较高;如果选曲,在成本方面会比较经济,但别的广告片也可能会用到这个音乐。

旁白和对白也是在这时候完成的。在旁白和对白完成以后,音效剪辑师会为广告片配上各种不同的声音效果,至此,一条广告片的声音部分的因素就全部准备完毕了。最后一道工序就是将以上所有元素的各自音量调整至适合的位置,并合成在一起。这是广告片制作方面的最后一道工序,在这一步骤完成以后,广告片就已经完成了。

十三、交付成片

将经过广告主认可的完成片,以合同约定的形式按时地交到广告主手中,视为交片。

【课后练习】

1. 举例说明电视广告的创意原则。
2. 什么是 PPM 会议,其主要目的是什么?
3. 电视广告的音响在运用过程中需要注意哪些事项?

第十章 新媒体广告创意

内容提要

1. 新媒体广告是指建立在数字化技术平台上的，区别于传统媒体的，具有多种传播形式与内容形态的，并且可以不断更新的全新媒体介质的广告。具有互动化、融合化、个性化等基本特征。新媒体广告主要有网络新媒体广告、移动新媒体广告和户外新媒体广告三种类型。
2. 网络新媒体广告创意具有动态性、链接性、多样性、互动性等特点。
3. 移动新媒体广告创意具有场景化、创意性、渗透性等原则。
4. 户外新媒体广告创意具有独特性、多维性、材料性等特征。

案例导入：不想学习，只想玩手机？先过我这一关！

【案例详情】

大家都有过类似的经历，虽然想要专心学习，无处不在的手机却总是"诱惑"自己，哪怕只是低头看了一眼手机，再抬头的时候仿佛时间已经过去了五百年。

针对小孩子总是会拿父母的手机玩游戏，而父母却希望他们多学习这一问题，来自印度尼西亚的数学培训机构 Shinkenjuku 基于 Android 系统开发了一款 Pass me 的创意 APP，这是一款被称为"过关锁屏"的全新应用。父母根据孩子的年龄以及教育水平来注册，再关联手机内的应用，那么孩子们想要打开 APP，就必须先通过数学测试才能玩。孩子如果通不过可以多试几次，或是求助于父母，这样就可促使孩子多学习。对培训机构来说，这个应用可以收集孩子的数据，一方面便于父母了解孩子的学习进度，另一方面可以针对性推荐培训产品（图10-1）。

【案例分析】

这是一款极具洞察的创意 APP，以全球性的"学习难题"为切入点，在家长和孩子之间创造了双赢的解决方案，让孩子既会玩、更会学。不仅如此，父母还可以通过智能手机知道孩子在答题上的进展，APP 也通过孩子的数据库指导家长参加最新促销活动。简单而高效，这正是现代社会十分需求的问题解决方式。这个案例也教会我们，不仅要有广告创意的思维，还需要有产品创新的头脑，这也是新媒体时代，广告发展的重要趋势之一。

（资料来源：网络广告人社区）

图 10 – 1　Pass me 锁屏应用

第一节　新媒体广告概述

一、新媒体广告的概念

作为一种新兴大众媒介,目前还没有关于新媒体的官方定义,生活中最常见的新媒体形式有网络媒体、移动端媒体、数字电视等,是一个不断变化的概念。

一般来说,新媒体需要具备以下特点。

第一,新载体。传统电视媒体的拓展,如楼宇电视(电梯、超市)、移动电视(公交、地铁、出租车)、户外液晶电视等。

第二,新技术。传统媒体的数字化正在被不断开发和拓展,如数字电视、数字广播、数字报纸、数字杂志、数字电影等。

第三,新融合。媒体与其他行业的结合,如传统电视媒体向手机、互联网、电视等行业的融合等。

新媒体广告是指建立在数字化技术平台上的,区别于传统媒体的,具有多种传播形式与内容形态的,并且可以不断更新的全新媒体介质的广告。

二、新媒体广告的特点

新媒体广告的类型多样,网络广告、手机广告、户外媒体广告、移动电视广告、楼宇电视广告等都属于新媒体广告的范畴,它们看似形式多样各具特点,但基于数字技术基础的实质也让它们具备了一些共同的基本特性。

1. 互动化

新媒体区别于传统媒体的重要特性就体现在新媒体的互动性上,同样新媒体广告也具备了一定程度的互动性,这对于传统意义上"单向传播"的广告有着颠覆性的意义。在传统媒体中,用户几乎没有自己的选择权,所有的信息内容包括广告在内全部是由内容提供商来决定的。在新媒体诞生后,这一局面已经成为了历史。在使用新媒体时,受众可以选择接受或者不接受新媒体广告,甚至可以亲自参与到新媒体的广告中去,与广告主产生互动行为。

2. 融合化

随着科学技术的不断发展,媒介融合成了当下十分流行的词汇。在这样的背景下,广告形式的融合也是大势所趋。数字技术的出现使得新媒体这一新型平台本身就已经具有了融合性,那么投放在这一媒体上的广告也就必然具备融合性的特点。新媒体广告无需像传统广告那样把文字、声音、图片、影像等分类开来,而是运用多形式的多媒体广告来匹配新媒体这一媒介。

3. 个性化

以报纸、杂志、广播、电视为主的传统媒体还有另一个名字——大众媒体,这说明传统媒体的传播方式是"大众化"的,而新媒体却给用户提供了一个个性化的空间。一方面受众有了自己的选择权,比如部分家庭已经用上了数字电视,数字电视与以往的模拟信号电视最大的不同之处就是实现了定制功能,用户已经可以根据自己的喜好来自由地选择所要收看的节目,而这些选择之中甚至也包括了广告,这意味着用户可以选择观看自己喜欢和感兴趣的广告节目。另一方面,许多如博客、播客、威客、楼宇电视等小众化、专业化新媒体的出现,要求广告主投放广告时密切注意广告的针对性,设计出符合媒介内容的个性化广告信息;同时,以数字电视、手机、互联网等媒体为代表的定制信息的出现,也为广告商提供针对性的个性化广告创造了可能。

三、新媒体广告的形态

1. 移动新媒体广告形态

移动新媒体广告形态是指依靠移动媒体的发展而产生的一种广告形态,主要以手机为载体。按照用户参与程度的高低,可将手机广告分为:直接推送型广告、通信业务搭载类广告、媒体业务搭载类广告、自动发起类广告。其中直接推送类广告分为:短信广告、彩信广告;通信业务搭载类广告分为:彩铃广告、内置服务广告等;媒体业务搭载类广告分为:手机报广告(手机图片广告、手机文字广告)、手机视频广告(手机电视广告、手机电影广告等);自动发起类广告分为:搜索引擎广告、APP 广告(新闻类、工具类、生活服务类、娱乐类等)[①]。

2016 年,移动互联网广告市场规模达 1750 亿元,同比增长 75.4%,显著高于网络广告市场整体增速。2017 年,80%广告主数字营销预算同比增加,移动端互联网广告更受广告主

[①] 参考李海荣的《泛媒时代媒介创新与未来》。

青睐[1]。

2. 网络新媒体广告形态

网络新媒体广告形态主要有三大类。

(1)门户广告。

门户广告的形态主要有十种：横幅广告、按钮广告、对联广告、漂浮广告、文字链接广告、弹窗广告(含普通弹窗、背投弹窗、右下角弹窗)、拉链广告、富媒体广告、导航广告、视频广告等。

(2)互动广告。

互动广告的形态主要有十一种。

• 搜索引擎关键字广告。一种新兴的广告模式，随着新媒体的高速发展，这一广告类型逐渐占据了广告市场的半壁江山，包括百度"关键字竞价排名"及"火爆地带"，Google的"Google Ad Words"以及后起之秀阿里妈妈的广告买卖模式等。

• 置入式网络广告。它是随电影、电视等现代媒体发展起来的一种新的广告形式，指在影视节目、游戏、体育赛事中将产品或品牌的信息刻意插入，以达到潜移默化的宣传效果，被称为秘密的广告。在美国有90%的产品在电视上出现是出于产品置入。随着网络的普及和发展壮大，置入式广告又找到了一片新的土壤——互联网。如网络游戏"Crazy Taxi"中的乘客会要求玩家把他们带往必胜客或是肯德基；Everquest II 游戏中，点击"pizza"命令，游戏者甚至可以进入必胜客网站并定购外卖比萨饼。

• 社区广告营销。FIDO社区正式落户猫扑"我的空间"，作为猫扑的用户FIDO建立了自己的博客空间，并且在很短时间就发展成为备受喜爱的主题圈落，成为一个活生生的人物，生活在你、我身边。在这个案例中，猫扑采用了不同的营销组合："FIDO"日，即每月7日，FIDO形象会出现在猫扑网页面的很多地方，向大家问好，不仅征集朋友、扩大粉丝群，更获得了大量曝光的机会。

• 博客(话题)营销广告。一种借助博客口碑传播的话题营销服务，博主可以接受自己感兴趣的话题邀请，并在博客中以文章形式对广告主的产品或服务进行介绍、评论等。

• 网站广告营销。即需要广告主创建自己的媒介载体，而不是单纯的从现有网络出版商手中购买广告空间。

• 展示广告。是推送到阅读器中的广告形式。与传统网页上的广告相比，它的不同在于：①较高的点击转化率；②迅速吸引读者并适合长期建立品牌形象；③广告主自定义广告价格；④精准的广告投放。

• 网页文章嵌入式广告。以受网民关注的网络最终页正文文字为载体，根据网民的兴趣及文章内容的相关性，自动标记关键词，通过语义匹配系统，最终实现广告内容与文章文字的精准匹配。

• 互动广告。如网易互动广告，它是网易首创的一种面向企业的网络互动广告服务。企业可以根据用户的年龄、性别、职业、地区、爱好等特征自主选择广告投放对象，实现广告精准的投放，并利用互联网的互动功能实现口碑传播的效果，提高企业销售额、提升企业品牌形象。

• 电子邮件广告。除传统的电子邮件广告之外，最新的是邮箱精准匹配广告。

---

[1] 数据来源：智研咨询整理, http://www.chyxx.com/industry/201710/576017.html。

• 即时通讯广告。即时通讯(Instant Messaging,简称 IM)有着比 E-mail 更快的反馈速度,便于快速解决问题。正是因为这些优势使得 IM 获得越来越广泛的应用,因此基于 IM 的广告也随之得以开发。

• 网站提供的精准定制整合广告营销方案。随着 Web2.0 新媒体时代的到来,用户"浮出水面",用户的属性特征也通过博客、TAG、RSS 定制、内容分享等新的技术应用变得相对显性起来。用户获得观察别人和被别人观察的机会,那么相对于传统门户时代,广告主也更容易了解到用户的兴趣和喜好,理论上获得了更多"通过准确的方式、以准确的通路向准确的人传送准确的信息"的精准营销的机会。

(3) 精准行为定向广告。

所谓定向广告,是指网络服务商利用网络追踪技术(如 Cookie)搜集整理用户信息,并对用户按年龄、性别、职业、爱好、收入、地域等不同标准进行分类,记录储存用户对应的 IP 地址,然后利用网络广告配送技术,根据广告主的要求及商品、服务的性质,向不同类别的用户发送内容不同的"一对一"式的广告。用一句话来概括,就是"在适合的时候对适合的人推适合的广告"。相比以往广而告之的广告形式,定向广告体现的是"按需分配"特性,是一种更精确的网络营销模式。

3. 户外新媒体广告形态

按照目前通行的分类方法,户外广告表现形式主要有以下几类。

(1) 平面类。

包括招贴海报、彩旗条幅、路牌、墙体喷绘等。

(2) 光源类。

以发光照明为主,例如霓虹灯、灯箱、彩灯等。

(3) 电子类。

以显示屏广告为主,例如 LED 显示屏、超大屏幕电视等。

(4) 互动类。

主要以 3D 立体触摸、传感驱动装置、互动体验为主。

(5) 空中类。

比如飞艇、热气球、降落伞等飞行移动广告。

目前,广告人通常会在第三、四类即电子类和互动类广告形式上,使用较多的新媒体元素,尤其是互动类广告是当前最热门的户外广告形式[①]。另外,近年兴起的 3D 全息投影技术、AR 扩增实景技术、自动识别技术、移动互联技术、声控技术等都可以与户外广告相结合起来。

四、新媒体广告的优势及问题

1. 新媒体广告的主要优势

(1) 时间、空间较为灵活。

新媒体广告通常建立在对用户位置和媒介使用行为的追踪基础上,因此其播放时间和空间较为灵活,完全实现了因人而异。在忙碌的都市生活中,不受时空限制,充分利用碎片化时

---

① 参考张冠兰的《新媒体对户外广告表现形式和创意设计的影响》,第 87—91 页。

间,也是新媒体广告相较传统广告最大的优势。

(2)互动性强,参与性强。

新媒体广告往往不具备强制性,新技术的运用使得新媒体广告在传播过程中依附于用户的主动性,缩短了与用户沟通的回路,降低了用户的抵抗心理。用户拥有主动权后会更加有意识地主动接受广告信息并进行反馈。

(3)传播针对性强。

新媒体广告不是一种大众传播,Cookie的使用可以让广告追踪到某一具体人群或者某一个具体的个人进行一对一的定向传播。比如根据用户输入的关键词进行相关产品或者品牌推送,将广告包装成为用户所搜寻的信息等。而移动互联时代,云计算、大数据和AI等技术的高速发展,将会对新媒体广告的针对性有着极大的推动作用。

2. 新媒体广告存在的主要问题

因为新媒体环境的特殊性,监管不易,且政府部门针对新媒体广告的管理和新媒体行业的自律相对薄弱,因此,在其高速发展的状态下,必然会出现一些问题。

(1)违规广告屡禁不绝。

新媒体的本质在于:人人都是生产者,人人也都是传播者。但新媒体时代,不仅给网民带来极大自由,也增加了互联网信用环境的难度。

各类新媒体中,充斥着大量"失信"信息。早在2005年,国务院就开展了虚假违法广告的专项整治。其后,中宣部、新闻出版总署、国家工商行政管理总局等部门均多次发出通知,部署整治违法违规广告工作。然而,一些违规、虚假广告仍常常出现在网络、手机等新媒体中。特别是在传统媒体广告市场整治力度加大之时,此类广告纷纷向新媒体"转移"。当然,2015年《新广告法》实施以后,这样的情况有所好转,2016年最新发布的《互联网广告管理暂行办法》也巩固了整治效果。

(2)跟风严重,缺乏创新。

新媒体广告"来得快,去得快",集体刷屏、盲目"蹭热点"甚至是抄袭等现象良莠不齐。为了谋求利益最大化,不少新媒体广告呈现出粗制滥造、不符合国情、缺少文化内涵和创新精神的现状。最大的特点就是,一个品牌有一支新媒体广告成功了,其他品牌会纷纷跟进,有自己洞见的品牌却屈指可数。其实不管是网络新媒体、手机新媒体还是户外新媒体,可以进行创新创意的空间是很大的。如圣诞节商场推出的互动大屏,精彩的照片只有扫码才能获得,这一广告形式效果非常好;被各大企业青睐的H5广告,只要是在互动性和创新性上花了功夫,一定会被受众所喜爱;还有"国民短视频APP"抖音,以其充满惊喜和魔性的短视频被大家喜爱,但除了创意视频外,它也勇于传递社会正能量、传承中华文化。如2018年5月18日"世界博物院日"当天,抖音联合全国七大博物馆制作了一支十分接地气并且趣味十足的国宝推广创意短片,受到了网民的集体点赞。

五、新媒体广告的传播策略

移动互联时代,不仅新媒体广告的发展趋势相较传统广告更为强劲,很多经典的广告学模型也发生了变化。人群在迁徙,行为在变化,触点在分散,路径在泛化,传播营销的生态基础也发生了根本性改变,如消费者行为学领域中十分成熟的"AIDMA模型"也不断演变着。DCCI发布的《中国互联网蓝皮书》基于长期以来对用户的行为追踪、消费测量、触点分析和数字洞察,提出了数字时代的消费者行为模型"SICAS",即互相感知(Sense)、产生兴趣、形成互动(Interest & Interactive)、建立连接、互动沟通(Connect & Communication)、行动购买(Action)、体验分享(Share)①。在这样的前提下,新媒体广告的传播策略可以总结为三个层面。

1. 发现和建立有效接触点新媒体

有研究者借用美国学者在研究营销信息传播效果时提出的有效信息"接触点"的思想方法,分析建立接触点新媒体的策略和理论依据。发现和建立有效接触点新媒体的首要任务和核心问题是洞察受众、研究受众,解剖及描绘都市人的生活轨迹,从受众的现代生活轨迹中发现最有价值的接触点,然后研究、衡量这些接触点的传播价值,进而开发新媒体,建立全新的媒介组合策略。

当代社会生活形态的主要特征是人群的移动性、社会分层的精细化和对信息的定制需求,这一切均是创建接触点新媒体的契机。各类分众化传媒就是在细分受众的原则下,符合了社会人群的移动性特征而创造的新媒体。精细化分层使受众的轮廓越来越集中和清晰,群体的生活接触点就越发明晰,这是创造新媒体的有效工具。社会群体"多层分级"的极致表现是小众群体追求"个性化"并且讲究"定制化"。以移动性、精细化分层和定制化等特征的受众生活轨迹中的"接触点"为中心打造的新媒体具有追随性、强制性、指向性、准确性、针对性和精确传播的有效性等优势。因此,在营销信息的竞争延伸到不同的终端的情况下,在不同类别受众的有效接触点创建新媒体极具发展前景,广告市场的分众化已成为一种趋势。

2. 实现广告完全商品信息的传达

广告本是为了消除市场信息的不对称,但由于工具性限制和人们在利用广告过程中不断壮大其诱导功能,广告开始极尽夸张之能事,使得广告又在不断强化信息不对称,以致广告公信力减弱,效果下降,成本上升,影响了中国广告产业的持续健康发展,同时也在一定程度上危及传媒的生存与发展。因此,广告必须回归其商品信息的告知功能,实现广告接近完全商品信息的传达。这一目标在网络与数字传播时代可以实现,首先,因为数字技术海量信息储存与海量信息传输的特征,以及网络双向互动、多重链接等复合式传播方式,足以支持商品完全信息的传播,不仅能实现产品与服务的详尽说明、图解,产品与服务全方位、多层面的展示,而且能如现场购物般地体验。其次,消费者无须支付信息搜寻成本,广告主也不必为传达有关商品与服务的完全信息而支付过高的成本。网络与数字新媒体能够克服传统媒体的工具性限制,真正实现广告完全商品信息的传达,消除信息不对称,真正实现与消费者的"沟通",提升广告传播效果。

3. 新旧媒体的整合营销传播

新媒体和传统媒体各有优势,单一的新媒体广告投放往往难以满足广告主多元营销传播需求。由于营销传播目标需求日趋多元,广告主往往需要通过多种媒体的整合营销传播,达到广告效果的最大化。广告主进行媒体投放活动时,更多考虑利用传统媒体和新媒体各自特性进行整合使用,构成一个完整的营销体系,进行全方位立体式营销传播。广告公司空前重视对产品目标受众的划分,并制定与之相配合的广告投放策略和广告创意。广告与其他营销手段

---

① 资料来源:《消费者行为分析模型如何从 AIDMA、AISAS 演变到 SIACS 的?》,知乎,https://www.zhihu.com/question/26558706/answer/92709736。

相结合,线下的广告投放得到更多的重视。在广告投放策略中更重视媒体的组合投放和创新性投放。

第二节　网络新媒体广告创意

一、网络新媒体广告创意的原则

作为一种特殊的广告形式,网络广告除了要遵循广告创意的一般原则之外,还有另外一些原则是必须遵守的。

1. 真实性原则

指网络广告在创意内容和形式上都不能有虚假、骗人的东西。相对传统媒介来说,人们对于网上的信息更多的会保持一种怀疑态度。因此,网络广告在创意上更应该遵循和坚持真实性原则。网络广告中最常见的"标题党",让很多受众又爱又恨,被深深地吸引进去,又不得不气呼呼地出来。这一现象不仅是网络新媒体广告的一种"套路",更是不少网络广告创作者故意去钻网络监管不便的空子。作为广告人,应该用美好的创意去感染人,而不应用虚假的信息去欺骗人。

2. 针对性原则

资深广告人魏特·哈布奈斯说过:"伟大的广告一定不只照亮了天空,它还要击中目标。"这里的"击中目标"就是指广告创意的针对性原则。由于技术优势[数据统计(微博、淘宝)、数据库(注册)等技术],网络广告在创意上更该体现针对性原则。如新浪娱乐频道首页曾经登出了一条横幅广告,内容是关于一场模仿秀的,在广告创意上就很好地运用了针对性原则。

3. 亲近性原则

指网络广告创意要力求贴近消费者,把坦诚、友好、轻松的态度贯彻到广告中,加强对消费者的感染力,在亲密的氛围中达到广告的目的。网络的互动性使得网络广告具有更加强大的亲和力,而在创意上遵循亲近性可以使得网络广告事半功倍。如图10-2,淘宝《做不后悔的自己》促销广告,通过"给父母""给子女""给家人""给自己",巧妙地将淘宝"双十一"回馈(特惠)活动、会员限时折扣活动融入其中。广告中分别通过"再忙也别忽略父母,他们需要儿女的关怀""再忙也别忽略孩子,他们需要父母的温暖""再忙也别忽略家庭,金窝银窝不如自己的狗窝""再忙也别忘记犒赏自己,我们真的辛苦"四组文案拉近淘宝与消费者之间的距离,让促销变得自然和柔情。

4. 创新性原则

在以上三个原则的基础之上,网络还具有信息海量的特点,人们每天接触到的网页多不胜数,所以,网络广告应避免跟风创作,而应独辟蹊径、标新立异,这是取得广告效果的关键所在。网络广告的创新可以从内容和形式两方面入手,形式夺人眼球,内容抓人内心。与此同时,网络广告时效性强,因此,网络广告的创新除了能力上的要求,也需要广告人较强的自律性。在进行网络广告创意时,不仅要充分了解市场、产品和竞争对手,还必须紧抓消费者不断变化的心。

图 10-2　淘宝《做不后悔的自己》促销广告

二、网络广告创意的特点

1. 动态性

广告创意不可避免地要受到表现形式的制约,因此它必须符合媒体的表现特点。网络广告并非线性叙事,无法像电视媒体一样展现一个连续的生活场景或是一段生动的故事情节,但它具有一种动态性。以网幅广告为例,不仅广告中的背景、图片、文字可以运动,整个网幅广告也可以在网页中运动,这就使得它比报刊广告更富于动感。因此,动态性是网络广告表现的特点,也是网络广告创意的特点。

2. 链接性

具有链接功能是网络媒体区别于传统媒体的一个重要特点,网络广告创意过程中需要充分发挥这一优势。在进行网络广告创意时,无论图片、文字,都必须考虑到超链接关系,也就是上一页面层级与下一页面层级(或更多页面层级)之间的关系,每一个页面层级主要展现哪些内容,层级之间如何衔接等。将每一页面层级相互联系并融为一个整体,让超链接这一网络特有的属性在网络广告中得到更加充分的发挥。

3. 多样性

网络广告有很多种形式,每种形式又有各自的特点。与此同时,广告主如果想在互联网上推广企业或者品牌的形象,仅在单个网站上做某一种形式的广告是难以奏效的,必须整合多种形式的网络广告,甚至与传统媒体相结合。这就要求网络广告在创意时注意多样性的特点,抓住不同网络广告形式甚至其他媒体广告形式的不同特点,在保持整体性的前提下充分展示不同形式的网络广告优势。

4. 互动性

网络广告可以有效地吸引受众的参与、反馈,这种参与包括在线参与、线上线下结合的参与两种形式。

以在线参与为例,网络广告可以通过 Java、Flash 等技术手段编制程序触发用户行为。比如可以将网幅广告制作成一个小游戏,或是在大尺寸网幅广告内加入跟随鼠标移动的数字符号,或是有奖问答等,使目标受众能主动参与到广告本身的互动中来,甚至直接诱发在线购买行为。就线上线下结合的参与而言,可以先在线下取得某种标识,然后再采取上网抽奖(或摇奖)等方式,如饮料易拉罐瓶身印有二维码,用户扫描二维码后登录相应的网站就可以得到一次现场摇奖的机会;也可以先在线上得到某种提示,再在线下进行交互活动。如麦当劳在邮件广告中鼓励人们"转发麦当劳的球迷优惠券",网民在线上可以转发优惠券,在线下又可以凭着优惠券享受优惠。

三、网络广告的优势

1. 是多维广告

传统媒体是二维的,而网络广告则是多维的,它能将文字、图像和声音有机地组合在一起,同时传递多感官的信息,让受众身临其境地感受商品或服务。网络广告的载体基本上是多媒体、超文本格式文件,受众可以对其感兴趣的产品信息进行更详细的了解。这种图、文、声、像互相结合的广告形式,大大提高了网络广告的效果。

2. 拥有最有活力的消费群体

据有关部门统计,互联网用户中82%的用户集中在经济较为发达地区,74%的年龄在18岁到35岁之间,65%受过大学以上教育。因此,网络广告的目标群体是目前社会上层次最高、收入最高、消费能力最高、最具活力的消费群体。这一群体的消费总额往往大于其他消费层次消费总额之和。

3. 制作成本低,速度快,更改灵活

网络广告的制作周期比传统媒体短,投放周期也更加灵活。此外,在传统媒体上发布广告之后很难更改,即使允许改动往往也得付出巨大的经济代价,而在互联网上做广告则可以按照客户需要及时变更广告内容。

4. 具有交互性和纵深性

交互性强是网络媒体最大的优势,不同于传统媒体的信息单向传播,网络媒体是一种全能的信息互动传播。通过超链接,用户只需简单地点击鼠标,就可以从厂商的相关站点中得到更多、更详尽的信息。另外,用户可以通过广告位填写并提交在线表单信息,广告主可以随时得到宝贵的用户反馈信息,进一步缩短了受众和广告主之间的距离。

5. 能进行完善的统计

网络广告通过Cookie技术以及及时、精确的统计机制,使广告主能够直接对广告的发布进行在线监控,而传统的广告形式只能通过并不精确的收视率、发行量等来统计投放的受众数量。

6. 可以跟踪和衡量广告的效果

广告主能通过互联网即时衡量广告的效果。通过监视广告的浏览量、点击率等指标,广告主可以统计出多少人看到了广告,其中有多少人对广告感兴趣从而愿意进一步了解广告的详细信息。因此,较之其他任何广告,网络广告使广告主能够更好地跟踪广告受众的反应,及时了解用户和潜在用户的情况。

四、网络广告创意策略

在一般网络广告实践中,通常有以下五种策略可供广告创意人员选择。

1. 坦诚布公式

指在广告中,客观公正地将自己的产品性能及特点传达给顾客。一般可以通过两种表现方法来实现:第一是产品展示法,即借助科学手段和方法(物理、化学等),使人们能客观、直接地看到产品特性。第二是名人、权威导向法,为了达到客观性与说服性,合理利用名人效应和权威效应是可取的。如耐克网络广告《信由心生·莎拉波娃篇》。

2. 说服感化式

指在战术上先制造悬念、给予诱惑(利益或情感),再诱导消费者产生购买行为的方法。如诺基亚悬念式网络广告《在线寻找诺基亚的神秘宝藏》。

3. 货比三家式

指消费者在购买某种商品前,一般都喜欢先进行比较,再做购买决定。针对这种"货比三家"的心理,网络广告创意中也要运用相应的战术。而最常运用的,就是反证的方法(常常可以收到异乎寻常的好效果)。一般广告通常都只讲自己产品或企业的优点,对缺点则避而不谈。但是过度的吹嘘往往会引起消费者的逆反心理。而反证法以退为进,以讲缺点为主,反而会使消费者认为网络广告诚实可信,可取得好的效果。

4. 诱"客"深入式

指利用问卷、提示、甚至夸张比喻的手法将顾客"强行"拉过来的一种广告战术。诱"客"深入方法之一:邀请消费者参与,如请消费者来设计广告标志、广告图案、广告用语等,并许以奖励来诱惑消费者积极参与。诱"客"深入方法之二:诱使顾客行动,如通过消费者最爱的明星的号召邀请其参与品牌活动。

5. 契约保险式

它是网络广告的又一经典战术。在网络广告中提供契约保险的目的有两个:一是为顾客的购买行为本身作担保;二是在心理上打破消费者的顾虑,给消费者吃一颗定心丸。

五、网络广告的创意形式

好的广告战术需要用好的形式来表现。随着网络技术的成熟,网络广告可运用的创意形式越来越多。

1. 按形式分

(1) 横幅广告(Banner)。

又称旗帜广告,一般为长方形,类似于旗帜散布在网页上的固定位置。

(2) 按钮广告(Button)。

又称图标广告,将公司、产品图像与图标结合,多放置于网页左右两边。

(3) 全屏广告。

当浏览者打开网页时广告画面逐渐扩大,覆盖全屏。有的全屏广告在显示 3~5 秒之后,会自动收缩至页面顶部成为横幅广告;也有的全屏广告,除非浏览者点击它,否则不会收缩。

(4) 游戏广告。

指利用互动游戏技术将嵌入其中的广告信息传达给浏览者的广告形式。将广告引入游戏是一个创新,往往能产生强烈的广告效果。

2. 按内容分

(1) 网幅广告(包含 Banner/Button/通栏/巨幅等)。

以 GIF、JPG、Flash 建立的图像文件,定位在网页中,大多用来表现广告内容,同时还可使用 Java 语言等使其产生交互性。

(2) 文本链接广告。

以一排文字作为一个广告,点击可进入相应的广告页面。这是一种对浏览者干扰最少,但却较为有效果的网络广告形式。有时候,简单反而更让人喜欢。

(3) 电子邮件广告。

具有针对性强、费用低廉的特点,且广告内容不受限制。针对性强是指,它可以针对具体某一个人发送特定的广告。

(4)赞助式广告。

类型多样,比传统网络广告给广告主更多选择。

(5)插播式、弹出式广告。

访客在登录网页时强制插入一个广告页面或弹出广告窗口,类似电视广告,都是打断正常节目的播放,强迫观看。插播式广告有各种尺寸,有全屏的也有小窗口的,互动程度也不同。浏览者可以通过关闭窗口不看广告(电视广告是无法做到的),但它们的出现没有任何征兆,而且肯定会被浏览者看到。

(6)富媒体(Rich Media)。

指使用浏览器插件或其他脚本语言、Java语言等编写的具有复杂视觉效果和交互功能的网络广告。这些效果的使用是否有效,一方面取决于站点的服务器设置,另一方面取决于访问者浏览器是否能查看。

(7)其他新型网络广告。

包括视频广告、巨幅连播广告、翻页广告、祝贺广告等。

(8)网络EDM直投。

通过向目标客户定向投放对方感兴趣或者是需要的网络广告及促销内容,以及派发礼品、调查问卷,及时获得目标客户的反馈信息。

第三节 移动新媒体广告创意

一、移动新媒体广告的概念

移动新媒体,又称为手机媒体,主要是通过移动互联网进行信息传播的媒体传播方式。在新媒体时代,手机已不再是单纯的通讯工具,还担负起了自媒体的传播重任。虽然目前移动新媒体大部分主要是通过手机向用户传递信息,但手机却不是移动新媒体的全部。移动广告是通过移动设备(手机、PSP、平板电脑等)访问移动应用或移动网页时显示的广告,广告形式包括图片、文字、插播广告、H5、链接、视频、重力感应广告等。当下移动营销已进入高速增长期,营销形式也趋于多样化。LBS、H5、大数据等技术的融合,使得移动媒体呈现出比PC媒体更大的发展潜力。

移动媒体和PC媒体的区别,一方面就在于移动媒体强大的社交功能,借助智能终端设备可以产生很多有趣的互动社交体验,例如近年来颇受关注的VR虚拟现实、AR增强现实等技术,都给消费者带来了前所未有的感官冲击。另一方面是数据,移动媒体的数据不同于PC媒体的数据,它拥有移动用户唯一ID号,PC则是借助Cookie来跟踪用户,其数据的稳定性与真实性跟移动媒体数据相差甚远。此外,LBS等技术的加入,使得移动媒体数据可以为广告主绘制出更清晰、实时的用户肖像,让营销变得更精准高效。

二、移动新媒体广告的特点

1. 精准性

相对与传统广告媒体,手机广告在精确性方面有着先天的优势。它突破了传统的报纸广告、电视广告、网络广告等单纯依靠庞大的覆盖范围来到达营销效果的局限性,而且在受众人数上有了很大超越,传播更广。手机广告可以根据用户的实际情况和实时情境将广告直接送到用户的手机上,真正实现"精准传播"。

2. 即时性

手机广告即时性来自于手机的可移动性。手机是个人随身物品,它的随身携带性比其他任何一个传统媒体都强,绝大多数用户会把手机带在身边,甚至24小时不关机,所以手机媒介对用户的影响力是全天候的,广告信息的到达也是最及时、最有效的。

3. 互动性

手机广告互动性为广告商与消费者之间搭建了一个互动交流平台,让广告主能更及时地了解客户的需求,更使消费者的主动性增强,提高了自主地位。

4. 扩散性

手机广告的扩散性,即可再传播性,指用户可以将自认为有用的广告通过微信、短信、微博等方式转发给亲朋好友,直接向关系人群扩散信息或传播广告。

5. 整合性

手机广告的整合性优势得益于4G技术的发展速度,手机广告可以通过文字、声音、图像、动画等不同的形式展现出来,手机将不仅仅是一个实时语音或者文本通信设备,也是一款功能丰富的娱乐工具(影音功能、游戏终端、移动电视等),也是一种及时的金融终端(手机电子钱包、证券接受工具等)。

6. 可测性

对于广告业主来讲,手机广告相对于其他媒体广告的突出特点还在于它的可测性或可追踪性,使受众数量可准确统计。

【扩展阅读】前瞻:未来三年移动媒体广告变现不可不知的4大趋势[①]

据移动应用分析平台APP Annie数据显示,2017年第一季度,中国智能手机用户平均安装应用数量超过100个,每月平均使用的APP数量大概为38个,每天平均打开的APP数量却只有11个(图10-3、图10-4)。

截至2017年年初,全球主要的两大应用市场Apple Store和Google Play上的应用数量分别为220万及300万,相比2016年6月的200万和220万,增速明显。200多万款APP,最终能挤入用户屏幕的只有100个,其中月度活跃的只有30%,每日活跃的更是只有10%,用移动斗兽场来形容如今的移动应用市场一点不为过。也正是这挤入用户选择TOP100及TOP30的头部APP成为目前广告主疯抢的香饽饽,今日头条2016年广告增幅超200%,微信广告增幅77%。而据APP Annie未来5年应用经济的预测,随着智能手机用户及用户使用时长的增长,未来5年移动媒体的广告营收还将继续增加。

那未来几年,移动媒体变现将迎来哪些趋势?想要改善营收,搭上移动经济增长的便车,

[①] 资料来源:TOP君,《前瞻:未来3年移动媒体广告变现不可不知的4大趋势》,搜狐传媒手册,2017年8月,http://www.sohu.com/a/161551137_742234。

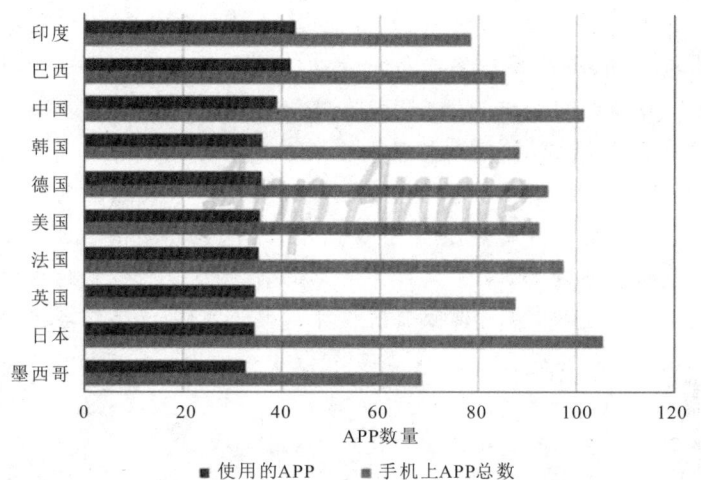

图 10-3　不同国家 2017 年 Q1 智能手机每月平均使用的 APP 数量①

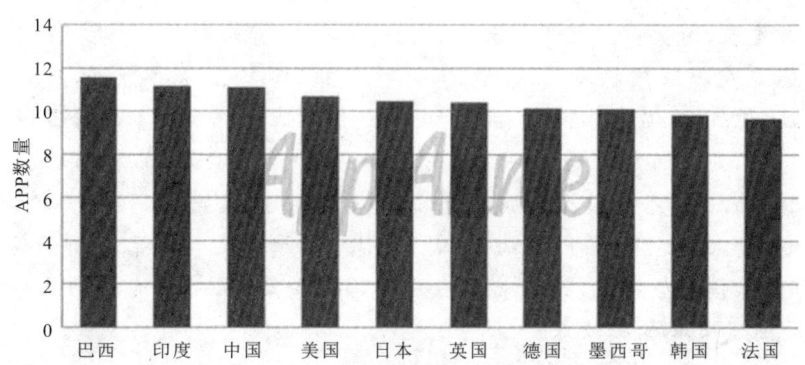

图 10-4　不同国家 2017 年 Q1 智能手机用户每天平均打开的 APP 数量

移动媒体应该在哪些方面发力呢？结合对多个头部媒体产品布局的观察及品牌广告主需求的分析，TOP 君总结出三大趋势。

1. 移动程序化从粗放走向精细，广告可验证、流量差异化定价是趋势

从在中国市场生根到拥有 191 亿元的市场规模，程序化购买用了 5 年时间；而从不被接受到成为投放必备，移动程序化只用了 2 年时间。专注移动营销的亿动广告传媒（Madhouse Inc.）更是凭借 28 亿元人民币的营收登顶全球最大独立移动广告平台，随着越来越多的头部媒体拥抱程序化，移动程序化已经成为了势不可挡的趋势。

不同于前两年程序化起步阶段的粗放经营，随着广告主的不断尝试，它们对程序化也提出了更高的要求，广告可见、品牌安全已经成为合作与否的基本条件。腾讯 OMG（网络媒体事业群）大客户代表在 Mad Media Day 透露，目前包括宝洁、联合利华在内的广告主在数字营销

---

① 数据来源：APP Annie.

上面的控制越来越紧,它们对透明性的要求很高,奢侈品类的客户也非常在意广告环境。

广告验证就是解决上述问题的,据RTB Asia创始人和首席执行官范秋华介绍,广告验证包括了对无效流量的验证、对广告可见度的测量以及对品牌安全即广告投放内容环境的检测,未来,移动广告KPI(关键绩效指标)的衡量极有可能被广告验证取代。

2. 原生视频广告需求增加,从硬到软是黄金规律

技术成熟了、用户接受了、媒体诉求也符合了,视频广告从硬到软的时机就来临了。

今日头条卖信息流广告一年可以营收100亿元,足以显示广告主对它的疯狂。而随着主流视频网站会员人数的不断增加,会员免广告丢掉的流量必须找到新的出口,各类头部媒体的视频广告资源首先受宠。因此,移动媒体做富媒体视频尤其是短视频成了趋势,土豆转型做短视频,今日头条一口气推出西瓜、火山、抖音多个短视频应用,连预报天气的墨迹天气也在做24节气教你怎么养生的自制短视频……

由于流量红利已经过去,所有的媒体都在绞尽脑汁去寻找用户、获取用户、留住用户,它们肯定不愿意为了接一单广告而失掉用户,毕竟现在用户可选择的地方非常多,忠诚度很低。原生视频的形式既能挣到钱又能提升用户的好感度,广告效果相比Banner、H5也更好,是平衡用户、广告主和媒体需求的最恰到好处的解决方案。

3. 客厅大屏回归,移动、OTT广告资源将跨屏打通

五年以内或更长时间内,占据用户大多数注意力的只有两块屏,一块是手机,另一块就是客厅中央的智能电视。虽然据奥维云网2016年中国OTT蓝皮书数据,目前OTT仅覆盖36%的中国家庭,但到2020年,这个数字将翻倍,达到72%。与OTT覆盖量增长相匹配的是它广告规模的增长,头部的视频媒体纷纷开始单独出售OTT广告资源,而据国内领先的营销技术公司AdMaster2016年的监测数据显示,其平台上目前监测的OTT广告项目超过2000个,广告主近300个,相比2015年有10倍以上的增长,增速之快不容小觑。这样的背景下,OTT就成为移动媒体业务拓展、收割家庭用户群的必备渠道,而打通移动端和OTT端的内容和广告资源也成为媒体的必修课。

三、移动新媒体广告创意原则

1. 场景化原则

移动互联网时代,虽不受时空限制,但是广告主想要精准地投放并不是那么容易。因为广告要与时空相结合,在投放广告的时候要遵循广告场景化的原则。也就是说要根据用户的历史记录来推算出该广告适合在什么时间、什么地点投放,譬如在午饭时间,在手机上会有午餐优惠活动跳出等,在用户急需的时候能够及时出现,这才不会让用户反感。如星巴克开发了一款闹钟APP,名叫"Early Bird(早起的鸟儿有虫吃)",鼓励用户按下闹钟后立即起床,若按下"起床"键1小时内到达就近的星巴克门店,即可获得一杯打折咖啡。这一创意不仅有效缓解了"起床拖延症",更将产品与用户习惯、生活场景做了有机结合(图10-5)。

2. 创意性原则

经过多年的发展,人们使用手机的习惯已经养成,在社交方面的应用已经占据首位,人们平均每天都会打开一次社交软件甚至更多,利用移动端浏览阅读量也赶超PC端。所以广告的投放也要因平台做到多样化、多入口。在社交软件上的广告投放,不要太过严肃,一定要有

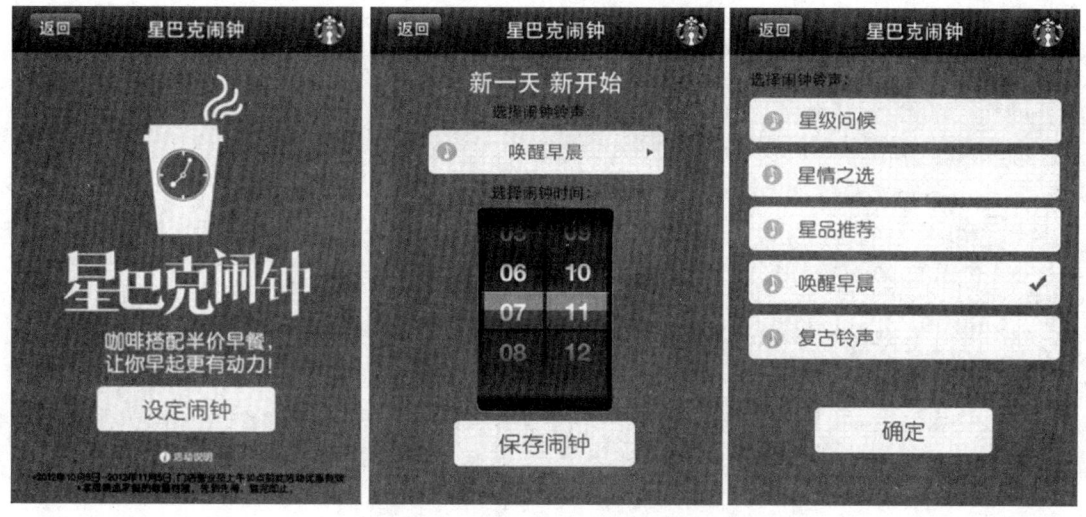

图 10-5　星巴克"Early Bird"APP

年轻和活力。广告创意有时会起到至关重要的作用,好的广告创意让用户一看或一听就立马记住。如 Kolibree 智能牙刷使用 AR 游戏帮助孩子避免蛀牙。让宝宝们爱上刷牙是很多家长朋友十分关注的问题,大部分小朋友不熟悉正确的刷牙姿势,对刷牙缺乏耐心,父母往往需要站在旁边一直陪着,才能保证小孩子们刷牙时间在一分钟以上。Kolibree 公司推出专门针对儿童的智能牙刷,设定一款刷牙击败蛀牙打怪兽的 AR 游戏,利用手机摄像头捕捉小孩子刷牙的动作,孩子们刷牙的时间越长,打败的怪兽越多,积累的奖励也越多。最终,这款产品大获成功(图 10-6)。

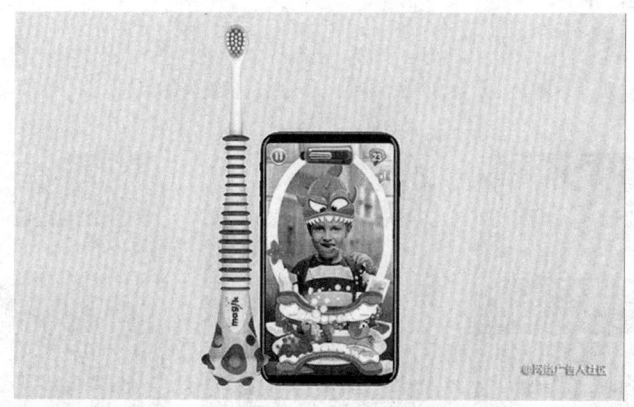

图 10-6　Kolibree 智能牙刷 AR 广告

3. 渗透性原则

千万不要硬性的广而告之——"你看或不看我都在那里,你烦与不烦我都在那里,总之,我一直在那里。"直接的硬性广告让人感觉碍眼,最令人厌烦的是打开一个网页出现一个广告,当你点击关闭它又打开了另一个网页,让人极度反感。最好的广告是别人不知道你在做广告,大家还都愿意看。这一原则,在网络新媒体和移动新媒体上都十分重要。

四、移动新媒体广告的主要表现形式

1. 图片移动广告

图片移动广告目前最为普遍,它能够在短时间内抓住用户的眼球。图片类型的广告形式主要有三种。

第一种是 banner 广告,即横幅广告。它可以是 GIF 格式的图像文件,也可以使用静态图形,这种广告形式在 APP 的底部或者顶部出现,尺寸较小,对用户的干扰影响也较小。Banner 广告主要体现中心意旨,形象鲜明表达最主要的情感思想或宣传中心。其特点归结起来就是短小精悍、重点突出,尤其是一些购物类 APP 主页上的 banner 广告,对引导用户消费起到很大作用。不过,有的移动广告平台的 banner 广告都是轮播出现,太多的关键推送广告很容易让用户忽视它的存在。

第二种是插屏广告。相比于 banner 广告,插屏广告图片丰富绚丽,并能够大尺寸展现应用特点,一般会出在应用开启、暂停、退出时以半屏或全屏的形式弹出,展示时机巧妙地避开用户对应用的正常体验。插屏广告因点击率高,转化好,深受广告主的喜爱,而极具优势的广告单价,也让插屏广告的开发者获益匪浅。

第三种就是全屏广告。全屏广告(Full Screen Ads)是在用户打开 APP 页面时,以全屏方式出现 3~5 秒,可以是静态的页面,也可以是动态的 Flash 效果。全屏广告对于广告主来说,是一种广告效果最大化的广告形式,在广告发布页面里,它基本上可以达到独占。代表平台是今日头条等。

2. 富媒体移动广告

富媒体移动广告目前尚没有统一的行业标准,每个公司都有自己的一套分类方法。它的特点就是利用富媒体技术把大 K 数的广告文件(视频广告片、Flash 广告等)通过在大流量的门户网站上流畅地播放,从而达到一种强曝光、高点击的效果(图 10-7)。

图 10-7 手机富媒体广告

富媒体移动广告表现力丰富,其独特的智能后台下载技术,具有智能用户连接监测功能,可以充分利用空闲带宽。此外,这种网络广告还可以自动化追踪用户行为,易于监测富媒体移动广告效果。代表平台是 Twitter 等。

3. 视频移动广告

视频移动广告是指在移动设备内进行的插播视频的广告形式,分为传统贴片广告和 In-APP 视频移动广告。视频移动广告是通过采用数码及 H5 技术,融合视频、音频及动画,在移动设备(手机、PSP、平板电脑等)操作移动应用过程中进行视频广告播放的模式(图 10-8)。视频移动广告是移动互联网上一种广告模式,它的特点表现为:声影具备,碎片时间展示,不滞留手机页面,互动性、感官较性强。视频移动广告主要应用于各种移动应用,如电子书、手游、工具类软件等,以及一些移动设备上的视频播放器。一般在手机应用启动的时候,出现精美加载页面、视频广告,配合加载进度条,此模式与传统互联网视频,如优酷、新浪等相类似,较符合用户的习惯。代表平台是爱奇艺、优酷、腾讯视频等。

图 10-8　视频 APP 插播广告

4. 积分墙移动广告

积分墙是第三方移动广告平台提供给应用开发者的另一新型移动广告盈利模式。积分墙是在一个应用内展示各种积分任务(下载安装推荐的优质应用、注册、填表等),以供用户完成任务获得积分的页面。用户在嵌入积分墙的应用内完成任务,该应用的开发者就能得到相应的收入(图 10-9)。

积分墙分为有积分模式和无积分模式。有积分的模式内含有"虚拟积分"的功能,开发者可以在自己的应用中设定消耗积分的地方,比如购买道具,以刺激用户在应用中安装积分墙的产品,获得积分进行消耗。无积分的模式分为列表和单个应用两种展示模式,通常以推荐"热门应用""精品推荐"等为推荐墙入口,用户点击进入,便可看到推荐的优质产品。代表平台是

图 10-9 微信积分墙移动广告

积分墙。

5. 原生移动广告

原生广告（Native Advertising）算是移动广告中最新的广告表现形式。不过，目前国内外原生广告发展还处于萌芽阶段，对原生广告并没有一个精确的定义。基本上可以理解为，它是一种让广告作为内容的一部分植入到实际页面设计中的广告形式，以提升用户体验为目的的特定商业模式。其主要表现为广告内容化，并力求实现广告主营销效果、媒体商业化、用户体验三方共赢，而这种原生广告或成为未来移动应用的主流广告模式之一。

目前，国内外原生广告主要有谷歌 Instant APP、夜神云手机等。以国内夜神云手机为例，当用户在手机或网站上点击 APP 广告时，夜神云手机技术会将广告的呈现方式转化为内容形式，让玩家主动进行试玩，而非被动地接受广告，大大提高了用户对移动应用广告的认可度。在夜神云手机这种应用预览广告模式的支持下，移动应用的点击量、下载量、留存率以及付费率均有明显提升，远远高出现有 Banner 移动广告与视频类广告的推送成效。

其实移动广告形式还远不止这些类别，由于现在的技术发展非常迅速，移动广告出现了各种新形式，但不管形式怎么变，其基本诉求都是一致的，即把广告的潜在价值通过具体的图片、文字、音频及视频的结合来吸引受众，从而达到广告营销的目的。为此，不管是像百度、谷歌这样的搜索引擎公司，还是 360、腾讯等应用商店，再或是夜神云手机这样提供广告技术的公司，均在不断地探索和努力，让形式更加丰富，让效果更加明显。

第四节 户外新媒体广告创意

一、户外新媒体广告的概念

在户外广告媒体的范畴中,区别于广告牌、街道设施、交通工具这三种传统户外形式,融合现代多媒体技术、各种制作工艺和表现形式而出现的户外广告媒体类型我们称之为户外新媒体,包括移动电视、楼宇液晶视频、户外 LED 大屏和基于数字网络技术的多种环境交互媒体。从 20 世纪 90 年代中后期开始,在我国户外广告媒体渠道已经逐渐出现了星星点点的新兴媒体的应用,到了 21 世纪初期,伴随着数字技术、卫星技术、媒体终端的快速发展,户外新媒体广告开始初露端倪,并在 2005 年左右渐成气候。

二、户外新媒体广告的创意特征

1. 独特性

户外新媒体广告与传统户外广告相比,在信息维度上表现得更加多样化,这使得户外新媒体广告在进行创新时更加注重对产品自身的宣传,往往在创意表现时将自己优于别的产品的地方显示出来。此外,户外新媒体广告的分众性较强,在信息内容上更多的关注消费者的特征,并以此为出发点进行设计创新。

2. 多维性

户外新媒体广告往往运用一些高科技技术,在创意过程中需要超越传统的二维性,向三维方向发展,这使得户外新媒体广告的创作有了更多的空间和可能。广告人员在创作时应该充分考虑内容的时空关系,并将其运用到具体的信息传递过程中。

3. 材料性

户外新媒体广告的材料往往不受空间维度的限制,既可以是平面材料,也可以是立体材料;既可以是人工材料,也可以是自然材料,不同的材料及其运用均会改变户外新媒体广告的基本形态和使用方式[①]。

三、户外新媒体广告的创意类型

1. 故事型

通过充满张力的情节吸引消费者。如 TNT 电视台"炸弹按钮",这是该电视台一年一度的传统,不仅表达了"每天,都应该充满戏剧"的产品诉求,也成为市民每年的期待(图 10-10)。

---

① 参考尚思彤的《浅析户外新媒体广告的创意特征》,第 318-319 页。

图 10-10　美国 TNT 电视台户外互动广告

2. 环境型

通过与环境的巧妙结合吸引消费者。如雀巢"唤醒"广告牌,通过镂空广告牌与太阳升起到落下全过程的巧妙结合,让人们自己感受"雀巢,唤醒你的每一天"的产品诉求(图 10-11)。

图 10-11　雀巢咖啡户外互动广告

3. 体验型

通过与产品及服务的亲密接触吸引消费者。如阿迪达斯互动装置 360 度影片,阿迪达斯在欧洲十个城市推出这个互动装置,装置是一台 360 度摄像机,邀请用户进入设备内展现自己的球技,360度摄像头会记录用户影像,一旦拍摄完成,会生成一段影片推送到用户的手机上,方便用户进行分享(图10-12)。

图10-12　阿迪达斯户外互动广告

又如南非雪佛兰汽车社交营销用"积极"来付费。每一秒,网络上就会产生26 000条负能量的信息,而雪佛兰想要通过这次活动证明,积极的态度可以让人走得更远。在南非,雪佛兰创建了一个以积极态度来付费的加油站,当用户停车要来加油的时候,加油箱上面会语音提示用户"请登陆你的社交账户,用积极态度来付费"。用户登陆后,系统会逐条分析用户所发内容的态度,如果是积极的言论就会增加油量,用户的积极言论越多,所获得的免费油就越多。而惊喜还不仅仅如此,雪佛兰还会给某些特定的用户"颁发大奖",比如他们根据分析用户的数据发现,某男子喜欢橄榄球,所以,他们就请来知名橄榄球员和这个男子见面互动(图10-13)。

图10-13　雪佛兰户外互动广告

或者是这位幸运的姑娘,喜欢摄影和野外运动,所以雪佛兰邀请专业摄影师为她拍摄旅行纪念照片,这是多少人梦寐以求的事情。通过广告语"发现积极的人生(Find Positivity In Life)",不仅很好地诠释了广告主题,更是对普通消费者的鼓励(图10-14)。

可见,新媒体元素,不管是新媒体形态、新媒体技术还是新媒体传播理念,都已经极大地改变了户外广告的表现形式和创意设计,推动了户外广告的转型与发展。

图 10-14　雪佛兰户外互动广告

【课后练习】

1. 举例说明网络新媒体广告创意的原则。
2. 举例说明移动新媒体广告有哪些形式？各有什么特点？
3. 举例说明户外新媒体广告的创意形式有哪些？

主要参考文献

郭庆光.传播学教程[M].北京:中国人民大学出版社,2011.
蒋旭峰,杜骏飞.广告策划与创意[M].北京:中国人民大学出版社,2011.
赖声川.赖声川的创意学[M].桂林:广西师范大学出版社,2015.
乐剑锋.广告文案[M].北京:中信出版社,2016.
李欣频.创意天龙八部[M].北京:电子工业出版社,2013.
叶茂中.广告人手记[M].北京:北京联合出版社,2016.
余明阳,陈先红.广告策划创意学[M].上海:复旦大学出版社.2013.
[美]大卫·奥格威.奥格威谈广告[M].曾晶,译.北京:机械工业出版社,2017.
[美]大卫·奥格威.一个广告人的自白[M].林桦,译.北京:中信出版社,2017.
[美]克劳德·霍普金斯.科学的广告+我的广告生涯[M].李宙,章雅倩,译.长春:北方妇女儿童出版社,2016.
[美]理查德·格里格,[美]菲利普·津巴多.心理学与生活[M].王垒,王甦,译.北京:人民邮电出版社,2016.
[美]唐·舒尔茨,海蒂·舒尔茨.整合营销传播:创造企业价值的五大关键步骤[M].王茁,顾洁,译.北京:清华大学出版社,2013.
[美]威廉·阿伦斯,[美]迈克尔·维戈尔德,[美]克里斯蒂安·阿伦斯.广告:创意与文案[M].丁俊杰,程坪,陈志娟,等译.北京:人民邮电出版社,2012.
[美]威廉·阿伦斯,[美]迈克尔·维戈尔德,[美]克里斯蒂安·阿伦斯.广告与营销策划[M].丁俊杰,程坪,陈志娟,等译.北京:人民邮电出版社,2016.
[日]望月正吾.制作打动人心的策划案[M].周素,译.北京:中国工信出版集团,人民邮电出版社,2018.

附录1:优秀广告策划案例赏析

抖音名画项目《世界名画抖抖抖抖抖起来了》[①]

一、项目背景

抖音短视频,是目前中国最大的、最受欢迎的原创音乐短视频分享平台。以热衷创造、敢于表达自我的年轻人为核心用户群,是年轻人的潮流聚集地。2017年7月,抖音品牌知名度相对较低,需要尽快在目标人群中打响知名度。

二、创意阐述

抖音是潮流的聚集地,任何事物都可以在抖音里变得潮酷好玩。我们邀请平均年龄"几百岁"的世界名画们来玩抖音,让端庄典雅的名画变得前卫酷炫,用巨大的反差,少见的表现形式吸引年轻用户。

三、操作流程

内部明确创意可行后,我们进入制作阶段。

1. 创意细化

(1)名画选择。

A. 选择人们最熟知的名画,如《蒙娜丽莎》《梵高》等。

B. 版权风险:世界名画超过100年没有版权问题。

(2)视频创意。

从抖音站内优质内容出发,在抖音内挑选极具抖音特性且点赞量很高的视频,借鉴其创意与名画结合,制作出四支名画版本的抖音短视频。根据不同的抖音特性,分为明星版、技巧版、萌宠版、情节版。

2. 物料制作

(1)视频制作。

基于上述创意,制作四支15秒视频。

[①] 资料来源:今日头条。

（2）H5 制作。

基于这四支 15 秒名画抖音短视频，从用户体验角度，设计制作了一支 H5 广告。我们平时看到的世界名画都是端庄优雅的，但抖音版名画却特别潮酷。所以在 H5 互动机制中，我们让这种反差可以瞬间切换，让这戏剧化的一幕更好玩，将原版名画和抖音版名画随时切换。不按屏幕时，是正常的名画，按住屏幕后，瞬间切换成抖音版名画。

3. 传播节奏

（1）抖音站内建立账号（博物馆馆长）发布视频，发起站内挑战活动——跟世界名画 PK。

（2）用户自发传播视频，在微博、微信两大平台与萌宠类、文化艺术类等"大 V"互动，在 QQ 空间、秒拍、美拍、快手等其他平台自然发酵。

（3）H5 广告发布达到传播高潮，从朋友圈、社群推广引发大量用户自发转载。

四、传播效果

"世界名画抖起来"成为行业刷屏级的优秀案例。项目整体数据超预期 6 倍以上，项目总曝光达 8557 万，引发环球时报等十几家媒体自发转载、专访，并荣获 2018 年新榜大会"年度内容营销案例"奖。

五、相关物料和项目截图

1.《世界名画抖抖抖抖抖起来了》视频集锦，抖音站内示意（账号：博物馆馆长）：https://www.douyin.com/share/video/6441424757828095246

2.《世界名画抖抖抖抖抖起来了》主要视频百度云下载链接：
链接：https://pan.baidu.com/s/1i6iIhhF 密码：MJ9l

3.《世界名画抖抖抖抖抖起来了》H5 广告视频：
http://cdn.im-ad.com/2017/Paint/? fr=toutiao-feed

4. 传播截图

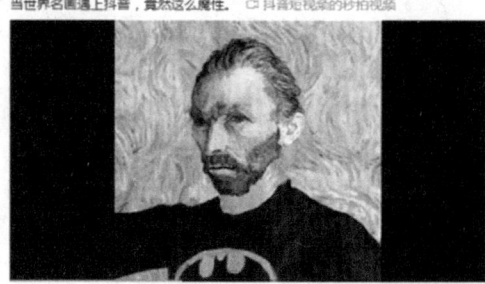

武汉晚报
2017-7-13 16:44 来自 微博 weibo.com
【当世界名画遇上抖音】世界名画抖抖抖抖起来了，梵高、拿破仑、蒙娜丽莎，你你你你们在干嘛……梵高：我买了那么多新衣服我还不能自拍了？？ 网页链接

环球时报
2017-7-12 23:34 来自 微博 weibo.com
【当世界名画遇上抖音】哈哈哈哈有的莫名挺带感怎么回事 网页链接

☆ 收藏　　　　📤 700　　　　💬 409　　　　👍 1401

附录2:优秀广告创意作品赏析

作品1:2011年One Show(金铅笔)中国青年创意竞赛(金奖)·《一个人死》

扫二维码看视频

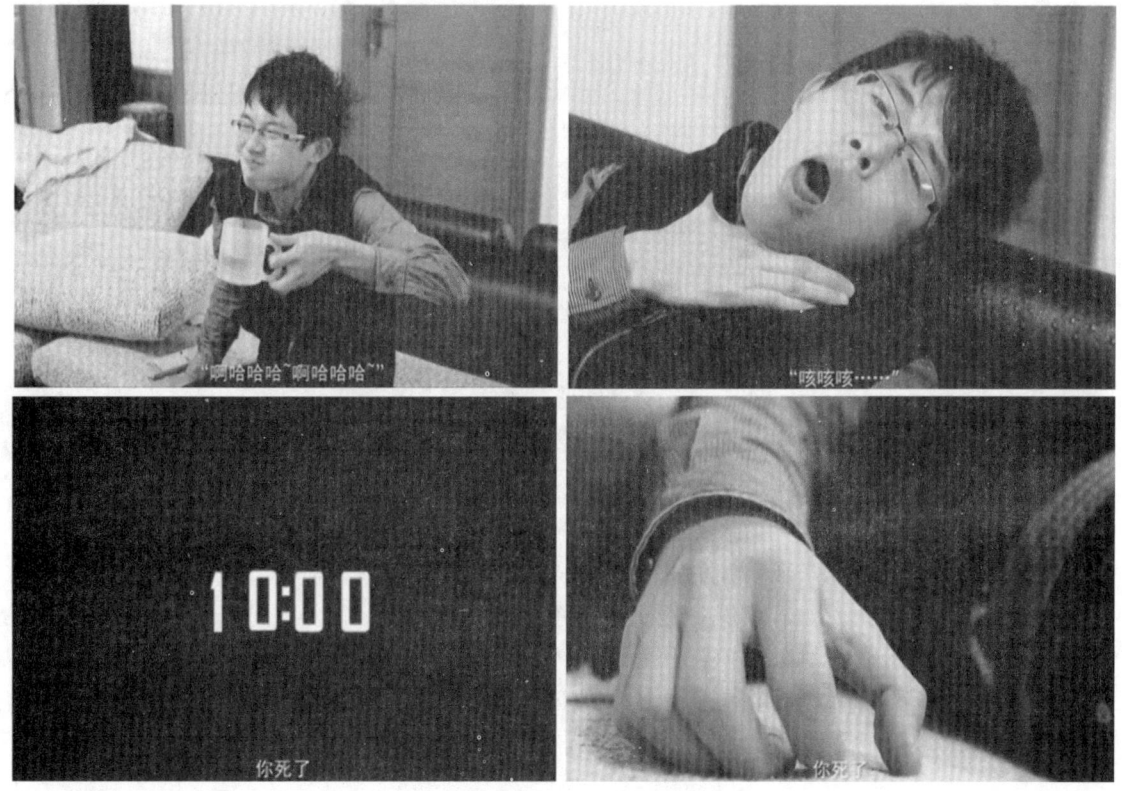

人人网创意广告《一个人死》截图

设计者:张梦园、曹婷婷、杨成佳、詹盛

设计说明:你一个人吃饭,一个人睡觉,一个人看电视,一个人生活,没有朋友。可能你运气非常好,这么多年都没死过。但生活中处处充满着危险,很多莫名其妙的意外,会让你死了都没人知道。手被马桶卡住了,喝水被呛到,倒在洗衣机里了……你正濒临死亡边缘,没人来救你?!如果有人人,如果有朋友,就能把你从死神手里给狠狠地拽回来。当然,朋友的意义不仅如此,他们会让你的生活更加美好、温暖。上人人,不再一个人!

作品 2:2012 年 One Show(金铅笔)中国青年创意竞赛(金奖)·《解·救地球》

扫二维码看视频

WWF 创意广告《解·救地球》截图

设计者:杨成佳、詹盛、张梦圆、方全、王力立

创意说明:有多少人会下意识一次次解锁手机,想必每个人都会。同样的事情每天被重复千万遍,为什么不让这一刻充满惊喜和意义。人们推崇环保,却不知自己能为此做什么。所以设计者们想到在 WWF 的 APP 中添加了一项创意解锁功能,旨在释放解锁乐趣,并告诉人们能为环保做什么。对于环保,我们每个人都不能置身事外,每件小事都至关重要。

作品 3：2015 年 One Show（金铅笔）中国青年创意竞赛（创意营新简报金奖）·《让幸福动起来》

扫二维码看视频

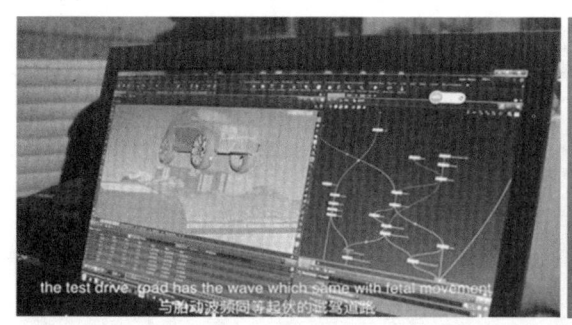

宝马创意广告《让幸福动起来》截图

设计者：陈巧、张梦怡

设计说明：每一位母亲怀胎十月的不易人们都能理解，尤其是那些准爸爸们，尽管心疼担忧，但他们也无法深切地感受到妻子的个中辛苦，这次宝马的试驾体验给准爸爸们带来了真切怀孕的感受，将宝马在传送带上的震动感受与胎儿的胎动波频类比，并同时设计出一个胎动纽扣套，套在爸爸肚子上的纽扣上，与手机的 APP 客户端连接，每当宝宝胎动时可以和妻子一起感受到宝宝的胎动。给你带来纯粹的驾驶乐趣的同时还你一个家庭的真情。

作品4：2016年One Show（金铅笔）中国青年创意竞赛（银奖）·《QQ地铁票》

扫二维码看视频

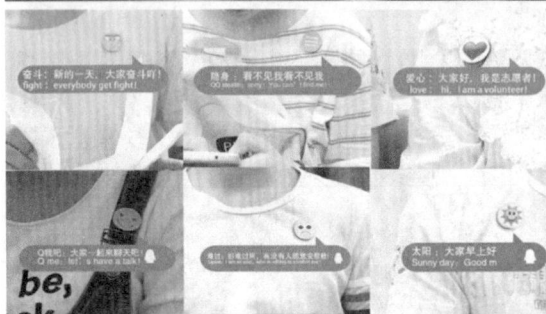 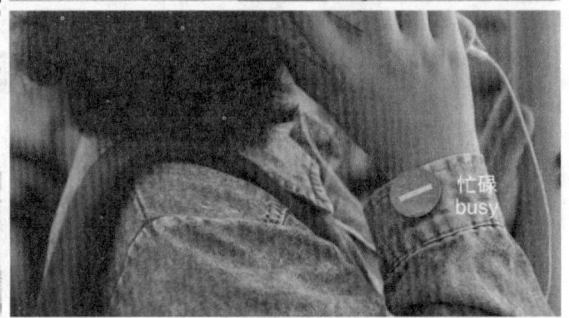

QQ创意广告《QQ地铁票》截图

设计者：张梦怡、刘雪纯

设计说明：在中国，大部分人在搭乘地铁时都是面无表情、互不理睬的，而QQ表情是"表情包"的鼻祖，它改写了文字交流的乏味枯燥，让人与人的连接更有趣。于是，通过"QQ地铁票"这一形式，连接陌生人的心情，激发他们之间的沟通。每位乘客可以根据当天的心情和身体状况购买自己的"专属地铁票"，在线、忙碌、奋斗、难过、爱心……陌生人之间有了沟通的契机，孕初期的妈妈们再也不用担心没人让座了，想要搭讪的小哥哥们有了正确的对象。QQ，让连接更有趣。